Für Inge Marszolek

(1947–2016)

IN BEWEGUNG

WERKSTATT*GESCHICHTE* 75
26. Jg., Dezember 2017, 1/2017

ANFRAGEN AN DIE REDAKTION
Silke Törpsch
toerpsch@gmx.de

REZENSIONSREDAKTION
Dietlind Hüchtker
Leibniz-Institut für Geschichte und Kultur des östlichen Europas (GWZO)
Specks Hof (Eingang A)
Reichsstraße 4–6
D-04109 Leipzig

FILMKRITIK
Ulrike Weckel
ulrike.weckel@uni-giessen.de

HOMEPAGE
www.werkstattgeschichte.de

TITELBILD
Hannelore Hoger als Geschichtslehrerin Gabi Teichert in Alexander Kluges Film *Die Patriotin* (1979), Stiftung Deutsche Kinemathek. Wir danken Alexander Kluge herzlich für die Genehmigung, das Bild abdrucken zu dürfen.

Klartext Verlag
Jakob Funke Medien Beteiligungs GmbH & Co. KG
Friedrichstr. 34–38, D-45128 Essen
Tel.: +49 (0)201/804-8240
Fax: +49 (0)201/804-6810
info@klartext-verlag.de
www.klartext-verlag.de

Wir laden herzlich ein, das gemeinnützige und unabhängige wissenschaftliche Projekt WERKSTATT*GESCHICHTE* durch eine fördernde Mitgliedschaft im Verein zu unterstützen. Gegen eine jährliche Spende von mindestens 80,00 € erhalten fördernde Mitglieder ein Abonnement der Zeitschrift sowie regelmäßige Informationen über die Arbeit des Vereins (Newsletter).
Weitere Informationen erteilt
Michael Wildt, michael.wildt@geschichte.hu-berlin.de

Verlag: Klartext Verlag, Essen
Umschlag- und Innengestaltung:
Michael Herold, Itzehoe
Realisation: Satzzentrale GbR, Marburg
Druck: Majuskel Medienproduktion, Wetzlar
1. Auflage August 2017

ISBN 978-3-8375-1930-3
ISSN 0942-704X

WERKSTATT*GESCHICHTE*
erscheint dreimal im Jahr und
kostet im Abonnement
37,00 € (drei Hefte im Jahr bei 10,25 € pro Heft)
14,00 € Einzelheft

Editorial

»[B]lühender intellektueller Wildwuchs, liebevoller Quatsch«, schrieb *Der Spiegel* 1979 über Alexander Kluges Film *Die Patriotin.* Und: »›Die Patriotin‹ erfordert mühevolle Schürfarbeit nach Sinn und Zusammenhang.«[1] Hannelore Hoger spielt in diesem Film Gabi Teichert, eine Geschichtslehrerin, die sich gegen den Kanon und gegen offiziöse Geschichtspolitik auflehnt. Auf dem Titelbild dieser Ausgabe gräbt sie nach archäologischen Überresten und sucht nach neuen Verbindungen, nach Details, die etwas bedeuten könnten oder auch nicht. Grabend und Geschichtsbücher mit Werkzeugen bearbeitend versucht Teichert, zu den Wurzeln der deutschen Geschichte vorzustoßen. Sich gegen die großen Erzählungen aufzulehnen, die Klarheiten und Vereindeutigungen der Geschichte erst einmal nicht zu akzeptieren, sie zu vergessen, noch einmal ganz genau und an Ort und Stelle hinzusehen, erforderte 1979 durchaus Mut – nicht zuletzt, weil andere es einfach als Quatsch oder als »Kraut und Rüben« (so Teicherts Vorgesetzter) bezeichnen konnten.

Seither ist viel passiert. Die Geschichtswerkstätten-Bewegung der 1980er und 1990er Jahre hat an vielen Orten neue Deutungen der NS-Geschichte, der Geschichte des Alltags, gesellschaftlicher Gruppen und marginalisierter Individuen erarbeitet. Sie hat ex-zentrische und de-zentrierte Geschichten erzählt und damit das Zentrum in Frage gestellt und von den Rändern und den Peripherien her neue Fragen und Perspektiven entwickelt.

Werkstatt*Geschichte* hat eine lose und verwickelte Verbindung zu diesen bewegten Geschichten und zur Schürfarbeit.[2] In ihrem Gründungsjahr 1992 wollte sie eine Zeitschrift »für alle [sein], die mit Geschichte arbeiten« und Geschichte »nicht als fertige Ware, sondern als experimentellen Umgang mit Vergangenheit« verstehen, eben ein »Forum, eine Werkstatt, für verschiedene Zugänge, Arbeitsweisen und Perspektiven«.[3] Ob sie das geschafft hat und noch immer leistet, ist eine Frage, die sich aus dem Inneren heraus nicht beurteilen lässt.

Wir haben uns als Redaktion entschlossen – trotz aller Kritik an der Konjunktur von und an der zunehmenden geschichtskulturellen Orientierung an Jubiläen[4] –, die 75. Ausgabe und die 25 Jahre Werkstatt*Geschichte* zum Anlass zu nehmen, unsere Vorstellungen von »Schürfarbeit«, von »bewegter Geschichte«, vom »Graben«, vom »Arbeiten und Experimentieren« zu befragen und befragen zu lassen. Welche Relevanz haben die Gründungsprämissen von Werkstatt*Geschichte* heute noch, können oder könnten sie heute noch haben? Mit der Auswahl der Beiträge und Interviews im Heft versuchen wir einen Bogen zu schlagen zwischen (inner-)akademischen Positionen und bestehenden Geschichtsinitiativen, um möglichen Verbindungen zwischen Bewegung und Wissenschaft auf die Spur zu kommen. Dieser Blickwinkel schließt damit diejenigen ein, an die sich Werkstatt*Geschichte* richtet: Menschen, die – wie Gabi Teichert – mit Geschichte arbeiten, die Geschichte aber auch

1 Wolf Donner, Herrlicher Quatsch, Der Spiegel, Nr. 51, 17.12.1979, S. 144–145.

2 Michael Wildt, Die große Geschichtswerkstattschlacht im Jahr 1992 oder: Wie WerkstattGeschichte entstand, in: WerkstattGeschichte 50 (2009), S. 70–77.

3 Plattform, in: WerkstattGeschichte 3 (1992), S. 1.

4 Catrin B. Kollmann, Historische Jubiläen als kollektive Identitätskonstruktion. Ein Analyseraster für Organisationen, Wissenschaftler und Besucher, Stuttgart 2014; Winfried Müller (Hg.), Das historische Jubiläum. Genese, Ordnungsleistung und Inszenierungsgeschichte eines institutionellen Mechanismus, Münster 2004.

selbst als ein Werkstück begreifen, als etwas nicht Fertiges, das sich stets weiterentwickelt. Somit stellt dieses Heft eher eine Momentaufnahme dar als einen Rückblick. Wir blicken dahin, wo gerade in vielfältiger Weise an Geschichte gearbeitet wird. Dass wir dabei nicht wie sonst nur akademische Perspektiven bieten, soll Fenster öffnen und Dialoge anstoßen, die wir weiterführen wollen. Neben einer Reihe von Texten zur Werkstatt*Geschichte* selbst, theoretisch-methodischen Überlegungen und Selbstdarstellungen von Initiativen haben wir uns deshalb für ein Format entschieden, das das Kommunikative von Geschichte betont. In einer Reihe von Interviews schauen wir in umstrittene Felder der gegenwärtigen Geschichte, fragen nach Bewegung, Geschlechter- und postkolonialen Perspektiven, transnationalen und transkulturellen Ansätzen sowie Möglichkeiten und Formen kritischer Geschichtsschreibung heute. Dabei – so viel Nabelschau muss sein – stoßen wir immer wieder auf das vielbeschworene Motto des »Grabe wo du stehst«. Was jedoch bleibt von diesen lokal- und alltagshistorischen Bemühungen angesichts veränderter gesellschaftlicher Verhältnisse, denen auch die Geschichtswissenschaft Rechnung trägt und vermehrt nach dem Globalen, dem großen Ganzen fragt? Wie bekommen lokal- und alltagshistorische Forschungen, die ursprünglich an den nationalstaatlichen Rahmen gebunden waren, das Globale in den Blick? Wie sieht eine Globalgeschichte »von unten« aus und wer erarbeitet sie? Wie kann Geschichte anders geschrieben und können neue Erzählweisen entwickelt werden, die quer zur (herrschenden) Norm liegen, auch unter dem Aspekt meist sehr knapper Ressourcen? Auf welchen Feldern lohnt es sich, weiterzugraben? Das vorliegende Heft geht einigen dieser Fragen nach und liefert Ideen und mögliche Antworten.

Adelheid von Saldern und Etta Grotrian blicken zu Beginn des Heftes auf die Zeitschrift Werkstatt*Geschichte* und die Geschichtswerkstätten-Bewegung. Von Saldern fragt, was aus den Slogans »Grabe wo Du stehst« (S. Lindqvist) und »Geschichte von unten« (E. P. Thompson) geworden ist, und schildert, wie diese Konzepte durch die Globalisierung und Transnationalisierung der Geschichtsschreibung beträchtlich erweitert wurden. Etta Grotrian zeigt, wie die Geschichtswerkstätten in den 1980er Jahren den bundesdeutschen Umgang mit Geschichte in Universität, Heimat- und Geschichtsvereinen sowie der Politik durch eine kritische Perspektive ergänzen wollten. Anspruch und Wirklichkeit der gleichberechtigten und emanzipatorischen Zusammenarbeit mit historisch interessierten Laien fielen in der Praxis jedoch häufig auseinander.

Nach diesen Rückblicken auf Werkstatt*Geschichte* und die Bewegung der Geschichtswerkstätten informieren Kerstin Wolff vom Archiv der deutschen Frauenbewegung in Kassel, Birgit Bosold, Aykan Safoğlu und Wolfgang Theis aus dem Schwulen Museum* in Berlin und Roman Aron Klarfeld vom Frauenforschungs-, -bildungs- und -informationszentrum (FFBIZ) in Berlin über ihr Arbeiten mit Geschichte. In ihren Selbstbeschreibungen (Archiv der Frauenbewegung, FFBIZ) und im Interview (Schwules Museum*) diskutieren sie das Verhältnis von Archiv/Museum und sozialer Bewegung von den 1980er Jahren bis heute. Alle drei Initiativen sehen nach wie vor ihren Auftrag darin, Geschichten und Perspektiven von Personen, die aufgrund ihres Geschlechts oder ihrer Sexualität aus den Standardnarrativen herausfallen oder systematisch herausgeschrieben wurden und werden, in die gängigen Geschichtserzählungen und Institutionen einzuschreiben bzw. sichtbar zu machen.

Dass das Graben vor Ort auch globale und (post-)koloniale Geschichten zum Vorschein bringt und welche Möglichkeiten ebenso wie Abwehrreaktionen diese hervorrufen können, thematisieren Marianne Bechhaus-Gerst in einem Essay und Jan Küver (Museum Iringa Boma), Manuela Bauche (Kolonialismus im Kasten?) und Christian Kopp (Berlin Postkolonial) in Gesprächen mit Werkstatt*Geschichte*. Marianne Bechhaus-Gerst fordert in ihrem Beitrag »Decolonize Germany?« eine »Geschichte vor Ort«, die sich auch mit der kolonialen

Vergangenheit und deren Wirkungen in die Gegenwart auseinandersetzt. Sie macht deutlich, dass vor allem zwischen den politischen und zivilgesellschaftlichen Zielsetzungen und Aufgaben einerseits und der Wahrnehmung des Kolonialismus und seiner Folgen in der »Öffentlichkeit« andererseits ein nicht zu leugnendes Spannungsfeld besteht. Jan Küver, Projektleiter bei Fahari Yetu, berichtet über lokale Erinnerungsarbeit, kulturelles Erbe und das Museum Iringa Boma in Tansania. Das Interview fokussiert die Entstehungsgeschichte des Museums, die Einbeziehung lokaler Communities, die Bedeutung der Kolonialgeschichte vor Ort und unterschiedliche Geschichts- und Museumskulturen in Deutschland und Tansania. Schließlich dokumentieren wir ein Gespräch zwischen Manuela Bauche von Kolonialismus im Kasten?, Christian Kopp von Berlin Postkolonial und Werkstatt*Geschichte*. Beide Gruppen standen bzw. stehen in direkter Auseinandersetzung mit deutungsmächtigen Institutionen nationalstaatlicher Geschichtsschreibung, wie dem Deutschen Historischen Museum und dem Humboldtforum. Postkoloniale Perspektiven, so Bauche und Kopp, fänden nach wie vor kaum Eingang in gängige Narrative zur deutschen Geschichte, während eine als entpolitisierend verstandene Aneignung ursprünglich kritischer Begrifflichkeiten zu beobachten sei.

Nicht nur die Themen kritischer Geschichtsschreibung, auch zentrale Konzepte und Methoden sind im Laufe der Jahre überprüft und modifiziert worden. Dorothee Wierling zieht Bilanz über die veränderten Rahmenbedingungen und technisch-methodischen Entwicklungen der Oral History in den letzten 25 Jahren. Dabei geht sie folgenden Fragen nach: Welche Wirkungen hatte der Zusammenbruch der staatssozialistischen Systeme in Europa? Wie veränderte das Zeitzeugen-Fernsehen den Status der Oral History in der Zunft? Welche Folge hat die Digitalisierung für den Umgang mit mündlichen Quellen? Und schließlich: Welchen Herausforderungen muss sich die Oral History in Zukunft stellen?

Die visuelle Ebene von Geschichte und Bewegung behandeln wir im Interview mit dem Umbruch Bildarchiv. Das Archiv sammelt und dokumentiert seit 1988 fotografische Erzeugnisse linker Bewegungen, nicht nur, aber insbesondere in Verbindung zur Stadtgeschichte Berlins und zu lokalen Entwicklungen.

Der Beitrag von Chris Rotmund von der Initiative für einen Gedenkort ehemaliges KZ Uckermark beschließt den Teil zu aktiven Geschichtsinitiativen und schlägt gewissermaßen den Bogen zu den Anfängen der Geschichtswerkstätten-Bewegung. Seit den 1990er Jahren ergraben, erschließen und gestalten Aktivist_innen das Gelände des ehemaligen »Jugendschutzlagers« Uckermark, das sich in unmittelbarer Nachbarschaft zur KZ-Gedenkstätte Ravensbrück befindet. Die Initiative betont die Bedeutung des historischen Geschehens für die Gegenwart, stellt die Perspektive von Überlebenden und deren Angehörigen ins Zentrum des Erinnerns, konzipiert den Gedenkort als bewusst unfertiges Projekt – und entwirft ihr Konzept des »offenen Gedenkens« damit explizit in Abgrenzung zur benachbarten Gedenkstätte.

Michaela Hohkamp und Andreas Ludwig reflektieren in ihren Beiträgen kritisch die Veränderungen der Geschichtswissenschaft und die Entwicklung von Werkstatt*Geschichte*. Michaela Hohkamp stellt den historiografischen und arbeitspraktischen Zusammenhang zwischen der anthropologischen Wende in den Forschungen zur Geschichte der Frühen Neuzeit im letzten Drittel des 20. Jahrhunderts und den in dieser Zeit gegründeten Geschichtswerkstätten her und analysiert diesen Zusammenhang genauer. Andreas Ludwig diskutiert unter Rückgriff auf den Entstehungskontext Entwicklungslinien von Werkstatt*Geschichte* und fragt nach den Möglichkeiten eines Gesellschafts- und Gegenwartsbezugs in der Arbeit von Historiker_innen.

Im Debattenteil diskutiert Alf Lüdtke das philosophische Konzept der »Lebenswelt«. Zunächst historisiert er das von Alfred Schütz entwickelte »Lebenswelt«-Konzept als Teil der philosophischen Debatten der Zwischenkriegszeit und Schütz' eigener Emigrationserfahrung. Anschließend problematisiert er, dass dieses Konzept zu stark das fraglos Gegebene ins Zentrum stelle. Ganz aus dem Blick gerate sowohl das Machen und Herstellen als auch all das, was jenseits des Horizonts der »Lebenswelt« zu erkennen oder doch zu vermuten sei. Lüdtke entwickelt – auf der Grundlage neuerer historischer Arbeiten, die »Lebenswelt« als analytisches Konzept nutzen – vier Vorschläge, um die »verriegelte Lebenswelt« für gebrochene Entwicklungen und Mehrstimmigkeit zu öffnen.

Für die Expokritik hat Stefan Krankenhagen das vom Europäischen Parlament initiierte und finanzierte House of European History besucht. Er zeichnet die politische und inhaltlich-konzeptionelle Entstehungsgeschichte des Museumsprojekts nach, bespricht das Ausstellungskonzept in seiner – auch räumlichen und sinnlichen – Umsetzung und zeigt sich v.a. von der nicht-teleologischen Argumentation überzeugt.

Die Redaktion

■ Adelheid von Saldern

In Bewegung. Rückblicke auf die Zeitschrift Werkstatt*Geschichte* seit 1992

Die Zeitschrift Werkstatt*Geschichte* feiert mit ihrem 75. Heft ihr Erscheinen seit dem Jahr 1992. Gut so. Dabei stellt sich unter anderem die Frage, was sie noch mit den Leitsätzen zu tun hat, die den Start der Alltagsgeschichtsschreibung in den 1980er Jahren stimulieren sollten. Sicherlich, die Älteren erinnern sich, dass die Vorläufer-Zeitschrift *Geschichtswerkstatt* in den 1980er Jahren aus einer Gruppe meist junger WissenschaftlerInnen hervorgegangen ist, die damals die in England und Nordeuropa schon geraume Zeit früher projektierte Alltagsgeschichte hierzulande »entdeckten« und sich mit Verve für ihre Umsetzung engagierten. Dies erfolgte in einer Atmosphäre, in der die Sozial- und Strukturgeschichte an Überzeugungs- und Anziehungskraft zusehends verloren hatte. Doch ähnlich wie diese sich einst gegen die noch ältere Geschichtsschreibung der großen Politik von großen Männern hatte mühsam durchsetzen müssen, so war es für die Alltagsgeschichtsschreibung ebenfalls schwer, historiografisches Terrain und Anerkennung zu gewinnen.[1] Die meist jungen HistorikerInnen galten unter den »Etablierten« zuweilen sogar als »Barfußhistoriker«, obwohl sich abzeichnete, dass ein Teil von ihnen – um im Bild zu bleiben – schon durchaus gut »besohlt« war und immer stärker durch fundierte Veröffentlichungen auffiel.

Mittlerweile sind über dreißig Jahre vergangen. Die Zeitschrift konnte sich trotz der großen zwischenzeitlichen Umbrüche halten. Das führt zu der Frage, wie ihr das gelungen ist. Zur Beantwortung dieser Frage sollen die folgenden Ausführungen beitragen. Als Ausgangs- und Gliederungspunkte dienen die ehedem verbreiteten Slogans der Alltagsgeschichtsschreibung.

1. *»Grabe wo Du stehst«*, das war eine der Kern-Parolen, die aus dem fernen Schweden den AlltagshistorikerInnen ein neues Verhältnis zu jenem Raum vermitteln sollten, in dem man oder frau selbst lebte. Tatsächlich haben die Geschichtswerkstätten, die seit den 1980er Jahren in zahlreichen Kommunen buchstäblich aus dem Boden schossen, die vielfach noch altbackenen Chroniken und Faktendarstellungen der Stadt- und Dorfgeschichtsschreibungen »aufgemischt« und neue Themenfelder »beackert«. Die Geschichtswerkstätten haben insbesondere dazu beigetragen, die Erinnerungskultur an die Verbrechen in der NS-Zeit vor Ort zu verankern; sie haben zudem erfolgreich alternative Stadtrundgänge entwickelt und dementsprechend die *mental maps* zahlreicher Menschen erweitert. Vor allem haben sie die vielen

1 Die folgenden Ausführungen stehen im Zusammenhang mit meinen in Werkstatt*Geschichte* veröffentlichten Beiträgen »Historiographische Experimente« (zus. mit Inge Marszolek, 7, 1994), »Schwere Geburten. Neue Forschungsrichtungen in der bundesrepublikanischen Geschichtswissenschaft (1960–2000)« (40, 2005) sowie »Stadtgedächtnis und Geschichtswerkstätten« (50, 2008). Im Folgenden werden zwar exemplarisch einige Heftnummern der Zeitschrift Werkstatt*Geschichte* plus Erscheinungsjahr genannt, aus Platzgründen aber keine weiterführende Literatur zitiert.
Der Beitrag ist der 2016 verstorbenen Kollegin und Freundin Inge Marszolek gewidmet, die sich über viele Jahre mit großem Engagement für die Weiterentwicklung der Zeitschrift Werkstatt*Geschichte* eingesetzt hat.

»namenlosen, kleinen Leute« in den Blick genommen. Auf diese Weise machten sich die Geschichtswerkstätten – ungeachtet ihrer oftmals kleinformatigen Aktivitäten – insgesamt gesehen um die Ausweitung demokratischer Kultur und eines kritisch-kulturellen Gedächtnisses vor Ort in hohem Maße verdient.

Sicherlich, im Zuge zunehmender Globalisierung hat sich auch die Geschichtsschreibung vor Ort in Richtung transnationaler *local history* erweitert. Die Welt ist längst im Lokalen angekommen, sei es in der Wirtschaft samt Werbung (45, 2007), sei es in der Stadt(bau)entwicklung und der Architektur, sei es im Konsum, in den Medien oder in der Popkultur (63, 2013). Migration und Tourismus verstärkten zudem die transnationalen Verflechtungen im Alltag. Dadurch veränderten sich nicht nur die Lebens- und Arbeitsweisen bekannter und unbekannter Menschen, sondern dies führte auch zu unterschiedlichen Aneignungspraktiken einzelner Globalisierungsphänomene, wozu Eigenlogiken adaptiven bzw. widerständigen Verhaltens gehörten (45, 2007). Kurzum: Die alte Aufforderung, zu graben, wo man oder frau steht, ist zwar nicht obsolet geworden, musste jedoch konzeptionell gesehen gravierend erweitert werden.

2. *»Geschichte von unten«*: Dies ist ein weiteres Schlagwort, das der Alltagsgeschichtsschreibung als Leitmaxime diente. Zwar war die Arbeiterbewegungsgeschichte schon seit den 1970er Jahren im Aufschwung begriffen, nicht jedoch die Geschichte von ArbeiterInnen samt ihren Alltagspraktiken. In diesen Studien hat die Alltagsgeschichtsschreibung allerdings vor allem den männlichen Arbeiter in den Blick genommen, dabei jedoch seine Männlichkeit selten thematisiert (6, 1993, Editorial). Im Zuge der seit den 1970er und 1980er Jahren aufblühenden Neuen Frauenbewegung und der Historischen Frauen- und Geschlechterforschung wurden solche Leerstellen schrittweise gefüllt. Zunehmend gelangten dementsprechend historische Geschlechterkonstruktionen in den Fokus der Zeitschrift (19, 1998), wobei die Rekonstruktion von Mannsbildern und Männlichkeitsmustern (29, 2001) insofern einer größeren analytischen Anstrengung bedurfte, als diese bekanntlich hinter dem Allgemein-Menschlichen vielfach verborgen waren.

Der Neuen Frauenbewegung und der Historischen Frauenforschung war es außerdem mit zu verdanken, dass sich allmählich auch ein erweiterter Arbeitsbegriff durchsetzte und nicht nur die Frauenerwerbsarbeit, sondern auch Hausarbeit und Kindererziehung als Arbeiten galten. Darüber hinaus dehnte insbesondere die Neue Frauenbewegung den Politikbegriff aus, und damit wurde das Private auch von Frauen politisch. Zwar hatte sich die Alltagsgeschichte von Anfang an nicht an irgendwelche Regeln darüber gehalten, was wert sei, erforscht zu werden und was nicht, aber die Neue Frauenbewegung verstärkte den Trend zur Verbreiterung des Themenspektrums. Dem trug auch Werkstatt*Geschichte* Rechnung, etwa mit Beiträgen zur Sexualität (40, 2005), zur Tourismusgeschichte (3, 1992; 36, 2004), sowie zur Körper- und Sportgeschichte (29, 2001; 44, 2006; 47, 2007).

Mit der Zeit erweiterte sich die »Geschichte von unten« auch in anderer Hinsicht. So sind – insbesondere gegen Ende des Jahrtausends – in der Zeitschrift vermehrt Beiträge zu (ehemaligen) »Rand«-Themen der Geschichtswissenschaft zu finden, wie solche zur *Intellectual History* (24, 1999), einschließlich der Geschichte sozialen Wissens (23, 1999; 43, 2006), ferner zur Geschichte von Infrastrukturen (21, 1998), zur Umweltgeschichte (3, 1992) sowie zum sogenannten *Heritage*-Boom (64, 2013). Hingegen entstanden Studien zu (diskriminierten) Minderheiten, insbesondere zu Juden und Jüdinnen, zu MigrantInnen sowie zu Sinti und Roma (25, 2000) schon relativ früh; doch werden diesbezügliche neuere Forschungsperspektiven in diversen Heftnummern immer wieder in der einen oder andere Weise aufgegriffen. Auch hat sich das Spektrum der Randgruppen vergrößert, was die Beiträge zu Lumpensammlern (17, 1997), Dieben (42, 2006) und Querulanten (33, 2002) belegen.

Mittlerweile hat sich die Zeitschrift zudem für die Geschichte der SklavInnen und der kolonisierten Völker geöffnet (43, 2006; 65, 2013; 66/67, 2014/15) und sich auf (post) koloniale Geschichtsschreibungen eingelassen. Denn diese betonen die Notwendigkeit, die (ehedem) beherrschten Einheimischen nicht nur als Subjekte wahrzunehmen, sondern deren Sichtweisen auf die (früheren) Kolonialherren und -damen offenzulegen. Außerdem gilt es, die transnationalen Rückwirkungen der Kolonialgeschichte auf die Metropolen und auf die Wissenschaftspolitik zu beleuchten. Bei solchen Untersuchungen spielen mehr denn je Dekonstruktionen rassistischer und eugenischer Denk- und Sprachmuster sowie die jeweiligen Selbst- und Fremd-Ethnisierungen (*doing ethnicity*; 32, 2002) eine Rolle, einschließlich das Bewusstwerden von »Whiteness« und der damit verbundenen Machtfülle (39, 2005).

Auch jenseits postkolonialer Studien erfuhr der ehemalige Slogan »Geschichte von unten« eine Erweiterung. Ganz allgemein gesehen wird eine »Geschichte von unten« mit einer »Geschichte von oben« verknüpft, womit auch deren Relationen in den Mittelpunkt der Analysen rücken. Festgefahrene binäre Denkmuster werden hierbei in der Weise historisiert, dass nicht mehr (allein) ihre binäre Positionierung, sondern ihre wechselseitigen Bezüge und Zusammenhänge in den Vordergrund treten – ohne dabei Unterschiede und Gegensätze zu relativieren oder gar zu eliminieren. Vielmehr gilt es, die vielfältigen Verknüpfungen zwischen »unten« und »oben« herauszufinden, und zwar sowohl durch Analysen realgeschichtlicher Kontexte als auch durch solche, die den sozialen und kulturellen Konstruktionen dessen nachgehen, was gemeinhin als »unten« und »oben« bezeichnet wird. Von besonderer Relevanz sind dabei Fragen, welche gesellschaftlichen Normierungen und Normen die jeweiligen binären Denkmuster entstehen ließen und wie sich diese in historischen Zeiten gegebenenfalls verändert haben bzw. wie sie in verschiedenen Kulturen unterschiedlich kontextualisiert waren. So bedarf – um auch andere Beispiele zu nennen – die Geschichte von Armen und Armut (10, 1995) des historiografisch-relationalen Blicks auf Reiche und auf den Reichtum einer Gesellschaft zu einer bestimmten Zeit (73, 2017). Die Geschichte von *disability* ergibt vor allem dann Sinn, wenn auch *ability* samt den mit beiden Begriffen verbundenen Normierungen in Augenschein genommen wird (65, 2013). Eine Geschichte der Opfer ist ebenfalls mit einer Geschichte der Täter zu verknüpfen (12, 1995). Auch sind Alltagsräume vorwiegend als relational erfahrene Konstruktionen (*spatial turn*) zu verstehen. Gemeint sind individuelle (und kollektive) Raumaneignungen, die zu entsprechenden Raumkartierungen geformt und in sogenannten *mental maps* gespeichert werden können (70, 2015). Diese enthalten häufig auch Raumdominanten, etwa Monumentalbauten, die auf Wahrnehmungen von Macht- und Herrschaftsstrukturen schließen lassen. Die neuere Gender-Forschung fordert in ähnlicher Weise, die relationale Sichtweise in den Mittelpunkt zu rücken, dabei die Intersektionalität von *»gender, class and race«* (sowie von anderen Ordnungskategorien, wie die der Religion) zu beachten und damit die Relevanz solcher Verknüpfungen, etwa für Biografien und für die Aufarbeitung von Diskriminierungen, offenzulegen.

3. *Akteursforschung*: Im Zuge der Alltagsgeschichtsschreibung galten unterdrückte und diskriminierte Menschen nun nicht mehr allein als namenlose Opfer, sondern als Individuen mit einem jeweils »eigenen Gesicht«. Daraus entstand das historiografische Bild eines Geflechts von oft widersprüchlichen Einstellungen und Handlungsweisen, von komplexen Mischungen unterschiedlichen Verhaltens, etwa in Form von Mitmachen und Verweigern, von Zustimmung und Reserviertheit, von Nähe und Distanz. Durch das Herausarbeiten solcher mentalen Gemengelagen, widersprüchlichen Zuordnungen und handlungsbezogenen Eigenlogiken konnte das oftmals komplexe und vor allem fluide Verhalten vieler Menschen, etwa

in Diktaturen, überzeugender, weil wirklichkeitsnäher rekonstruiert werden als dies ein eher starr-binäres Kategorien- und Bewertungssystem vermocht hätte. Das gilt vor allem dann, wenn bei Quelleninterpretationen u. a. Geschlechterperspektiven und Subjektivierungstheorien berücksichtigt werden, und zwar einschließlich zeitspezifischer Emotionalitäten und Kulturtechniken sowie zweckorientierter Selbst- und Fremdstilisierungen. Hefte über Scheitern (71, 2015/16), Werkzeug (54, 2010), Mahlzeit (31, 2002), Gewalt (4, 1993; 35, 2003) sowie über Grenzgänge (53, 2010) und Glauben machen (72, 2016) zeigen ansatzweise die Komplexität der Zugriffsmöglichkeiten auf, die einer weiterentwickelten alltagsbezogenen Akteursforschung förderlich sein können.

Wahrnehmungs- und Erfahrungsgeschichte avancierten in der alltagsbezogenen Akteursforschung bekanntlich zu Leitbegriffen. Doch schwierig ist es herauszufinden, wie diese durch Diskurse, durch mediale Einflüsse sowie durch sozialisationsbedingte Dispositionen (*Habitus*) jeweils vorgeprägt waren und wie sie »danach« im Laufe der Zeit überformt worden sind. Subjektive Wahrnehmungen und Erfahrungen konnten (und können) in der Folgezeit sogar soweit überschrieben werden, dass sie die Kollektivgedächtnisse prägten (30, 2001; 54, 2010; 63, 2013). Bei solchen Überformungsprozessen spielten die vielgestaltigen Bilderwelten, einschließlich der Filme, oftmals eine wesentliche Rolle (47, 2007; 69, 2015). So ist es verdienstvoll, wenn die Zeitschrift Werkstatt*Geschichte* der Relevanz der Mediengeschichte samt ihren diversen Lesarten und interaktiven Aneignungsweisen in Form einer dauerhaft platzierten Film-Rubrik besonderes Gewicht verleiht, selbst wenn von einer Integration der Mediengeschichte in die Alltagsgeschichtsschreibung bis heute keine Rede sein kann, auch wenn genügend Quellen zur Verfügung stehen.

4. *Geschichte des Alltags*: Der Begriff *Alltagsgeschichte* ist für Außenstehende auf den ersten Blick etwas missverständlich, denn die Alltagsgeschichte schloss stets die Geschichte des Nicht-Alltäglichen mit ein, seien es erwerbsfreie Sonntage samt den dann unter Umständen möglichen Freizeitbeschäftigungen, sei es die Begehung von (kirchlichen) Fest- und Feiertagen. Auch Skandale, große Unfälle, Kriege und Epidemien gehörten im Selbstverständnis der AlltagshistorikerInnen von Anfang an zum Forschungsspektrum erfahrungsreicher Alltage. Besonders relevant für die Alltagsgeschichtsschreibung waren die sozialen Beziehungen im Alltag, wie die Hefte über Freundschaft und Feindschaft (28, 2001; 55, 2010) deutlich machen. Alltage umfassten außerdem die vielfach in der Geschichtsschreibung vernachlässigten Bereiche wie Konsum, Wohnen, Essen, Schlafen, Hausarbeit und Kindererziehung sowie Mediennutzung, Kommunikation und Muße. Mit Blick auf *»gender, class and race«* und andere Kriterien, wie Religion und Alter, zeigt sich auch die Verschiedenheit der Alltage in Raum und Zeit, weswegen der Begriff *Alltag* – ungeachtet seines Wiederholungscharakters – stets im Plural zu denken ist. In Zukunft wird indessen auch die historiografische Rekonstruktion des digitalen und des medialisierten Alltags an Bedeutung gewinnen – samt der damit verbundenen Historisierung alltäglicher Seh- und Wahrnehmungsroutinen (74/2016). Außerdem wird sich die Alltagsgeschichtsschreibung im Kontext der Globalisierung zukünftig häufiger den Alltagen und der Alltagsgeschichte anderer Kulturen widmen (1, 1992) und deren transnationalen Überbrückungen und Vermittlungen analysieren müssen (40, 2005). Mit der Analyse relationaler Bezüge und mit »offenen« Vergleichen auf das Eigene und das jeweils Andere kann zudem zu einer Überwindung des Eurozentrismus (9, 1994) auch in der Alltagsgeschichtsschreibung beigetragen werden. Aufschlussreich sind diesbezüglich vor allem die Texte über Humanitarismus (68, 2014), weil sie Wege aufzeigen, wie HistorikerInnen ein besonders europazentriertes Themenfeld – über den alten Kontinent hinausgreifend – operationalisieren und erforschen können.

Darüber hinaus wird die Alltagsgeschichtsschreibung, die, wie schon gesagt, auch das nicht-alltägliche Erleben und Erfahren der Menschen berücksichtigt, in Zukunft immer wieder den Blick auf die Erforschung erlebnisreicher (Massen-)Inszenierungen und Performanzen lenken müssen, da diese insbesondere in modernen, vor allem in nicht-demokratisch organisierten Gesellschaften, eine große Rolle spielen und auf den Alltag rückwirken können. Der Kulturanthropologe Victor Turner hat die bei solchen Gelegenheiten häufig situativ entstehende Gemeinschaft als *Communitas* bezeichnet, um sie von alltagsrelevanten, sozial verankerten Gemeinschaftsbildungen zu unterscheiden. Bei diesen (nicht selten führerbezogenen) Massenveranstaltungen werden jeweilige Herrschafts-, Macht- und Ordnungsvorstellungen durch Rhetorik, Symbole oder Rituale sowie durch zweckorientierte Bilder und Slogans – verknüpft mit emotionalisierender Musik – an den Mann oder an die Frau zu bringen versucht, wodurch Zugehörigkeitsgefühle ausgelöst sowie situative Zustimmungen erreicht werden können. Die bei solchen *Performances* oftmals vorgenommenen Deutungen von Gegenwart, Vergangenheit und Zukunft wirken nicht selten nach, wie aus Zeitzeugengesprächen und autobiografischen Überlieferungen geschlossen werden kann.

5. *Oral History*: Denn ein weiteres Kennzeichen der Alltagsgeschichte war von Anfang an die Berücksichtigung von autobiografischen Überlieferungen, insbesondere von Zeitzeugengesprächen. Die weitgreifende methodische Neuerung, die mit der sogenannten Oral History einherging, kann heute nur mehr schwerlich nachvollzogen werden. Noch in den 1980er Jahren galten indessen Interviews, ähnlich wie Bilder, allenfalls als Quellen-»Beifang« – nützlich allein zur Illustration von Aussagen der HistorikerInnen. Für die Alltagsgeschichtsschreibung fungierten indessen Interviews und Gespräche mit ZeitzeugInnen von Anfang als forschungsrelevante Quellengattung, weil schriftliche Quellen über die vielen »namenlosen Menschen« rar gesät sind. Auch die subjektbezogene Sicht auf die Alltagsgeschichte legt einen solchen Recherche-Weg nahe, zu dem die Auswertung von (auto)biografischen Überlieferungen gehört (13, 1996; 25, 2000). Allerdings sind Erinnerungsnarrative als soziale Konstruktionen zu sehen, die oftmals nicht nur Auslassungen, sondern auch später erfolgte Überformungen aufweisen. Trotz der damit verbundenen Interpretationsprobleme (30, 2001) haben mittlerweile zahlreiche Oral-History-Projekte deren Erkenntniszuwachs bewiesen.

Zusammenfassung: Wie die vorstehenden Ausführungen ansatzweise dargelegt haben, hat sich Werkstatt*Geschichte* von den anfänglich grobmaschigen Leitmaximen der Alltagsgeschichte größtenteils entfernt, ohne deren Essenz – die Fokussierung auf soziale Praktiken von (namenlosen) Menschen – aus den Augen zu verlieren, was wesentlich zur Profilierung der Zeitschrift im Vergleich zu anderen bundesrepublikanischen Fachperiodika beigetragen hat. Wie zahlreiche Artikel zeigen, hat sich die Einbindung der Alltagsgeschichte in eine entsprechend neukonturierte, transnational ausgerichtete Gesellschaftsgeschichte im Laufe der Jahre verstärkt. Dies ist nicht zuletzt den relationalen Zugriffen sowie den damit verbundenen Kontextualisierungen und Dekonstruktionen wirkmächtiger Diskurse geschuldet. Der relationale Zugriff eröffnet somit auch weitere Chancen, mikrogeschichtliche Studien mit jenen auf Meso- und Makroebene zu verbinden (11, 1995) – eine Forderung, die unter AlltagshistorikerInnen immer wieder mal laut geworden ist. Die Relevanz auch alltagsgeschichtlicher Themen für eine so verstandene Gesellschaftsgeschichte zeigt sich mit Blick auf die Zeitschrift Werkstatt*Geschichte* vor allem dann, wenn die analysierten sozialen Alltagspraktiken mit den jeweils vorherrschenden Ordnungsvorstellungen und Machtkontexten, einschließlich medialer Vermittlungen, verknüpft wurden. Besondere Bedeutung kommt außerdem jenen Beiträgen zu, die sich auf die Analyse einzelner oder kleiner Gruppen, insbesondere von Minderheiten, konzentrieren und deren sozialen Praktiken samt eigenlogischen Aneignungsweisen herausarbeiten. Ähnlich wie durch Sonden können auf diese Weise bedeutsame Konturen der jeweiligen Gesellschaft offengelegt und kann damit auf größere Zusammenhänge verwiesen werden. Dies bedarf häufig einer zu begründenden Diversifizierung von Theorieansätzen und Methoden. Nützlich sind nicht zuletzt deshalb die in der Zeitschrift dauerhaft etablierte Rubrik »Werkstatt« (65, 2013) und der sogenannte Debattenteil. Stimulierende Anstöße und Orientierungshilfen über erkenntniserweiternde Zugangsweisen zu geben, das zählt allerdings auch zu den zentralen Aufgaben der jeweiligen *Editorials*. In vielen Heften hat sich deren Gehalt im Laufe der Zeit beträchtlich erweitert, was sich positiv auf das Profil der Zeitschrift ausgewirkt hat.

Eines der wichtigen Markenzeichen von Werkstatt*Geschichte* ist sicherlich, in Bewegung geblieben zu sein, sich mit neuen Theorien, Methoden und Themenkomplexen offen auseinandergesetzt und entsprechende Konkretisierungen exemplarisch vorgestellt zu haben, und zwar über Perioden und Räume hinweg. Für die Zukunft bleibt der Zeitschrift deshalb zu wünschen, dass sie weiterhin die Geschichtsschreibung als einen nicht-linear fortlaufenden Kommunikations- und Aushandlungsprozess versteht und auf dieser Basis experimentierfreudig in Bewegung bleibt – manchmal vielleicht sogar eingedenk des Slogans »No risk, no fun«!

■ Etta Grotrian

Vorgeschichte, Vorbild oder Sackgasse?

Zur Historisierung der »neuen Geschichtsbewegung« der Bundesrepublik der späten 1970er und 1980er Jahre

Wie »achtziger« sind Geschichtswerkstätten?

Arbeitsgruppen, die sich Geschichtswerkstätten nennen, werden bis zum heutigen Tag gegründet.[1] Der Begriff scheint ihren Initiatorinnen und Initiatoren offensichtlich zeitgemäß und treffend für eine niedrigschwellige Geschichtsarbeit in einer meist heterogen zusammengesetzten Gruppe, die aus historisch Interessierten verschiedener Professionen oder aus zu historischem Interesse verpflichteten Schulklassen besteht. Volkshochschulkurse, Projekte von Kirchengemeinden oder museumspädagogische Programme geben sich den Namen Geschichtswerkstatt. Die Begriffe, die unter diesem Label zur Selbstbeschreibung gewählt werden, sind vielfältig und lauten z. B. Spurensuche, Heimatkunde oder Familienforschung.[2] Darunter finden sich auch Begriffe, die zu erklärten Feindbildern derjenigen Initiativen gehörten, die sich in den späten 1970er und vor allem 1980er Jahren als Geschichtswerkstätten gründeten.

Die Geschichtswerkstätten, die im Trend des wachsenden Geschichtsinteresses der 1980er Jahre entstanden sind und ihre Blütezeit erlebt haben, wollten mehrheitlich eine Gegenposition zur herrschenden Geschichtsdeutung der universitären Geschichtswissenschaft einnehmen und eine Geschichtsforschung praktizieren, die von vielen verstanden wird und an der viele mitwirken. In diesem Beitrag soll der Frage nachgegangen werden, wie sich ihre Ansätze historisch einordnen lassen und welche Wirkung sie möglicherweise auf heutige Ansätze populärer und partizipativer Geschichtsforschung oder -vermittlung entfalten können.

Der Begriff Geschichtswerkstatt ist nicht geschützt und genauso wenig bezeichnet er unmissverständlich eine bestimmte Methode oder Vorgehensweise, eine fest umrissene soziale Zusammensetzung der Mitglieder, den fokussierten historischen Gegenstand oder die politische Zielsetzung der beteiligten Personen. Manche der in jüngster Zeit gegründeten Vereine, Initiativen oder Projektgruppen zitieren ein Motto der Geschichtswerkstätten der 1970 und 1980er Jahre: »Grabe, wo du stehst!« Es geht auf den Titel eines Handbuchs zurück, mit dem dessen Autor Sven Lindqvist seine Leserschaft aufforderte und anleiten wollte, die Geschichte des eigenen Arbeitsplatzes zu erforschen, sein Beispiel dafür ist die Zementindustrie. Die Summe der so entstehenden Geschichtserzählungen sollte ein Gegenbild schaffen zu

1 Eine von der Autorin erstellte Überblickskarte seit den 1970er Jahren gegründeter (und z. T. immer noch bestehender) Initiativen (und ihre Gründungsdaten) ohne Anspruch auf Vollständigkeit unter: http://www.lemmata.de/initiativen (letzter Zugriff: 8.6.2017).

2 Das Deutsche Historische Museum nennt einen Teil seiner museumspädagogischen Angebote »Geschichtswerkstatt«, siehe u. a. https://www.dhm.de/bildung-vermittlung/kita-schule/sekundarstufe1/geschichtswerkstaetten0.html (letzter Zugriff: 8.6.2017); die Geschichtswerkstatt Baumholder z. B. bietet ehrenamtliche Heimatforschung, siehe https://geschichtswerkstatt-baumholder.de/impressum/ (letzter Zugriff: 8.6.2017).

einer – aus Unternehmersicht argumentierenden – Erfolgsgeschichte der Industrialisierung. Schließlich, und das ist der eigentliche Ausgangspunkt für Lindqvists dezidiert praxisorientierte Anleitung, hätten die Geschichtserzählung und das, was eine Gesellschaft archiviert, das Potenzial, die aktuelle Gesellschaftsform zu prägen.[3]

Die Kritik an der als vorherrschend empfundenen Perspektive der Geschichtsforschung war der entscheidende Ausgangspunkt der Initiativen, die in den 1970er und 1980er Jahren in der Bundesrepublik gegründet wurden. Ihre Programmatik formulierten sie überwiegend in Abgrenzung: Neben örtlichen Heimat- und Geschichtsvereinen war es vor allem die damalige universitäre Geschichtswissenschaft, die sie zur kritischen Umorientierung veranlasste. Sie warfen dieser vor, mit einer allein strukturgeschichtlich geprägten Methode die Menschen als historische Subjekte aus den Augen verloren zu haben und mit ihrer Geschichtsdarstellung die interessierte Öffentlichkeit nicht zu erreichen. In der Programmatik der Geschichtswerkstätten findet sich die Forderung nach einer »öffentlichen Wissenschaft«, die die Geschichte »aus der Isolation der akademischen Institutionen und der Selbstbeschränkung konservativer Heimatforscher« befreien sollte – zwei wichtige Abgrenzungen also.[4] Die bewusste Wiederbelebung nationalgeschichtlich orientierter Schwerpunkt- und Themensetzungen sowohl in Teilen der Geschichtswissenschaften als auch in der Geschichtspolitik der 1980er Jahre war eine weitere Tendenz, gegen die die Geschichtsinitiativen explizit Stellung bezogen.[5] Um diese Zielsetzungen der Akteurinnen und Akteure und die Ausgangspunkte ihrer Kritik zu verstehen, ist eine historische Einordnung in die Zeitkontexte der 1980er Jahre sinnvoll.

Die Historisierung von Geschichtswerkstätten vor dem Hintergrund ihres zeithistorischen Kontexts

Seit etwa zehn Jahren sind die 1980er Jahre Gegenstand der zeithistorischen Forschung. In Gesamtdarstellungen, die zur Geschichte der Bundesrepublik erscheinen, wird das Jahrzehnt bis zum Ende der deutschen Teilung behandelt – oder sogar die Zeit darüber hinaus.[6] Einzeldarstellungen und Sammelbände untersuchen diese letzten zwei Jahrzehnte der alten Bun-

3 Vgl. Manfred Dammeyer (Hg.), Sven Lindqvist, Grabe wo du stehst. Handbuch zur Erforschung der eigenen Geschichte, Bonn 1989 (die schwedische Originalausgabe erschien 1978 unter dem Titel Gräv där du står). Artikel von Lindqvist waren schon vorher auf Deutsch erschienen, u. a. Sven Lindqvist, Grabe, wo du stehst. Die »Barfußhistoriker« in Schweden, in: Franz-Mehring-Gesellschaft (Hg.), Demokratie- & Arbeitergeschichte, Jahrbuch 3, Stuttgart 1983, S. 9–13; ders., Grabe, wo du stehst, in: Hubert Chr. Ehalt (Hg.), Geschichte von unten. Fragestellungen, Methoden und Projekte einer Geschichte des Alltags, Wien/Köln/Graz 1984, S. 295–304.

4 Vgl. Thomas Lindenberger/Michael Wildt, Radikale Pluralität. Geschichtswerkstätten als praktische Wissenschaftskritik, in: Archiv für Sozialgeschichte 29 (1989), S. 393–411, hier S. 394.

5 Vgl. Geschichtswerkstatt Berlin (Hg.), Die Nation als Ausstellungsstück. Planungen, Kritik und Utopien zu den Museumsgründungen in Bonn und Berlin, Hamburg 1987; das Heft ist zugleich der elfte Band des Organs des bundesweiten Geschichtswerkstatt e. V.

6 Wichtige Gesamtdarstellungen stammen von Edgar Wolfrum, Die geglückte Demokratie. Geschichte der Bundesrepublik Deutschland von ihren Anfängen bis zur Gegenwart, Stuttgart 2006; Eckart Conze, Die Suche nach Sicherheit. Eine Geschichte der Bundesrepublik Deutschland von 1949 bis in die Gegenwart, München 2009 und als vorerst letzter Band der damit sechsbändigen Geschichte der Bundesrepublik, ein Projekt, das seinerseits in den 1980er Jahren gestartet wurde: Andreas Wirsching, Abschied vom Provisorium. Geschichte der Bundesrepublik Deutschland 1982–1990, München 2006.

desrepublik vor allem als eine Phase von Krisengefühl und Umbruch.[7] Ein Fazit der Autoren lautet, dass die Suche nach Orientierung und Identität für den westdeutschen Selbstverständigungsprozess dieser Zeit eine zentrale Bedeutung eingenommen habe. Und Geschichtsthemen spielten hierbei eine wichtige Rolle.[8] Die Arbeit der Geschichtswerkstätten dieser Zeit ist einerseits Bestandteil dieser Suche nach Orientierung in der Geschichte, gleichzeitig ist sie eine Reaktion auf nationalgeschichtlich orientierte Sinnstiftungsbemühungen.

Besonders anschlussfähig für eine Betrachtung des Ausgangspunkts von Geschichtswerkstätten ist das 2008 formulierte Plädoyer der Zeithistoriker Lutz Raphael und Anselm Doering-Manteuffel, die Zeit »nach dem Boom« – das bedeutet: die letzten drei Jahrzehnte der Bundesrepublik beginnend mit den frühen 1970er Jahren – für die Zeitgeschichtsforschung als Vorgeschichte zum besseren Verständnis der Gegenwart zu erschließen und die Zeit davor als eine davon unterscheidbare abgeschlossene Epoche zu betrachten. Die Autoren gehen dabei von einem Strukturbruch im Übergang von den 1970er zu den 1980er Jahren aus, der sich durch einen wirtschaftlichen, gesellschaftlichen, kulturellen und politischen Wandel auszeichnet.[9] Der Wandel der industriellen Arbeitswelt, das Entstehen von Industriebrachen oder -ruinen und das Verschwinden des mit den dazugehörigen Produktionsformen verbundenen Erfahrungsschatzes ehemaliger Industriearbeiterinnen und -arbeiter waren für manche Initiativen z. B. ein unmittelbarer Anlass, die Bewahrung und Belebung dieser Traditionen vor Ort in Angriff zu nehmen.[10]

Die im Kontext des Wertewandels entstehenden alternativen Lebensentwürfe werden in jüngerer Zeit, sowohl für die Bundesrepublik wie auch für andere westeuropäische Länder, einer gründlicheren Untersuchung unterzogen, was die Forschungen zu den neuen sozialen Bewegungen ergänzt.[11] Deutlich wird dabei, dass zu diesen neuen Werten auch die Veränderung des Blickwinkels auf regionale Bezüge und die Betonung von Individualität und Subjektivität

7 Unter anderem die Sammelbände Konrad Jarausch (Hg.), Das Ende der Zuversicht? Die siebziger Jahre als Geschichte, Göttingen 2008; Thomas Raithtel/Andreas Röder/Andreas Wirsching (Hg.), Auf dem Weg in eine neue Moderne? Die Bundesrepublik in den siebziger und achtziger Jahren, München 2009. Für eine internationale Perspektive auf die »langen 1970er Jahre« Niall Ferguson, Crisis, What Crisis? The 1970s and the Shock of the Global, in: ders./Charles S. Maier/Erez Manela, The Shock of the Global. The 1970s in Perspective, Cambridge/London 2010, S. 1–21, hier S. 3.

8 Vgl. Wirsching, Abschied vom Provisorium, S. 469 und Conze, Die Suche nach Sicherheit, S. 656.

9 Vgl. Anselm Doering-Manteuffel/Lutz Raphael, Nach dem Boom. Perspektiven auf die Zeitgeschichte seit 1970, Göttingen 2008, S. 11.

10 So z. B. das Industriemuseum Geschichtswerkstatt Herrenwyk oder die Initiative zur Gründung eines Museums der Arbeit in Hamburg, beides Initiativen mit politischer Unterstützung und Finanzierung, für die Bewahrung der frühindustriellen Maschinenspinnerei im Gartetal bei Göttingen die Historische Spinnerei Gartetal e. V.

11 Vgl. Sven Reichardt/Detlef Siegfried (Hg.), Das Alternative Milieu. Antibürgerlicher Lebensstil und linke Politik in der Bundesrepublik Deutschland und Europa 1968–1983, Göttingen 2010; Sven Reichardt, Authentizität und Gemeinschaft. Linksalternatives Leben in den siebziger und frühen achtziger Jahren, Berlin 2014. Zur Abgrenzung zwischen alternativen Milieus und neuen sozialen Bewegungen, vgl. Dieter Rucht, Das alternative Milieu in der Bundesrepublik. Ursprünge, Infrastruktur und Nachwirkungen, in: Reichardt/Siegfried, Das Alternative Milieu, S. 61–86, hier S. 67. Zum zeitgenössisch diskutierten Wertewandel vgl. u. a. Doering-Manteuffel/Raphael, Nach dem Boom, S. 61–65 und Meike Hausen/Reinhold Weber, Eine Zeitenwende? Wertewandel und Krisenbewusstsein in den 1970er Jahren, in: Philipp Gassert/Reinhold Weber, Filbinger, Wyhl und die RAF. Die Siebzigerjahre in Baden-Württemberg, Stuttgart 2015, S. 71–91, hier S. 75–82.

gehörten. Detlef Siegfried weist nach, wie diese durch gesellschaftlichen Wandel bedingte Verschiebung der Perspektive mit der »Geschichte von unten« eine »soziale Bewegung im Miniformat« hervorgebracht und zu einem Wandel der historiografischen Perspektivierung geführt hat.[12]

Im Umfeld der Geschichtswerkstätten wurde die Wiederbelebung der Regionalgeschichte als emanzipatorischer Aufbruch verstanden. Regionalgeschichte eignete sich ihrer Ansicht nach als Gegenkonzept zum Bestreben nach nationaler Identitätsstiftung, wie es den offiziellen Geschichtsprojekten der 1980er Jahre unterstellt wurde. Die kleinräumigen Dimensionen regionalgeschichtlicher Fragen entsprachen dem Trend, anstatt große Theorien zum Weltverständnis zu bemühen, die großen und abstrakten Prozesse im Kleinen, d. h. vor Ort unmittelbar und am konkreten Beispiel, nachvollziehbar und handhabbar zu machen.[13] »Small is beautiful« lautete eine wichtige Parole in diesem Zusammenhang.

Detailuntersuchungen zur Friedensbewegung und zur Anti-AKW-Bewegung gehen diesem zeitgenössischen Trend zum Regionalen und zur Heimatverbundenheit in den neuen sozialen Bewegungen nach: Gegen Bedrohungen mit globalen Auswirkungen protestierten die Akteurinnen und Akteure der Friedensbewegung ganz bewusst in ihrem direkten lokalen Umfeld und mit einem engen Bezug zur alltäglichen Lebenswelt.[14] In den regionalen Protesten der Anti-AKW-Bewegung ging der Kampf um eine bessere Zukunft unmittelbar mit einem Blick in die Vergangenheit einher. Dabei griff man Formen des ländlichen Protests aus der vormodernen Geschichte auf. Dass Bewahrung und Heimat mit ihren Traditionen zentrale Motive des modernitätskritischen Widerstands wurden, z. B. beim Protest gegen den Bau des Kernkraftwerks in Wyhl, ist bemerkenswert. In Wyhl verbanden sich die Aktionsformen von aus der Stadt angereisten Studierendengruppen aus dem Kontext neuer sozialer Bewegungen mit den Widerstandsformen der Landbevölkerung – ein Prozess, bei dem auch regionale Traditionen gemeinschaftsbildend wirkten.[15]

Auch in den Geschichtswerkstätten stand der Perspektivwechsel von den großen Strukturen hin zu den alltäglichen Erfahrungen im lokalen Umfeld im Zentrum ihrer Geschichtsarbeit. Für die Personen in den Initiativen selbst, die z. B. in ihrer unmittelbaren Umgebung mündliche Befragungen von Zeitzeuginnen und Zeitzeugen durchführten, bedeutete das auch, dass sie ihre gewohnten Kreise verließen und die direkte Kommunikation mit Men-

12 Zum Beispiel Detlef Siegfried, Die Rückkehr des Subjekts. Gesellschaftlicher Wandel und neue Geschichtsbewegung um 1980, in: Olaf Hartung/Katja Köhr (Hg.), Geschichte und Geschichtsvermittlung. Festschrift für Karl Heinrich Pohl, Bielefeld 2008, S. 125–146, hier S. 126.

13 Auch als historiografischer Trend vgl. Ernst Hinrichs, Regionale Sozialgeschichte als Methode der modernen Geschichtswissenschaft, in: ders./Wilhelm Norden (Hg.), Regionalgeschichte. Probleme und Beispiele, Hildesheim 1980, S. 1–20, hier S. 3. Besonders für die Industrialisierungsgeschichte gingen Impulse hiervon aus, vgl. Peter Steinbach, Zur Diskussion über den Begriff »Region«. Eine Grundsatzfrage der modernen Landesgeschichte, in: Hessisches Jahrbuch für Landesgeschichte 31 (1981), S. 185–210, hier S. 194–196.

14 Vgl. Susanne Schregel, Der Atomkrieg vor der Wohnungstür. Eine Politikgeschichte der neuen Friedensbewegung in der Bundesrepublik 1970–1985, Frankfurt a. M. 2011, S. 11.

15 Vgl. Jens Ivo Engels, Geschichte und Heimat. Der Widerstand gegen das Kernkraftwerk Wyhl, in: Kerstin Kretschmer (Hg.), Wahrnehmung, Bewusstsein, Identifikation. Umweltprobleme und Umweltschutz als Triebfedern regionaler Entwicklung, Freiberg 2003, S. 103–130, hier S. 129. Die Beiträge im Sammelband von Heiko Haumann (Hg.), Vom Hotzenwald bis Wyhl. Demokratische Traditionen in Baden, Köln 1977 zeigen, dass diese ungewöhnliche Allianz und ihre Themen schon den Zeitgenossinnen und Zeitgenossen bemerkenswert erschienen.

schen vor Ort suchten, die vielleicht sonst nicht zu ihren Gesprächspartnerinnen und -partnern gehörten. Dabei machten sie auch emotionale Erfahrungen, die sich von denen bei der Forschung an den Universitäten unterschieden.[16]

Nicht nur der Forschungsansatz, sondern auch die konkrete Forschungspraxis und die damit verbundenen Erfahrungen sollten dazu beitragen, Geschichtsbilder zu demokratisieren. Geschichte war in den Geschichtsinitiativen der 1980er Jahre ein Argument mit emanzipatorischem Potenzial für die aktive Gestaltung einer besseren Gegenwart und Zukunft. Was jedoch folgt aus den Aktivitäten der Geschichtswerkstätten vor 30 Jahren für die heutige Geschichtskultur?

Geschichtswerkstätten als Wegbereiter einer veränderten Geschichtsperspektive?

Viele der Positionen der in den 1980er Jahre gegründeten und besonders aktiven Geschichtswerkstätten, wie z. B. der Berliner Geschichtswerkstatt, haben einen Teil ihres kritischen Potenzials deshalb verloren, weil sich die Gedenkkultur seit dieser Zeit verändert hat. Dazu haben auch Geschichtswerkstätten selbst beigetragen.[17] Viele Initiativen waren insofern rückblickend erfolgreich, als sie auf lokaler Ebene Themen aufgespürt, dokumentiert und sichtbar gemacht haben, an die z.T. auch spätere Forschungen anknüpfen konnten. Gedenkstätten oder -tafeln, Straßenumbenennungen, Museumsgründungen und Stadtteilarchive gehen auf einen bisweilen sehr langen Atem einer Bürgerinitiative bzw. Geschichtswerkstatt zurück, die mitunter jahrzehntelang dafür gekämpft hat.[18]

16 Zum Beispiel Gert Zang, Subjektive Reflexionen über ein Projekt und seine organisatorische, methodische und inhaltliche Entwicklung. Überlegungen zu einer kritischen Regionalgeschichtsschreibung für das 19. und 20. Jahrhundert, in: ders. (Hg.), Provinzialisierung einer Region. Zur Entstehung der bürgerlichen Gesellschaft in der Provinz, Frankfurt a. M. 1978, S. 465–538, hier S. 497; ders., Gedanken tausendmal gedacht, Gefühle tausendmal gefühlt…? Versuche sich der Lebens- und Gedankenwelt kleiner Gemeinden zu nähern: Mündliche Geschichte in der Bodenseeregion, in: Literatur und Erfahrung 10 (1982), S. 65–76, hier S. 67f. und 73.

17 Jenny Wüstenberg, Vom alternativen Laden zum Dienstleistungsbetrieb: the Berliner Geschichtswerkstatt. A Case Study in Activist Memory Politics, in: German Studies Review 32 (2009), S. 590–618, hier S. 612f., dies., Civil Society and Memory in Postwar Germany, Cambridge 2017, S. 203f. und Adelheid von Saldern, Stadtgedächtnis und Geschichtswerkstätten, in: WerkstattGeschichte 50 (2008), S. 54–68, hier S. 62–66. Darüber hinaus werden auch in jüngerer Zeit Initiativen gegründet, die sich kritisch z. B. mit Rassismus in der Erinnerungskultur auseinandersetzen, wie die Initiative Berlin Postkolonial, vgl. http://www.berlin-postkolonial.de (letzter Zugriff: 11.11.2017).

18 Jüngere Beispiele sind die Umbenennung der Brücke über den Landwehrkanal in Berlin im Gedenken an die Ermordung von Rosa Luxemburg, vgl. Berliner Senatsverwaltung für Stadtentwicklung und Wohnen, Pressemitteilung vom 25.9.2012 http://www.stadtentwicklung.berlin.de/aktuell/pressebox/archiv_volltext.shtml?arch_1209/nachricht4784.html (letzter Zugriff: 8.6.2017) oder der für September 2017 geplante Gedenkstein für die Opfer der Guernica-Bombardierung am Fliegerhorst Wunstorf, vgl. Sven Sokoll, Gedenkstein erinnert an Guernica-Angriff, in: Hannoversche Allgemeine online vom 7.3.2017 http://www.haz.de/Hannover/Aus-der-Region/Wunstorf/Nachrichten/Gedenkstein-auf-dem-Fliegerhorst-Wunstorf-soll-kuenftig-an-Angriff-auf-Guernica-erinnern (letzter Zugriff: 8.6.2017). Prominentere Beispiele sind die o.g. Gründung des Museums der Arbeit in Hamburg, vgl. z. B. Lisa Kosock, Nach 25 Jahren: Ausblick, in: Freunde des Museums der Arbeit e.V. (Hg.), mitarbeit. 25 Jahre Verein Museum der Arbeit, Hamburg 2005, S. 79–82, hier

Die Geschichtswerkstätten waren zugleich Ausdruck einer allgemeinen »Geschichtskonjunktur« in den 1980er Jahren, die sie mitgeprägt haben. Die vielen Erinnerungsinitiativen und Spurensuchen dieser Zeit hatten unter anderem mit einem Generationswechsel in der Bundesrepublik zu tun und in Hinblick auf die nationalsozialistische Geschichte z. B. auch mit der juristischen Auseinandersetzung mit den NS-Verbrechen und mit dem diesbezüglich beginnenden Dialog zwischen den Generationen.[19] Bereits seit 1973 ermunterte der Geschichtswettbewerb, den Bundespräsident Gustav Heinemann zusammen mit der Körber-Stiftung ins Leben gerufen hatte, Schülerinnen und Schüler, vor Ort nach historischen Spuren – zunächst vor allem demokratischer Traditionen – zu suchen. Alltagsgeschichtliche Fragestellungen und Anleitungen zur Erforschung von »Geschichte von unten« führten in den 1980er Jahren zu einer wachsenden Beteiligung am Wettbewerb.[20] Ein Ausgangspunkt für die kritische Auseinandersetzung der Geschichtswerkstätten der 1980er Jahre mit der jüngsten Geschichte war ein allgemeiner Wandel im öffentlichen Interesse an Geschichte und auch an der Geschichte des Holocaust, der bereits Ende der 1970er Jahre einsetzte.[21]

Das Verhältnis der »Geschichte von unten« zur akademischen Geschichtsforschung

Nicht nur gesellschaftlich fand ein Wandel im Umgang mit Geschichte statt, auch in den Geschichtswissenschaften wurden in den 1970er und 1980er Jahren methodische Erweiterungen diskutiert – und zwar auch jenseits der Geschichtsinitiativen und weit darüber hinaus in einem internationalen Rahmen. Das waren u. a. Ansätze der Oral History, Versuche, den Begriff des Alltags als Forschungskategorie zu definieren, sowie mikrohistorische Methoden.

Die fachwissenschaftlichen Diskussionen wurden in vielen Geschichtswerkstätten mit großem Interesse verfolgt und aufgegriffen. Einzelne Beteiligte mischten sich aktiv in diese Diskussionen ein. Denn die Geschichtsbewegung war keine Laienbewegung, sie umfasste viele Mitglieder, künftige Mitglieder, aber auch Renegaten der akademischen Geschichtsforschung, und in den meisten Fällen hatten diejenigen die Initiative zur Gründung ergriffen, die professionell mit Geschichte (oder angrenzenden Disziplinen) befasst waren.[22] Außerdem war ihre Stoßrichtung sehr deutlich gegen die Fachwissenschaft formuliert, mit der sie sich kritisch auseinandersetzten.

S. 79 oder die Gedenkstätte mit Dokumentationszentrum Topographie des Terrors in Berlin, vgl. Matthias Haß, Das Aktive Museum und die Topographie des Terrors, Berlin 2012, S. 38f.

19 Vgl. Etta Grotrian, Identität und Orientierung. Geschichtsdebatten in den 1980er Jahren, in: Indes. Zeitschrift für Politik und Gesellschaft 3 (2014), S. 27–34, hier S. 27f. und Etienne François, L'Allemagne Fédérale se penche sur son passé, in: Vingtième Siècle 7 (1985), S. 151–163, hier S. 160f.

20 Vgl. Sven Tetzlaff, Der Geschichtswettbewerb des Bundespräsidenten. Ein Projekt im Spannungsfeld von Politik, Öffentlichkeit und Schule, in: Wolfgang Hardtwig/Alexander Schug (Hg.), History Sells! Angewandte Geschichte als Wissenschaft und Markt, Stuttgart 2009, S. 265–273, hier S. 266f.

21 Vgl. Maximilian Strnad, »Grabe, wo Du stehst«: Die Bedeutung des Holocaust für die Neue Geschichtsbewegung, in: ders./Michael Brenner (Hg.), Der Holocaust in der deutschsprachigen Geschichtswissenschaft. Bilanz und Perspektiven, Göttingen 2012, S. 162–198, hier S. 162.

22 Vgl. Detlef Siegfried, Subversiver Alltag. Geschichtswerkstätten zwischen Politik und Wissenschaft, in: Geschichtswerkstatt Eimsbüttel (Hg.), 25 Jahre Galerie Morgenland/Geschichtswerkstatt Eimsbüttel (Festschrift), Hamburg 2003, S. 99–105, hier S. 101.

Schon bei einem der beiden Gründungstreffen des bundesweiten Netzwerks Geschichtswerkstatt e.V. 1982 in Göttingen traten unterschiedliche Interessen, die es innerhalb der Bewegung und einzelner Gruppen in ihrem Verhältnis zur Fachwissenschaft gab, deutlich zutage. Vertreterinnen und Vertreter der Stadtteilinitiativen und regionalen Vereine sahen eine Gefahr darin, von denjenigen Teilnehmenden instrumentalisiert zu werden, die das Treffen initiiert hatten, weil sie neuen Methoden und Ansätzen Geltung innerhalb der Fachwissenschaft verschaffen wollten und sich dazu der Initiativen bedienten, die ihrerseits eigentlich den akademisch geprägten Stil aufbrechen wollten.[23]

Während die einen sich von einer Demokratisierung und Öffnung der akademischen Disziplin Chancen für eine methodische Offenheit versprachen und den öffentlich wahrgenommenen Trend der Geschichtsinitiativen als Möglichkeit sahen, diesen Zielen mehr Nachdruck zu verleihen, waren andere an einer nichtakademischen Stadtteilarbeit interessiert und sahen das an der Fachwissenschaft orientierte Profilierungsinteresse Einzelner als Hindernis hierfür an. Die Verbindung dieser unterschiedlichen Interessen in einem gemeinsamen Netzwerk barg Konflikte, die den Beteiligten von Anfang an bewusst waren und die in der weiteren Vereinsgeschichte von Geschichtswerkstatt e.V. immer deutlicher zutage traten.[24] Trotz dieser Konflikte hatte man aber auf diese Weise ein Stück gemeinsamen Wegs beschritten, der neben den oben erwähnten Themen und Ergebnissen vielen Protagonistinnen und Protagonisten eine berufliche Praxis in der universitären oder außeruniversitären Geschichtsarbeit geboten hat.[25]

Auf die fachliche Kontroverse um die methodischen Neuansätze, die auch den Anschluss der bundesdeutschen Geschichtswissenschaften an internationale Diskussionen bedeutete, hatten die Projektergebnisse der Geschichtswerkstätten weniger Einfluss, auch wenn sie auf lokaler Ebene viele Schätze alltagsgeschichtlicher Quellen bergen konnten. Vielmehr wurde in der wissenschaftlichen Diskussion den »Barfußhistorikern« Theorielosigkeit und die Romantisierung vormoderner Lebenswelten vorgeworfen und diese Kritik auch pauschal gegen alle alltags- und mikrogeschichtlichen Ansätze gewendet.[26] Lutz Niethammer, der in den 1980er Jahren zur methodischen Etablierung der Oral History in den bundesdeutschen Ge-

23 Vgl. Rainer Wirtz, Geschichtswerkstatt – die andere Geschichte?, in: Journal für Geschichte 5 (1983), S. 64f., hier S. 64 und Peter Schöttler, Die Geschichtswerkstatt e.V. Zu einem Versuch, basisdemokratische Geschichtsinitiativen und -forschungen zu »vernetzen«, in: Geschichte und Gesellschaft 10 (1984), S. 421–424, hier S. 423. Zu den deutlich unterschiedlichen Interessen bereits beim vorangegangenen Treffen in Bochum vgl. Bernd Faulenbach, Einstieg ins Leben der Beherrschten. Die Geschichtswerkstatt – eine Bewegung für die Darstellung des Alltags, in: Vorwärts vom 22.12.1983, S. 34.

24 Vgl. Michael Wildt, Die große Geschichtswerkstattschlacht im Jahr 1992 oder: Wie WerkstattGeschichte entstand, in: WerkstattGeschichte 50 (2008), S. 73–81, hier S. 77 und Michael Zimmermann, »Die Rückkehr der Gartenzwerge?«. Sieben Jahre Institutionalisierung: Kritik und Perspektiven der Geschichtswerkstätten. Ein Forumsgespräch auf dem Jahrestreffen der Geschichtswerkstätten, in: Geschichtswerkstatt e.V. (Hg.), Geschichtsmarkt. Vergangenheiten als Markenprodukte (Geschichtswerkstatt, Heft 21), Hamburg 1990, S. 80–83, hier S. 80f.

25 Thomas Lindenberger spricht von Selbst-Professionalisierung, die Schaffung einer beruflichen Perspektive bei zunehmender Akademikerarbeitslosigkeit, vgl. Thomas Lindenberger, »Alltagsgeschichte« oder: Als um die zünftigen Grenzen der Geschichtswissenschaft noch gestritten wurde, in: Ralph Jessen/Martin Sabrow/Klaus Große Kracht (Hg.), Zeitgeschichte als Streitgeschichte. Große Kontroversen seit 1945, München 2003, S. 74–91.

26 Vgl. Hans-Ulrich Wehler, Geschichte – von unten gesehen. Wie bei der Suche nach dem Authentischen Engagement mit Methodik verwechselt wird, Die Zeit, Nr. 19, 3.5.1985 und ders., Neo-

schichtswissenschaften maßgeblich beitrug und mit Sympathie einen Perspektivwechsel zur »Geschichte von unten« betrachtete, warnte davor, dass die Unmittelbarkeit, die die Alltagsgeschichte zu versprechen schien, methodische Fallstricke bot: »Der Ansatz beim Alltag eröffnet keine Autobahn in die Geschichte«, mahnte er auch mit Blick auf den allgemeinen Trend und plädierte entschieden für eine fundierte theoretische Grundlegung bei der Beschäftigung mit Alltagsgeschichte.[27] Diese theoretische Grundlegung ließ sich aber nicht problemlos mit dem Anspruch einer niedrigschwelligen Geschichtsarbeit vereinbaren.

Partizipation und Offenheit als gelebte Praxis in Geschichtswerkstätten?

Der Begriff Geschichtswerkstätten erinnert an Robert Jungks Zukunftswerkstätten der 1970er Jahre als eine partizipative und fantasievolle Gestaltung von Zukunftsperspektiven durch den Einzelnen. Sie stellten auf diese Weise eine bewusste Abkehr vom wissenschaftlichen Expertentum dar.[28] Diese Idee, den Gegensatz zwischen Experten und Laien zu überwinden und die gemeinsame »Werkstätten«-Arbeit als aktiven Beitrag zur Gestaltung der Zukunft zu betrachten, war ein wichtiger Teil der Geschichtswerkstätten-Programmatik vor 30 Jahren.[29]

Dieser Gedanke ist nach wie vor aktuell. Partizipation und Teilhabe ist heute in vielen Bereichen, die sich außerhalb der Universität mit Geschichte beschäftigen, ein omnipräsentes Thema – nicht zuletzt deshalb, weil in den letzten Jahren in den digitalen Medien eine Praxis eingeübt wurde, die dazu beiträgt, die Grenzen zwischen Autor und Rezipient aufzulösen, und die auf diese Weise Chancen für eine multiperspektivische Geschichtserzählung bietet.[30] Partizipation kann bedeuten, dass Institutionen lernen müssen, ihre Interpretationen und ihre Deutungshoheit in Frage stellen zu lassen. Häufig ist aber dennoch die Rollenverteilung und das methodische Setting z. B. bei Projekten der Citizen Science von wissenschaftlich arbeitenden Institutionen vorgegeben und moderiert. Ein Blick in die Praxis der Geschichtsbewegung zeigt, welche Herausforderungen sich aus dem Anspruch einer gleichberechtigten Geschichtsarbeit ergeben können.

Die Akteurinnen und Akteure einer »Geschichte von unten« hatten ihrer Geschichtsforschung eine zentrale Rolle für das Verständnis gesellschaftlicher Problemlagen und für die Zukunftsgestaltung zugedacht. »Geschichte von unten« bedeutete, bisher vernachlässigte

romantik und Pseudorealismus in der neuen »Alltagsgeschichte«, in: Preußen ist wieder chic... Politik und Polemik in zwanzig Essays, Frankfurt a. M. 1983, S. 99–106, hier S. 102.

27 Vgl. Lutz Niethammer, Anmerkungen zur Alltagsgeschichte, in: Klaus Bergmann/Rolf Schörken (Hg.), Geschichte im Alltag – Alltag in der Geschichte, Düsseldorf 1982, S. 11–29, hier S. 23. Der Beitrag ist ein Nachdruck des gleichlautenden Artikels in Geschichtsdidaktik 5 (1980).

28 Vgl. Achim Rudolf Eberspächer, Zukunftsforscher in Anführungszeichen. Grundwerte in Robert Jungks Entwürfen und Gegenentwürfen vom Umgang mit Zukunft (von den 1950er bis zu den 1980er Jahren), Salzburg 2011, S. 28f.

29 Vgl. Alfred G. Frei, Geschichtswerkstätten als Zukunftswerkstätten. Plädoyer für eine aufklärerische Geschichtsarbeit, in: Gerhard Paul/Bernhard Schoßig (Hg.), Geschichte von unten, Spurensicherung, ökologische Geschichte, Geschichtswerkstätten, Köln 1986, S. 258–280, hier S. 274.

30 Vgl. *Jürgen Krameritsch, Geschichte(n) im Netzwerk, Münster 2007, S. 18.* Zu aktuellen Strategien von Museen, vgl. Léontine Meijer-van Mensch/Elisabeth Tietmeyer (Hg.), Participative Strategies in Collecting the Present, Berlin 2013; Susanne Gesser (Hg.), Das partizipative Museum. Zwischen Teilhabe und User Generated Content – Neue Anforderungen an kulturhistorische Ausstellungen, Bielefeld 2014.

Gruppen und Personen in die Geschichtsforschung einzubeziehen – einerseits als Forschungsthema, andererseits, indem sie sich ihre Geschichte selbst aneignen sollten. Das Schlagwort der Demokratisierung bezog sich sowohl auf den Gegenstand wie auch auf die Arbeitsweise.

Rückblickend wurde die Hoffnung, zu dieser Art von Demokratisierung der historischen Wissenschaften beizutragen oder eine breite Laienbewegung zur Erforschung ihrer eigenen Geschichte zu aktivieren, wie Lindqvist z. B. es vorschlug, von vielen Beteiligten als zu ambitioniert eingeschätzt. Insofern konnte dieser Anspruch nicht eingelöst werden.[31] In der konkreten Zusammenarbeit zeigte sich, welche große Herausforderung es war, mit unterschiedlichen Vorkenntnissen und einem unterschiedlichen Interesse an der geschichtswissenschaftlichen Methodendiskussion zu einem gemeinsamen Selbstverständnis zu finden. In einzelnen Projekten und der sich verstetigenden Vereinsarbeit wurden solche Diskrepanzen immer wieder diskutiert.[32] Während manche sich mehr theoretisches Fundament und Qualifikation wünschten und eine »intellektuelle Einöde«[33] beklagten, beurteilten andere die Bemühungen um die Einbeziehung von Laien als altruistische »historische Sozialarbeit«[34], bei der die eigenen Qualifizierungsinteressen zurückstehen müssten. Wenn die Perspektive »von unten« näher bestimmt wurde, wurden teilweise mit dem Begriff »Betroffene« sowohl der Forschungsgegenstand bezeichnet, wie auch die Forschungsperspektive, die man einnehmen wollte, und auch die an der Forschung zu beteiligenden Personen. Das verunklarte zusätzlich die Erwartungshaltung, denn häufig war die Unterscheidung zwischen dem Subjekt, das erforscht werden sollte, und dem forschenden Subjekt bewusst nicht trennscharf.[35] Von einem beteiligten Zeitzeugen findet man die Klage, dass er an der Geschichtsdeutung selbst mitwirken und nicht als Relikt in den Glasschrank gesteckt werden wolle.[36]

Die Professionalisierung der Werkstattarbeit wurde auch im gemeinsamen Netzwerk Geschichtswerkstatt e. V. thematisiert, denn während sie einerseits dazu führte, dass die Ergebnisse und Ansätze breitere öffentliche oder fachwissenschaftliche Anerkennung finden konn-

31 Vgl. u. a. Volker Ilgen, Dig where you stand: Zehn Jahre »Geschichtswerkstatt«, in: Comparativ 5 (1993), S. 136–142, hier S. 138, [ohne Autor], Was wir wollten, was draus wurde, in: Heimatmuseum und Geschichtswerkstatt Barmbek (Hg.), Geschichtswerkstatt Barmbek. Zum 10jährigen Bestehen, Hamburg 1996, S. 8–10, hier S. 9, Gisela Wenzel, »Grabe, wo du stehst.« Zwei Jahrzehnte Berliner Geschichtswerkstatt, in: Forschungsstelle für Zeitgeschichte in Hamburg/Galerie Morgenland Geschichtswerkstatt Eimsbüttel (Hg.), Geschichtswerkstätten gestern – heute – morgen. Bewegung! Stillstand. Aufbruch?, Hamburg 2004, S. 45–58, hier S. 46; Marianne Koerner, Wohin gehst du Nora? Zu den gegenwärtigen und zukünftigen Tendenzen der Geschichtswerkstätten, in: Geschichtswerkstatt e. V. (Hg.), Nachkriegszeit (Geschichtswerkstatt, Heft 13), Hamburg 1987, S. 75f., hier S. 76.

32 Vgl. z. B. für die Berliner Geschichtswerkstatt Eva Brücker, Vor- und Nachteile einer institutionellen Förderung (Protokoll des Treffens am 9.11.'85 in den Räumen der AL Schöneberg), in: Rundbrief der Berliner Geschichtswerkstatt, 3/1985, S. 3–6, hier S. 3.

33 Zitat von Thomas Lindenberger im Protokoll »Wochenendseminar über zukünftige Formen der Arbeit in der GW« am 12. und 13.11.1983, Handakten Gisela Wenzel (Berliner Geschichtswerkstatt), S. 7 aus seinem Diskussionspapier »Die Krise der Berliner Geschichtswerkstatt: Zwischen Bürgerinitiative und Alternativ-Institut?!«.

34 Vgl. Zusammenfassendes Protokoll der bisherigen Arbeit der Staatsknete-Gruppe, in: Rundbrief der Berliner Geschichtswerkstatt, 6/1986, S. 8–14, hier S. 8.

35 Der »Betroffene« soll zum Experten für seine eigene Geschichte gemacht werden, vgl. Alfred G. Frei/Michael Wildt, Hirsebrei und Seifenblasen. Die Geschichtswerkstätten und ihre Kritiker, in: L 80. Zeitschrift für Literatur und Politik 39 (1986), S. 64–72, hier S. 69.

36 Vgl. Leserbrief zum Thema »Popanz Zeitzeuge in der Berliner Geschichtswerkstatt«, in: Rundbrief der Berliner Geschichtswerkstatt, 3/1983, S. 6.

ten, vergrößerte sie andererseits die Kluft für eine gleichberechtigte Zusammenarbeit aller. Erfolgreich eingeworbene Projektförderung konnte bei der Verteilung von Personalmitteln dazu führen, dass Deutungshierarchien entstanden und der eigene Anspruch an eine partizipative Herangehensweise litt. Bemerkenswert ist, dass eine große Offenheit herrschte, diese Reflexionen der eigenen Arbeitsweise als Teil der Projektergebnisse zu veröffentlichen und zu teilen.[37] Diese Transparenz auch in Hinblick auf das eigene Scheitern und die gemeinsamen Lernprozesse ist ein wichtiger Teil heutiger Projektkultur, der sich in der akademischen geschichtswissenschaftlichen Praxis weniger durchsetzen konnte als in der außerakademischen.[38]

Erfolgreich waren die Geschichtswerkstätten in vielen ihrer Projekte darin, Formate für eine öffentlichkeitswirksame Geschichtsvermittlung und die Öffnung gegenüber einem breiten Publikum zu entwickeln. Dazu gehören neben Ausstellungen, Publikationen und Vorträgen alternative Stadtrundgänge und -fahrten (z. B. mit dem Schiff), Geschichtsspiele und Theaterstücke. In der Vermittlung ließ sich die Öffnung einfacher realisieren als in einer gemeinsamen Forschung, und die Beteiligten konnten wichtige Berufserfahrungen – auch jenseits einer forschenden Tätigkeit an der Hochschule – sammeln.

Heute wird an den Hochschulen durch mehr Praxisbezug der Tatsache Rechnung getragen, dass sich die beruflichen Betätigungsfelder von Historikerinnen und Historikern erweitert haben. An einigen geschichtswissenschaftlichen Fachbereichen entstehen Masterstudiengänge oder Module für Public History, die eine Brücke schlagen wollen zwischen der akademischen Forschung und dem gewachsenen öffentlichen Geschichtsinteresse. Hier steht die fachwissenschaftliche Qualifikation im Vordergrund, Themen sind die Vermittlung von Geschichte in der Öffentlichkeit und die Erforschung der Geschichtskultur. Im Gegensatz zum amerikanischen Verständnis des Begriffs ist eine Einbeziehung der interessierten Laienforschung nicht intendiert und eine Traditionslinie zur neuen Geschichtsbewegung nicht zu erkennen.[39]

Es wächst mit dieser neueren Entwicklung allerdings die Hoffnung, dass – trotz getrennter Berufsverbände und häufig auch noch viel zu stark getrennter Diskussionszusammenhänge – auf diese Weise der fachliche Austausch mit Fachleuten aus Bereichen, die nach dieser Definition auch zu Anwendungsfeldern einer Public History gehören, wie z. B. Museen, Gedenkstätten und Archiven, zukünftig besser gelingen kann. Das ist insofern von Bedeutung, als in diesen Feldern der Geschichtsarbeit vielversprechende Erfahrungen mit partizipativen Ansätzen auch im Bereich der Forschung seit einigen Jahren vorliegen und ausgewertet werden.[40]

37 Zum Beispiel Eva Brücker, Projektbericht, in: Berliner Geschichtswerkstatt (Hg.), »Das war 'ne ganz geschlossene Gesellschaft hier«. Der Lindenhof: Eine Genossenschaftssiedlung in der Großstadt, Berlin 1987, S. 225–229, hier S. 229.

38 Vgl. Matthew Barlow/Margo Shea, Public History: Honest Talk about Failure, in: The American Historian, Mai (2015), S. 28–30, hier S. 28.

39 Vgl. Irmgard Zündorf, Zeitgeschichte und Public History, Version: 2.0, in: Docupedia-Zeitgeschichte, 6.9.2016 http://docupedia.de/zg/Zuendorf_public_history_v2_de_2016?oldid=125489 (letzter Zugriff: 8.6.2017) und dies., Public History und Angewandte Geschichte – Konkurrenten oder Komplizen? In: Jacqueline Nießer/Juliane Tormann (Hg.), Angewandte Geschichte. Neue Perspektiven auf Geschichte in der Öffentlichkeit, Paderborn 2014, S. 63–76, hier S. 69.

40 Vgl. Anm. 30.

■ Kerstin Wolff

Die Frauenbewegung zurück in die Geschichte schreiben.

Das Archiv der deutschen Frauenbewegung in Kassel

1983 – ein Jahr bevor das Archiv der deutschen Frauenbewegung (AddF) seine Türen – standesgemäß am 8. März (Internationaler Frauentag) – zum ersten Mal öffnete, gab die Historikerin Karin Hausen einen der populärsten Sammelbände zur frühen Frauengeschichte mit dem programmatischen Titel »Frauen suchen ihre Geschichte« heraus. Versammelt waren darin Aufsätze von Expertinnen, also akademisch gebildeten Geschichtswissenschaftlerinnen, die mit diesem Buch aufzeigen wollten, »was und wie derzeit in der Bundesrepublik von Frauen über Frauen in der Geschichte gearbeitet wird.«[1] Dieses Buch wurde für viele angehende universitäre und nicht an den Universitäten forschende HistorikerInnen eine Art Offenbarung. Vor allem die theoretische Einführung von Gisela Bock zu Fragestellungen und Perspektiven der historischen Frauenforschung war von enormer Bedeutung. Endlich hatte die Geschichtswissenschaft auch etwas mit der »kleinen Frau auf der Straße« zu tun – also auch mit den Studentinnen dieser Zeit – , mit Erfahrungen von Frauen in der historischen Welt. Aber, und das war sicher viel entscheidender, Bock machte darauf aufmerksam, dass es ja nicht nur darum gehen sollte, Frauen als historische Subjekte lediglich sichtbar zu machen. Von Anfang an war daran gedacht: »einen anderen Blick auf Geschichte insgesamt« zu werfen, also einen ganz neuen Ansatz zu verfolgen. Denn die Frage war ja: Warum fehlten bisher die Frauen in der Geschichte? Dies lag einerseits daran, so formulierte es Hans-Jürgen Puhle 1981, dass es zu wenige Historikerinnen in der bundesrepublikanischen Disziplin gab, wobei er gleichzeitig darauf hinwies, dass die

> *»Historie [...] noch immer wesentlich der Männerwelt verhaftet [ist: K.W.], selbst die Sozialgeschichte beschäftigt sich überwiegend mit der ebenfalls männlich dominierten Arbeitswelt, trotz der Fortschritte, die die Forschungen zur Historischen Demographie und Familienforschung, über ›Houshold Economy‹ und über spezielle Formen der Frauenarbeit, Subsistenzökonomie usw. in den letzten Jahren gemacht haben.«*[2]

Dies verwies darauf, dass es an der Begriffsbildung lag, daran, dass Frauen immer zu einem Sonderproblem erklärt wurden. Gisela Bock formulierte dann auch zutreffend:

> *»Frauen werden nicht einfach vergessen, sondern das weibliche wird als Sonderfall der männlichen Species ›Menschheit‹ verstanden, während Geschichte von Männern als Allgemeingeschichte definiert wird. [...] Historiographische Verfahrensweisen, die nur die Hälfte der Menschheit und diese Hälfte nicht als Männer, sondern als geschlechtsneutrale*

1 Karin Hausen, Einleitung, in: dieselbe (Hg.), Frauen suchen ihre Geschichte. Historische Studien zum 19. und 20. Jahrhundert, München 1983, S. 9–22, hier S. 14.

2 Hans-Jürgen Puhle, Warum gibt es so wenige Historikerinnen? Zur Situation der Frauen in der Geschichtswissenschaft, in: Geschichte und Gesellschaft 7 (1981) 3/4, S. 364–393, hier S. 385.

WERKSTATT*GESCHICHTE* / Heft 75 (2017) – Klartext Verlag, Essen S. 25–31

Wesen wahrnehmen, führen nicht nur zu einer unvollständigen, sondern zu einer falschen Universalität.«[3]

Was war also zu tun?

Eine Antwort war die langsame Etablierung dieser neuen Forschungsperspektive an den Universitäten, die sich in den 1970er Jahren in einem Emanzipations- und Liberalisierungsprozess befanden und sich daher für die neue Sichtweise langsam öffneten. Auch hier wurde in der Lehre auf Frauengeschichte verwiesen und auch hier mit dem Ziel, den Lehrbetrieb und die historische Zunft zu verändern.[4] Aber, und dies wird in den gängigen Darstellungen leider allzu häufig übersehen, die Entwicklung der Frauen- und später der Geschlechtergeschichte an den Universitäten war nur eine Antwort auf die Frage, wie bisher vernachlässigte Gruppen in die Geschichtsschreibung integriert werden könnten. Eine andere Antwort war die Gründung eigener Archive, Bibliotheken und Dokumentationsstellen, die sich auch deswegen gründeten, weil die Frage nach den Quellen der Frauengeschichte auf ein grundlegendes Problem aufmerksam machte: Zwar gelang es der frühen Frauengeschichte immer besser, ihre Fragestellungen mit bisher vernachlässigten oder nur einseitig gelesenen Quellenbeständen zu beantworten, trotzdem gab es auch ein Quellenproblem, denn die Archivierungspraxis war den Relevanzhierarchien der Geschichtswissenschaft gefolgt und hatte die »männliche Seite der Geschichte« wesentlich besser bewahrt als diejenigen Quellen, die aus dem Leben von Frauen berichteten. So wurden in den staatlichen Archiven immer wieder Lücken deutlich. Haushaltsbücher, Kalenderblätter, Tagebücher oder Briefe von unbekannten Frauen – dies alles war in früheren Zeiten von fleißigen Archivaren kassiert, sprich: vernichtet oder gar nicht erst bewahrt worden, da die Relevanz nicht erkannt worden war. Und wenn diese Unterlagen doch einmal Eingang in die Archive gefunden hatten, wurden sie unter »Privates« einsortiert und ihre politische und gesellschaftliche Dimension damit verschleiert. Um diese Quellen zu finden und auch noch bewahren zu können, dafür hatten sich die frühen Frauenarchive und -bibliotheken gegründet. Aber dies war nur ein Grund für die ab den späten 1970er Jahren zu beobachtende Gründung einer »freien Archivlandschaft«, in der die »Frauenarchive« nur einen Teil darstellen. Gleichzeitig war den ebenfalls in den 1970er Jahren gegründeten Protest-, Freiheits- und Emanzipationsbewegungen, von denen die »zweite Welle« der Frauenbewegung ebenfalls ein Teil war, klar geworden, dass sie ihre Geschichtsüberlieferung einmal in die eigenen Hände würden nehmen müssen, denn sie hatten bei ihren Forschungen erkannt, dass Zeugnisse von Protestbewegungen kaum in öffentlich finanzierte Archive Eingang fanden.[5]

Auch das AddF, welches am 8. März 1984 seine Türen zum ersten Mal für das (weibliche) Publikum öffnete, wurde vor diesem Hintergrund gegründet. Die damals beteiligten Frauen, alles historisch interessierte Protagonistinnen der »zweiten Welle« der Frauenbewegung,

3 Gisela Bock, Historische Frauenforschung: Fragestellungen und Perspektiven, in: Hausen, Frauen suchen ihre Geschichte, S. 24–62, hier S. 27.

4 Siehe hierzu: Angelika Schaser/Falko Schnicke, Der lange Marsch in die Institution. Zur Etablierung der Frauen- und Geschlechtergeschichte an westdeutschen Universitäten (1970–1990), in: Jahrbuch für Universitätsgeschichte 16 (2013), S. 79–110, hier S. 106.

5 Vgl. hierzu: Verband deutscher Archivarinnen und Archivare, Die Zukunft der Archive von Protest-, Freiheits- und Emanzipationsbewegungen. Positionspapier des VdA zu den Überlieferungen der Neuen Sozialen Bewegungen, in: Archivar (2016) 4, S. 179–186, hier S. 179.

folgten der Idee, endlich die noch vorhandenen Materialien der »alten Frauenbewegung«, die nur in Ausnahmefällen überliefert worden waren, zusammen zu tragen und gleichzeitig die eigene Geschichte (die Geschichte der autonomen Frauenbewegung in Kassel) zu sammeln und so eine Bibliothek, ein Archiv und ein Forschungs- und Studienzentrum zur Geschichte der Frauenbewegung aufzubauen. Den Gründerinnen des AddF ging es dabei wie den anderen Aktivistinnen der »zweiten Welle« auch. Sie waren erst über ihre eigenen Unkenntnisse, über ihre eigenen Fragen auf die historischen Vorläuferinnen gestoßen. Damit standen diese Frauen nicht alleine da. Die Idee, etwas völlig Neues zu wagen und zu denken, was keine historischen Vorläufer hatte, war weit verbreitet. So erinnerte sich Silvia Bovenschen als aktives Mitglied der autonomen Frauenbewegung der 1970er Jahre daran, dass sie, als sie mit den Fragen der Frauenbewegung an der Universität in Berührung kam, nichts von der alten Frauenbewegung wusste. Im Gegenteil. Suffragette war zu ihrer Zeit ein Schimpfwort.[6]

Mit dieser Ansicht stand Bovenschen bei weitem nicht allein, auch andere Protagonistinnen erzählen ähnliche Geschichten. So auch die Autorin Herrad Schenk, die sich 1981 erinnerte:

> *»In der Frauengruppe verbrachten wir viel Zeit damit, unsere Vorstellungen von Feminismus zu klären [...]. Aber wir fragten nicht nach der Ideengeschichte der Frauenbewegung. Erst als ich mehr oder weniger durch Zufall in einem fünfzig Jahre alten Buch auf genau die Feminismus-Definition stieß, von der ich glaubte, wir hätten sie ganz neu entwickelt, wurde mir der Mangel an Geschichtsbewußtsein innerhalb der Frauenbewegung selbst in vollem Umfang klar. – Was bedeutet es für eine soziale Bewegung, wenn sie – obschon mehr als hundert Jahre alt – nicht an ihre eigene Vergangenheit anknüpft?«*[7]

Diese erst nachträgliche Erkenntnis einer langen historischen Tradition hatte – neben einer durch den NS und den Kalten Krieg blockierten ganzheitlichen Traditionsbildung in der BRD[8] – auch den Hintergrund, dass es in der BRD keine Einrichtung gab, die die Materialien der »alten Frauenbewegung« aktiv sammelte und damit zu einem die Geschichte wach haltenden Ort geworden wäre.

Um dieses Manko endlich zu beseitigen aber auch um die Geschichtslosigkeit der eigenen Frauenbewegungsgeneration nicht an die folgenden Generationen weiter zu reichen, ist das AddF in Kassel gegründet worden. Wo Archivare des 19. Jahrhunderts weggeworfen hatten, wollten die Gründerinnen sammeln, wo staatliches Handeln dokumentiert wurde, wollten sie die verschiedenen Bewegungsflügel sichtbar machen. Dabei waren die Aktivistinnen in Kassel nicht alleine. Bereits Mitte der 1970er Jahre hatte das Archiv des FFBIZ[9] als vorläufige Sammlung des 1973/74 gegründeten Lesbischen Aktionszentrums seine Arbeit aufgenommen und auch Das Feministische Archiv und Dokumentationszentrum, welches seit 1988 in Köln ansässig ist und sich heute nach dem Ort der Einrichtung: Frauen Media Turm nennt,

6 Silvia Bovenschen, Kinder sind die Falle, Der Spiegel, Nr. 2, 10.1.2011, S. 108–110.

7 Herrad Schenk, Die feministische Herausforderung. 150 Jahre Frauenbewegung in Deutschland, München 1981, S. 7f.

8 Kerstin Wolff, Ein Traditionsbruch? Warum sich die autonome Frauenbewegung geschichtslos erlebte, in: Julia Paulus/Eva-Maria Silies/Kerstin Wolff (Hg.), Zeitgeschichte als Geschlechtergeschichte. Neue Perspektiven auf die Bundesrepublik, Frankfurt a. M. 2012, S. 256–274.

9 Frauenforschungs-, -bildungs- und Informationszentrum, heute wird das Kürzel nicht mehr aufgelöst, das FFBIZ firmiert unter: FFBIZ – das feministische Archiv.

entstand 1984 in Frankfurt am Main. Im Gegensatz zum Frauen Media Turm, der von einer Riege von Frauen mit Alice Schwarzer gegründet (schon lange ist nur noch Alice Schwarzer als Alleinchefin des Turms übrig geblieben) und dank einer generösen finanziellen Starthilfe von Jan Philipp Reemtsma mit einem Grundkapital sowie Mitteln für die Aufbauphase ausgestattet worden war,[10] starteten alle Frauenarchive und -bibliotheken mit wenig bis keinen finanziellen Mitteln, und auch heute noch ist die Frage der Finanzierung dieser Einrichtungen nicht zufriedenstellend gelöst.

Was hat es gebracht?

Natürlich konnte das AddF als Einrichtung zur Geschichte der Frauenbewegung in Deutschland nicht alle Versäumnisse der letzten einhundert Jahre Frauenbewegungsgeschichte ausbügeln. Viele Materialien sind zerstört worden, sind von unwissenden Angehörigen weggeworfen oder von den Aktivistinnen selber, aufgrund eines mangelnden Geschichtsbewusstseins, vernichtet worden. Was aber in den letzten über 30 Jahren geschafft werden konnte, war, den Prozess der mangelnden Sammlungspraxis in Ansätzen zu stoppen. Und so ist es auch heute noch eine der wichtigsten Aufgaben des AddF, bei heutigen Frauenverbänden und -vereinen das historische Bewusstsein gegenüber der eigenen Arbeit zu schärfen und die Überlieferung zu sichern. Denn im Gegensatz zu staatlichen Archiven gibt es in den Archiven der Protest-, Freiheits- und Emanzipationsbewegungen keine geregelte Abgabepraxis. Das bedeutet, dass die sammelnden Einrichtungen selbst darüber entscheiden, was sie sammeln, wie also ihr Sammlungsprofil aussehen soll. Eine wichtige Grundvoraussetzung dafür ist der gute Zugang zu der Bewegung, die gesammelt werden soll.[11]

Mit dieser Sammelpraxis ist das AddF ausgesprochen erfolgreich gewesen. Aus kleinen Anfängen ist inzwischen eine große Spezialbibliothek mit über 37.000 Monografien und Broschüren sowie mehr als 2.200 Zeitschriftentiteln aus allen Bereichen der Frauenbewegung und ein Fotoarchiv mit über 5.000 Fotografien aufgebaut worden. Daneben sammelt das AddF Aktenbestände von Frauenverbänden und -vereinen sowie Nachlässe von Frauen, die in der Frauenbewegung aktiv waren. Der Gesamtumfang der Aktenbestände und Nachlässe beläuft sich derzeit auf rund 700 Regalmeter. Bisher konnten 52 Nachlässe und 41 Aktenbestände übernommen werden. Darunter finden sich der Nachlass der »Mutter des Grundgesetzes«, der Kasseler Juristin und SPD-Politikerin Elisabeth Selbert (1896–1986) und der Bestand des Deutschen Evangelischen Frauenbundes (gegründet 1899), der mit seinen 150 Regalmetern Archivgut die lückenlose Geschichte dieses Frauenverbandes an der Schnittstelle von Protestantismus und Frauenbewegung dokumentiert. Auf der Homepage (www.addf-kassel.de) kann aktuell in 32 Onlinefindbüchern (19 Nachlässe und 13 Aktenbestände) sowie im Archivkatalog recherchiert werden. Parallel dazu ist es möglich, online im META-Katalog (www.meta-katalog.eu) des i. d. a. Dachverbandes deutschsprachiger Lesben-/Frauenarchive, -bibliotheken und -dokumentationsstellen[12] zu suchen.

Gesammelt wird im AddF flügelübergreifend die Geschichte der Frauenbewegung in Deutschland, alle Richtungen, alle Fraktionen, von der proletarischen bis zur bürgerlichen

10 Alice Schwarzer, Ein Turm für Frauen allein, 1994, http://www.frauenmediaturm.de/frauenmediaturm/publikationen/ein-turm-fuer-frauen-allein/ (letzter Zugriff 21.3.2017).

11 Vgl. Verband deutscher Archivarinnen und Archivare, Die Zukunft der Archive, S. 181.

12 Siehe zu weiteren Informationen, wie z. B. zu den im Verband organisierten Archiven: http://www.ida-dachverband.de.

Frauenbewegung, von fortschrittlich bis konservativ, von anarchistisch bis konfessionell. Und selbstverständlich sind in der Bibliothek auch die Schriften der Gegner und Gegnerinnen der Frauenbewegung zu finden, denn um eine Bewegung wirklich in ihrer gesellschaftlichen Positionierung verstehen zu können, braucht es auch die Wahrnehmung der Gegenstimmen. Der Sammelzeitraum reicht vom Beginn des 19. Jahrhundert bis zum Beginn der 1970er Jahre, in bestimmten Bereichen auch bis in die Gegenwart, z. B. wenn es um Aktenbestände von Frauenverbänden oder um die regionale Frauengeschichte Nordhessens geht. Neben der Sammlung von Bibliotheksgut und der Archivierung von Aktenbeständen und Nachlässen von im Sammlungszeitraum aktiven Frauen und Frauenverbänden initiiert das AddF auch eigene Forschungen zur Frauen- und Geschlechtergeschichte des 19. und 20. Jahrhunderts, beteiligt sich an Ausstellungen, bietet Stadtrundgänge in Kassel zur Frauengeschichte an und gibt die Zeitschrift *ARIADNE. Forum für Frauen- und Geschlechtergeschichte* heraus.

Diese Breite und die Nicht-Bevorzugung einer uns heute angenehmen Richtung der Frauenbewegung folgt der Einsicht, dass das AddF ein Ort der Geschichtsvermittlung und der Geschichtsforschung sein möchte, ohne ideologische Einschränkungen, aber mit dem Ziel, die Frauenbewegung in ihrer wichtigen Funktion für die gesellschaftlichen Veränderungen im 19. und 20. Jahrhundert besser sichtbar zu machen. Denn nach wie vor wird die Geschichte der Frauenbewegung in Deutschland bei der Erforschung des 19. und 20. Jahrhunderts zu wenig berücksichtigt. Obwohl die Frauen- und Geschlechtergeschichte angetreten sind, die Relevanzkriterien der historischen Forschung zu verändern und durchaus auch das zu revolutionieren was die »Allgemeine Geschichte«, später auch die Meistererzählungen genannt wurde,[13] ist dies bis heute nur in Ansätzen (wenn überhaupt) gelungen. Besonders eindrücklich zeigt sich dieses Problem bei der gerade boomenden Zeitgeschichtsforschung, die bisher viel zu selbstverständlich ohne Geschlecht auskommt, wobei betont werden muss, dass das Problem der geschlechtslosen Geschichtsschreibung weder neu ist noch sich auf die Zeitgeschichte beschränkt.[14] Bisher ist es nicht gelungen, die Selbstverständlichkeit einer an hegemonialen männlichen Lebensentwürfen und -vorstellungen orientierten Geschichtswissenschaft aufzubrechen, so dass die Aufgabe, die sich das AddF selbst gestellt hat, an einer an möglichst vielen Erfahrungen von Menschen orientierten Geschichte mitzuschreiben, nach wie vor nicht eingelöst ist.

Um dieses Ziel zu erreichen, setzen wir auf vielfältige Kooperationen, auf ein breites Spektrum der Vermittlung und auf eigene Forschungen. So versuchen wir ebenso mit Universitäten und außeruniversitären Forschungseinrichtungen in Kontakt zu treten wie mit lokalen Geschichtsvereinen, historischen Museen, Bibliotheken oder freien Geschichtsinitiativen. Als Forschungs- und Bildungseinrichtung verbreiten wir die Ergebnisse unserer Arbeit auf wissenschaftlichen Tagungen und Treffen ebenso wie bei (über-)lokalen Frauentreffen oder Treffen von historisch interessierten Bürgerinnen und Bürgern. Nach wie vor verstehen wir uns als einen lebendigen Teil einer Frauen*emanzipationsbewegung, die den Auf- und Ausbau einer geschlechtergerechten und offenen Gesellschaft durch ihre historische Aufklärungsarbeit unterstützt. Mit dieser Vermittlungspolitik sind wir unterschiedlich erfolgreich. In Kassel werden wir selbstverständlich als Expertinnen für die Geschichte von Frauen in und

13 Siehe dazu exemplarisch: Hans Medick/Anne-Charlotte Trepp (Hg.), Geschlechtergeschichte und Allgemeine Geschichte. Herausforderungen und Perspektiven, Göttingen 1998; Karen Hagemann/Jean H. Quataert (Hg.), Geschichte und Geschlechter. Revisionen der neueren deutschen Geschichte, Frankfurt a. M./New York 2008.

14 Siehe hierzu: Paulus/Silies/Wolff (Hg.), Zeitgeschichte als Geschlechtergeschichte.

außerhalb der Stadt angesehen und auch andere Frauenprojekte schätzen und nutzen unsere Expertise in diesem Feld. Der Einfluss auf die historische Wissenschaft und auch auf den Lehrbetrieb von Universitäten muss dagegen als gering eingeschätzt werden, hier dominieren akademische Vorstellungen einer Wissensproduktion, die außeruniversitäre Bildungsorte nicht mit einschließen.

Das Geschichtsverständnis des AddF fußt auf der Erkenntnis einer »Nicht-Einheit« der Geschichte. Bereits 1998 wies Karin Hausen darauf hin, dass durch die Fiktion einer allgemeinen Geschichte – die wir alle ja in der Schule und leider auch immer noch im Studium kennenlernen – das Nicht-Dominante marginalisiert wird, da in das Konzept einer einheitlichen Geschichte eine »Hierarchie als ordnendes Prinzip eingelassen« ist. Sie weist weiter darauf hin, dass die »Entscheidung darüber, was als geschichtsmächtig in der historischen Erinnerung aufbewahrt und was als unwichtig dem Vergessen anheimgegeben werden soll, [...] in ihren Voraussetzungen und Konsequenzen eine politische Entscheidung« ist.[15] Das AddF arbeitet, fußend auf einem solchen Geschichtsverständnis, nach wie vor daran, dass das, was als Vergessenswürdig eingeschätzt wird, bewahrt und erforscht wird, um damit auch heutigen Menschen deutlich zu machen, dass nicht nur große weiße, heterosexuelle, nichtbehinderte Männer in die Geschichtsbücher aufgenommen werden können. Denn obwohl sich diese Einsicht in den 1990er und 2000er Jahren zunehmend verbreiterte, nehmen wir heute durchaus rückläufige Tendenzen in der Forschung wahr. In der Geschichtswissenschaft boomen die »Meistererzählungen«, die die Fiktion einer abschließenden Erzählung transportieren und sich häufig mit »großen Männern der Geschichte« beschäftigen; die im Aufbau begriffene Zeitgeschichtsforschung hat Geschlecht noch wenig entdeckt. Was erfreulich ist, ist die Offenheit der allgemeinen Archive dem Thema gegenüber, was sich daran zeigt, dass seit 2009 ein eigener Arbeitskreis im Verband der Archivare und Archivarinnen (VdA) eingerichtet wurde. Dieser Arbeitskreis Überlieferung der Neuen *Sozialen Bewegungen* ist aus Gesprächen entstanden, die zwischen VertreterInnnen Freier Archive und dem VdA-Vorstand geführt wurden. Ziel ist es, die beiden »Archivwelten« besser zu vernetzen und auf die Probleme, aber auch die Bedeutung der Freien Archive aufmerksam zu machen.[16]

Das AddF folgt seit seiner Entstehung dem Ansatz einer Geschichte von unten. Dies machen auch die diversen Projekte deutlich, die das AddF in Angriff genommen hat und bis heute in Angriff nimmt. Publikationen zur städtischen und landwirtschaftlichen Hausfrauenarbeit, zur Entwicklung der Mädchenbildung, Führungen zu den Ehrengräbern von Frauen auf dem städtischen Friedhof, eine Fahrradtour zu den Spuren einer Fabrikantin in Kassel, ein vielfältiges Vortragsangebot, dies alles zeigt die starke Stellung eines alltagsbewussten Zugangs. Dabei bleibt das AddF aber auch nicht bei einmal Erreichtem stehen. Um immer wieder auch neue »Trends« in der Geschichtswissenschaft kennen zu lernen, aber auch um die Frauen- und Geschlechtergeschichte an den Universitäten zu stützen und zu stärken, arbeitet das AddF mit Forschungsgruppen an Universitäten zusammen und versucht eigene Forschungsprojekte bei größeren Drittmittelgebern zu platzieren.

Heute ist das AddF eine Stiftung, gegründet wurde es 1984 als eingetragener Verein. Nach wie vor wird die Einrichtung durch ein fünfköpfiges gleichberechtigtes Team geleitet,

15 Karin Hausen, Die Nicht-Einheit der Geschichte als historiographische Herausforderung. Zur historischen Relevanz und Anstößigkeit der Geschlechtergeschichte, in: Medick/Trepp (Hg.), Geschlechtergeschichte und Allgemeine Geschichte, S. 15–55, hier S. 40f.

16 Siehe https://www.vda.archiv.net/arbeitskreise/ueberlieferungen-der-neuen-sozialen-bewegungen.html (letzter Zugriff 25.7.2017)

ein Kreis von Projektmitarbeiterinnen ergänzt das Team. Finanziert wird das AddF als außeruniversitäre Forschungseinrichtung des Landes Hessen, die Stadt Kassel gibt einen Mietkostenzuschuss und ein Förderverein, die *Freundinnen des Archivs der deutschen Frauenbewegung*, komplettiert die Einnahmen. Trotz dieser schon – im Gegensatz zu vielen anderen Freien Archive – privilegierten finanziellen Ausstattung können Erschließungsarbeiten und Forschungsprojekte auch im AddF nur durch Drittmitteleinwerbungen durchgeführt werden. Im Oktober 2016 startete das Projekt »Gestern virtuos, morgen virtuell. Erschließung und Digitalisierung von historischen Dokumenten der deutschen Frauenbewegung« gefördert vom Bundesministerium für Familie, Senioren, Frauen und Jugend (BMFSFJ). Dieses Erschließungs- und Digitalisierungsprojekt ist Teil eines vom i. d. a. Dachverband deutschsprachiger Lesben-/Frauenarchive, -bibliotheken und -dokumentationsstellen durchgeführten Projektes zum Aufbau eines Digitalen Deutschen Frauenarchivs (ebenfalls gefördert vom BMFSFJ). An diesem Projekt zeigt sich exemplarisch, dass das AddF auch neuere Herausforderungen, die sich gerade im Archiv- und Bibliotheksbereich zeigen, angeht. So werden im oben genannten Projekt zum ersten Mal größere Quellen- und Literaturbestände des AddF digitalisiert und über ein gemeinsam mit allen anderen Lesben-/Frauenarchiven und -bibliotheken aufzubauendes Portal (ab September 2018) abrufbar sein. Dies ist sicher auch eine der größten Veränderungen in den letzten 30 Jahren Arbeit. Bei der Gründung brachte keine der Gründerinnen eine entsprechende Qualifikation mit. Keine Historikerin war beteiligt, keine Bibliothekarin und auch keine Archivarin. Heute arbeiten im AddF Spezialistinnen, wobei auch heute noch eine positive Verbindung zur Frauen- und Geschlechtergeschichte sowie zur Geschichte der Frauenbewegung in Deutschland wichtiger ist als ein Diplom. Dies speist sich aus der Erkenntnis, dass es der Inhalt ist, der die tägliche Arbeit trägt. Wie in anderen Einrichtungen auch, die sich einer speziellen (gesellschaftlichen) Aufgabe verschrieben haben, brauchen auch wir Mitarbeiterinnen, für die diese Aufgabe ausschlaggebend ist; ein notwendiges berufliches Handwerkszeug kann in den allermeisten Fällen nachträglich hinzugelernt werden.

2008 erhielt das AddF den Hessischen Archivpreis. Die Jury begründete ihre Entscheidung damit, dass es ein Beispiel »für eine aus kleinsten ehrenamtlichen Anfängen erwachsene Archivinstitution auf professionellem Niveau« ist. Alles in allem also eine Erfolgsgeschichte. Nichtsdestotrotz bleibt viel zu tun und bis zu einer adäquaten finanziellen Absicherung, z. B. durch den Bund, muss immer wieder auf die gesellschaftlich wichtige Funktion von Freien Archiven und auf die gesellschaftlich notwendige Berücksichtigung der Erfahrung aller Menschen im Prozess der Geschichtswerdung hingewiesen werden.

■ Jan-Henrik Friedrichs

»Wir wollen alle noch irgendwas mit dem Museum.«

Interview mit Birgit Bosold, Aykan Safoğlu und Wolfgang Theis, Schwules Museum*, Berlin

Das Schwule Museum* (www.schwulesmuseum.de) wurde 1985 in Berlin gegründet und ist heute mit seinen viel beachteten Ausstellungen, Archivbeständen, zahlreichen Forschungsbeiträgen und etwa 80 – überwiegend ehrenamtlichen – Mitarbeiter_innen weltweit eine der größten und bedeutendsten Institutionen für die Archivierung, Erforschung und Vermittlung der Geschichte und Kultur der LGBT*I*Q-Communities. Werkstatt*Geschichte* sprach mit Angehörigen mehrerer »Generationen« des Museums*: Aykan Safoğlu und Birgit Bosold vom Vorstand sowie Wolfgang Theis, der zu den Gründungsmitgliedern des Vereins der Freunde eines Schwulen Museums zählt. Das Gespräch führte Jan-Henrik Friedrichs.

Werkstatt*Geschichte* *Wolfgang, Du bist am längsten dabei. Könntest du uns sagen, was das Schwule Museum und das Archiv ursprünglich wollten, wie du dazugekommen bist und was das Schwule Museum* in der Gründungsphase dann tatsächlich war?*

Wolfgang Theis Angefangen hat alles natürlich 1984 mit der Ausstellung *Eldorado – Geschichte, Alltag und Kultur homosexueller Frauen und Männer 1850–1950* im Berlin Museum. Manfred Baumgardt hatte damals als Politikstudent eine Arbeit geschrieben über die Schwulenbewegung der 1920er Jahre. Und im Berlin Museum gab es einen neuen Direktor, dem hat Baumgardt seine Magisterarbeit gegeben und hat gefragt, ob man daraus nicht mal eine Ausstellung machen könnte. Und dann war der gleich Feuer und Flamme und sagte, ja, das ist ja noch nie gemacht worden und ja, das machen wir. Und dann hatte sich eine Gruppe gegründet aus Mitgliedern im Museum und Manfred Herzer, der war damals schon der Historiker der Bewegung, und Andreas Sternweiler, das waren die Gründungsmitglieder. Und dann haben wir angefangen diese Ausstellung zu machen, und schnell kam dann von der Direktion der Wunsch, dass man doch auch was über Lesben machen sollte. Dann haben wir uns also an Lesben gewandt, die wir kannten, das war damals eine Vereinigung strenger Lehrerinnen [*alle lachen*], alle im Schuldienst beschäftigt, die dann den Part der Lesben übernommen hatten. Und das war dann natürlich eine Ausstellung, die streng 50/50 aufgeteilt war, also 50 Prozent Männer, 50 Prozent Frauen. Und dann sind wir ein bisschen in die Tiefe gegangen – was kann man überhaupt ausstellen, was findet man – denn es gab ja eigentlich nichts. Man musste überall Anfragen stellen, und alle waren sehr verwundert ob des Themas. Dann kamen die ersten Zusendungen, da haben die Schwulen immer ihre Pornos geschickt. Die wollten wir natürlich gar nicht haben, weil die gar nicht in den Zeitrahmen passten – es war 1850 bis 1950 – und die Sekretärinnen fanden das eklig und schmissen es immer in den Papierkorb. Bei der ersten Pressekonferenz gab es sehr viele kritische Fragen, der Museumsverein war in Aufruhr, letztendlich traten fünf Personen aus dem Verein aus. Im Laufe der Ausstellung traten dann 50 Personen ein; es war also fürs Museum eigentlich ein Gewinn. Und die öffentliche Meinung kochte hoch: Im *Tagesspiegel* gab's vom damaligen Feuilletonredakteur einen Aufsatz, warum das Berlin Museum als Stadtmuseum was über Schwule und Lesben macht, da könnte man ja auch was über Linkshänder und Brillenträger machen. Also große Geschütze wurden aufgefahren. Und dann eröffnete die Ausstellung – wir hatten uns auch professionelle Hilfe geholt, wir hatten also einen Ausstellungsdesigner, den wir aus Frankfurt kannten – und das war dann ein großer Erfolg. Es war die bis dahin bestbesuchte Ausstellung, die das Museum jemals hatte. Danach haben wir uns erstmal ausgeruht auf den Lorbeeren, und dann sind wir in eine Ausstellung in der Akademie der Künste gegangen über die Lebensreformbewegung und haben vergeblich Schwules und Lesbisches gesucht. Irgendwo in einer Vitrine haben wir bei 500 Ausstellungsstücken dann schließlich drei Dokumente gefunden. Und dann haben wir gesagt: Das funktioniert so nicht. Heteros werden das nicht für uns machen; wenn, müssen wir das selbst machen. Und die Idee war schon da, dass wir ein Schwules Museum gründen wollten.

Wir hatten dann auch die Damen gefragt, die hatten aber erstmal genug von uns, die wollten nicht. Am 6. Dezember 1985 haben wir dann den Verein der Freunde eines Schwulen Museums in Berlin gegründet. Die Senatsverwaltung wollte ein »verborgenes Museum«, ohne eigenes Haus und Sammlung, aber wir hatten immer den Traum, ein Schwules Museum zu haben. Wir haben zunächst bei der Allgemeinen Homosexuellen Arbeitsgemeinschaft AHA in der Friedrichstraße Unterschlupf gefunden. Die hatten einen Saal, der für Kinobetrieb genutzt wurde und für ihre Mitgliederhauptversammlung und sowas, und wir durften dann den Saal nutzen, aber mussten immer räumen, wenn sie wieder was hatten. Dort haben wir die ersten Jahre verbracht. Und dann sind wir an den Mehringdamm gezogen. Wir haben immer große Themen bewegt, großartig verkündet, dass es das Schwule Museum* gibt, obwohl es das nicht gab. Über die Ausstellungen und die Zusammenarbeit mit Künstlern entstand dann eine kleine Sammlung, die bis heute stark gewachsen ist. Sie dürfte die größte sein, die es überhaupt zum Thema gibt inzwischen. Das waren ganz kurz gefasst die Anfänge.

Du hast einige Institutionen erwähnt, vom Berlin Museum bis zur Senatsverwaltung, und Historiker der Bewegung gab es auch – waren das professionelle Historiker?

WT Nein, nein, schwule Historiker sind bis heute nicht im universitären Bereich verankert. Das ist der Unterschied zu den USA, wo das besser verankert ist. Nein, das waren alles freischwebende Existenzen, und das wurde alles ehrenamtlich gemacht, mit viel Herzblut und auch mit viel Dilettantismus. Das Berlin Museum war uns ja verpflichtet wegen des großen Erfolgs, und immer, wenn sie Museumsgut aussortiert haben, weil sie sich etwas neues Schickeres kauften, sind wir da hingefahren und haben etwa die Beleuchtungsschienen abmontiert und haben das für uns benutzt. Also es war eigentlich das Mutterhaus, ist es bis heute noch testamentarisch: Wenn das Museum sich auflöst, gehen die Sachen ans Stadtmuseum. Die sind zwar, glaube ich, darüber nicht so wahnsinnig erfreut [*Gelächter*], aber ich glaube, inzwischen könnten sie es auch nicht mehr ausschlagen.

Wie war das bei dir, Birgit, als du dazugekommen bist? Wann war das und findest du das, was wir gerade gehört haben, darin noch wieder?

Birgit Bosold Das war 2006. Das Museum hatte in den 1990er Jahren einige größere Erbschaftsschenkungen, sodass es hier tatsächlich auch mal sechsstellige Beträge auf den Konten gab. Ich bin gelernte Bankerin, und Albert Eckert hat mich angefragt, ob ich nicht mal *pro bono* draufgucken könnte. Und das hab ich auch gemacht. Schon beim zweiten oder dritten Treffen wurde ich dann gefragt, ob ich in den Vorstand will. Sechs alte Männer [*alle lachen*] sind über ihren Schatten gesprungen, und das konnte ich natürlich dann nicht ausschlagen. Und dann bin ich hängengeblieben. Die erste Ausstellung, die ich mit anderen zusammen hier gemacht habe, war 2008 die Ausstellung *L-Projekt*. Das war die erste »richtige Lesbenausstellung« im Haus, außer *17 Rippen* …

WT … es gab noch *Greta Garbo*.

BB Ja, naja. Was das Haus immer schon gemacht hatte, waren Ausstellungen über lesbische Ikonen, Greta Garbo, Marlene Dietrich usw. Es gab auch Ausstellungen wie *Mittenmang*, in der es um lesbische Frauen und schwule Männer in den 1950er Jahren in Berlin gegangen ist, die beide Perspektiven gezeigt haben. Aber eine Ausstellung, in der es exklusiv um die Geschichte der Lesbenbewegung ging, da war das die erste. Es war auch nochmal ein deutliches Zeichen nach außen. Die Ausstellung war, würde ich sagen, nicht so toll kuratiert, weil wir sehr beratungsresistent waren [*lacht*], wir haben einfach alles so gemacht, wie wir gedacht haben. Aber egal, sie hat gestanden. Und der Hof damals am Mehringdamm, der war voll. Es waren vier- oder fünfhundert Menschen, überwiegend Frauen, da, viele Ältere und viele, die vielleicht vorher noch nie im Schwulen Museum* gewesen waren; also alle lesbischen Aktivistinnen, alles, was seit den 1970er Jahren noch am Start war, war da! Und das Signal ist auch wahrgenommen worden in der Stadt, denke ich.

WT Wir haben einen Fehler gemacht: Wir haben 1997 die große Ausstellung *100 Jahre Schwulenbewegung* gemacht und hatten da am Anfang einige Frauen gefragt, ob sie mitarbeiten wollten, ob sie den lesbischen Part übernehmen. Und nach zwei Treffen war da die Luft raus, und sie hatten keine Lust mehr. Und dann haben wir gesagt, naja, wenn sie nicht wollen, dann halt nicht. Wir hätten aber am Ball bleiben müssen, das ist uns danach auf die Füße gefallen, denn es war eine große Überblicksausstellung, und die Lesben kamen nur am Rande vor, wenn sie was mit der Schwulenbewegung zu tun hatten, sonst eben nicht. Das war ein Fehler, und den macht man nur einmal. Wir hatten dann im Anschluss eine Ausstellung über künstlerische Arbeiten, in der es auch um Lesben, um Feminismus usw. ging, aber das wurde nicht als Kompensation angesehen, obwohl die auch teuer war. Man hat es uns verübelt, dass wir da nicht nachdrücklich … man muss Frauen ja oft zu ihrem Glück zwingen, tragen, drücken, schieben …

BB … das kommt jetzt nicht ins Protokoll … [*Gelächter*]

WT … doch, das ist ein wichtiger Punkt. Das liegt auch daran, dass Frauen immer so zögerlich sind, während wir immer hochgestapelt haben. Männer sind da ja immer viel … drastischer.

BB Männer überschätzen sich einfach.

WT Männer überschätzen sich, setzen aber auch was in Gang [*lacht*]. Außerdem, man muss es auch ehrlich sagen, zwischen Schwulenbewegung und Frauen- und Lesbenbewegung gab es bis Mitte/Ende der 1980er eigentlich …

BB … viel Konflikt und wenig Kooperation. Ich bin in einer lesbisch-feministischen Community sozialisiert, und für mich war klar, dass wir mit schwulen Männern eben nichts zu tun haben, sind ja Männer. Und ich denke, das ist jetzt für die Generation, die zehn, zwanzig

Jahre jünger ist als ich, nicht mehr das Thema. Bei allen, die in den 1990er Jahren sozialisiert sind – und in den 2000er Jahren erst recht – gibt es in den aktivistischen Kontexten eigentlich immer lesbisch-schwul-trans-Kooperationen. Und das spiegelt sich auch im Museum wider; die Jüngeren können eigentlich mit den alten Konflikten, glaube ich, nicht mehr besonders viel anfangen.

Spielt der Konflikt noch eine Rolle im Museum?

BB Ja, zum Beispiel wenn Wolfgang sagt, dass man Frauen zum Jagen tragen muss. Ich glaube, es gibt nach wie vor extreme Asymmetrien in der sogenannten LGBTIQ-Szene. Das gilt nicht nur für die Institutionen, also für die Frage, wer über welche Ressourcen verfügt, sondern auch auf der Ebene der Repräsentation. Es hängt auch damit zusammen, wer die Ausstellungen macht und was gesammelt und aufbewahrt wird, es ist die schiere Übermacht der Bilder, Dokumente und Realien, die sich auf schwule Geschichte beziehen oder von schwulen Künstlern kommen. 30, 35 Jahre Sammlungsgeschichte können wir nicht innerhalb von fünf Jahren verändern. Ich denke, die Ausstellung *Homosexualität_en* im Jahr 2015 hat versucht, die Perspektive zu drehen und zumindest halbwegs gendergerecht zu erzählen und die feministischen, lesbischen, trans*-Perspektiven stark zu machen. Wir haben damit auch versucht, Homosexualität als etwas zu zeigen, was nur sinnvoll zu erzählen ist, wenn du über die Geschlechterordnung sprichst. Im Grunde ging es darum, einen »queeren shift« in das Narrativ zur Homosexualität zu bringen. Insofern war es vielleicht auch eine Wiedergutmachung für die *100 Jahre Schwulenbewegung*.

Ein ebenso junger »shift« bei euch ist der zu migrantischen Themen. Aykan, du bist vor einem Jahr, also sozusagen am Ende dieser Professionalisierungs- und Ausdifferenzierungsphase, ans Schwule Museum gekommen.*

Aykan Safoğlu Ich bin seit 2008 in Berlin, und ein befreundeter Kurator aus Istanbul hatte die Idee, in den Räumen vom Schwulen Museum* etwas auf die Beine zu stellen. Das ist dann leider nicht zustande gekommen, weil kaum Interesse bestand oder weil das Museum mit internen Sachen zu beschäftigt war. Es war dann erst 2016, als mich Emre Busse, ein anderer Kollege von mir, eingeladen hat für ein Ausstellungsprojekt zum Thema queere Migration mit dem Fokus Türkei-Deutschland beziehungsweise dazu, was türkische Migrationsgeschichte mit queer zu tun hat. So etwas hat es in Deutschland noch nie gegeben, das fand ich sehr spannend. Birgit, du hast von einem Publikum von 400 Lesben gesprochen. Der Eröffnungsabend von *ğ – queere Formen migrieren* im März 2017 war wahrscheinlich auch ein historischer Moment, mit fast 1000 Besucher_innen. Wir hatten viel positive Resonanz in der Presse, und die Ausstellung war auch gut besucht. Wir hatten ein dickes Rahmenprogramm mit 14 Veranstaltungen. Die waren auch als Intervention gedacht, weil letztendlich für uns ausschlaggebend war, dass hier im Haus niemals zu diesem Thema etwas kuratiert worden war. Wir wollten diese Geschichte, die ansonsten wahrscheinlich unausgesprochen verloren geht, in den Vordergrund bringen.

Die Veranstaltungen waren also primär als Intervention ins Museum gedacht?

AS Auch in Berlin überhaupt. Es war letztendlich die erste Ausstellung dieser Art – queere Migration im Museum, mit einem Fokus auf der Türkei – das gab's noch nicht. Wir hatten im Vorfeld auch Einrichtungen und Organisationen kontaktiert. Die waren natürlich alle begeistert, aber für eine Zusammenarbeit hatte kaum jemand Zeit.

Wie seht ihr denn überhaupt das Verhältnis vom Schwulen Museum zu sozialen Bewegungen und anderen Institutionen? Ist das Schwule Museum* ein ganz normales Museum oder ist es eher Teil einer Bewegung – und wenn ja, welcher?*

AS Ich glaube, es ist kein übliches Museum. So, wie es organisiert und strukturiert ist, das ist ein Museum, aber das ist jetzt irgendwie kein Museum wie ... es ist jetzt kein Preußischer Kulturbesitz. Man spürt schon irgendwie, dass die Bewegung hier alles auf die Beine gestellt hat oder dass vieles ehrenamtlich organisiert worden ist. Und natürlich haben sich über die Jahre und Jahrzehnte Strukturen etabliert, aber auch das ist jetzt wahrscheinlich ein bisschen anders, weil zum Beispiel im Rahmen unserer Ausstellung eine Ehrenmitgliedschaft an *Gladt – Gays und Lesben aus der Türkei* verliehen wurde, oder weil viele, die vorher noch nie hier gewesen waren, speziell für dieses Projekt ins Haus gekommen sind. Ich glaube, künftig wird das Museum hier besser angebunden sein, Kontakte weiterhin gepflegt werden.

WT Das war ja immer so, immer wenn man ein neues Thema aufnimmt, erschließt man auch eine neue Besuchergruppe. Es braucht immer jemanden, der sich für das Thema interessiert, der das durchsetzt, der dann powert, und über diese verschiedenen Themen entstehen wiederum Kontakte. Das Museum, das eigentlich eher mal Erstaunen, Pikiert-sein oder so ... das hat sich im Laufe der letzten 33 Jahre ja gewandelt. Wir haben ja auch über 30 Jahre ständig im *Museumsjournal* unsere Artikel publiziert, und dadurch haben wir auch in der Berliner Museumslandschaft ein gewisses Renommee. Wir haben inzwischen auch mit fast allen Museen zusammengearbeitet, und dann haben die auch gesehen, dass wir zwar ein etwas unkonventioneller Haufen sind, dass man aber doch mit uns zusammenarbeiten kann. Wir können natürlich jetzt nicht mit der Nationalgalerie konkurrieren, wir sind ja eher auf der gehobenen Ebene eines Heimatmuseums, so wie in Neukölln, das Heimatmuseum hat ja auch einen gewissen Ruf. Also in der Liga spielen wir schon mit. Und wir waren natürlich jahrzehntelang das einzige schwule Museum weltweit. Es gab vor uns nichts, und es gab auch lange nach uns nichts. Inzwischen gibt es in Amerika ein paar Einrichtungen, aber wir sind immer noch relativ einmalig und vor allen Dingen einmalig, weil wir uns nicht in erster Linie um Kunst kümmern, sondern um Geschichte, Sozialgeschichte. Und das hat auch etwas mit der Situation der Homosexualitäten in Deutschland zu tun. Es war halt über fast ein Jahrhundert eine repressive Kultur, an der sich die Bewegung abgearbeitet hat. Das Museum ist die Frucht einer langen Frustrationskette.

Ist das Renommee in der Museumslandschaft wichtig?

WT Ja, ganz wichtig, natürlich! Wenn wir Ausstellungen machen wollen, müssen wir ja auch an Leihgaben kommen. Wenn man in einer gewissen Liga mitspielen will, muss man auch ... geben und nehmen. Inzwischen wird unser Archiv ja auch von Institutionen genutzt, die vorher sowas nie ausgestellt hätten. Wir haben da schon eine ganze Menge bewegt in der Museumslandschaft, die ja, als wir anfingen, doch eigentlich das Homosexuelle, wenn es überhaupt da war, eher unter den Tisch hat fallen lassen oder im kunsthistorischen Geschwafel untergehen ließ.

BB Ich würde sagen, dass wir nach wie vor kein normales Museum sind. Aykan, du hast von Ehrenamtlichen gesprochen, ich würde es noch ein bisschen weitertreiben: Wir sind nach wie vor ein Haus, das stark durch aktivistisches Engagement getragen wird. Das betrifft die Themensetzung, aber auch die Art, wie wir hier arbeiten. Und ich glaube, dass wir damit eigentlich im Vorteil sind gegenüber diesen saturierten Museumstankern, weil die das Problem

Abb. 1: »Fritz als Bühnenstern der Feldgrauen im Osten«, Postkarte, o.J. Aus der Ausstellung »Mein Kamerad – die Diva. Theater an der Front und in Gefangenenlagern des Ersten Weltkriegs«, 2014. Schwules Museum*, Sammlung Travestie.

haben, dass sie im Grunde genommen gar nicht genau wissen, für wen sie eigentlich diese Ausstellungen machen. Es gibt sehr viele Debatten um die Demokratisierung des Museums, in denen es darum geht, mit dem Publikum ins Gespräch zu kommen und auch zusammen zu produzieren. Und das Problem haben wir nicht, weil die Leute, die hier arbeiten, Teil von den Communities sind, an die wir uns wenden. Wir sind da eigentlich schon das Museum 4.0. Unser Publikum quatscht uns ja gern dazwischen, und wir quatschen uns auch gegenseitig dazwischen, und ich glaube, das ist einfach ein produktives Moment. Und was auch produktiv ist, ist, dass es eben nicht einfach Dienst nach Vorschrift ist, sondern allen, die hier was machen, geht's irgendwie … wir wollen alle noch irgendwas mit dem Museum. Was ich aber relativ frustrierend finde, ist eigentlich dasselbe, was du über die *Eldorado*-Ausstellung gesagt hast, als ihr dann in die nächste Ausstellung zur Lebensreform gegangen seid, dass du dann denkst, du machst zu 'nem Thema eine Ausstellung und das müsste dann etwas in Gang setzen – und dann gehst du in die nächste Ausstellung und alles ist so wie immer. Ich finde da hat sich eigentlich in den letzten 20 Jahren …

WT … na, es hat sich schon bewegt, vielleicht nicht so sehr auf deutscher Ebene, aber international …

BB … vielleicht international …

WT ... in der Tate in London ...

BB ... aber Wolfgang, das ist eine Ausstellung in hundert Jahren!

WT ... die haben vorher auch schon mal eine schwule Ausstellung gemacht, da bewegt sich was. Aber bei denen bewegt sich das in der Museumsszene selbst, das ist vielleicht ein viel härterer Weg, in den großen Häusern bestimmte Themen durchzusetzen, während wir auch Trends setzen können. Wir können sagen, das finden wir jetzt wichtig, da hauen wir jetzt rein, da versuchen wir was. Und das kommt von außen. Und diese großen Tanker wie das DHM, die lernen dann ja auch ...

BB Ich bin da skeptischer. Bei beiden Institutionen, mit denen wir zusammengearbeitet haben, dem DHM und dem LWL-Museum Münster – da passiert gar nichts, da ändert sich nichts, zumindest soweit ich das sehen kann. Das Märkische Museum für Berliner Alltags- und Kulturgeschichte, wir werden da nicht angefragt. Wenn du die Geschichte Berlins erzählen willst, ohne die queere Geschichte zu erzählen, kannst du es eigentlich lassen. Ich finde es extrem frustrierend, dass die Ausstellung *Homosexualität_en* im DHM nichts und gar nichts verändert hat. Anders als in den Museen, mit denen wir kooperiert haben, scheint mir die Entwicklung in der Kulturstiftung des Bundes, die ja die *Homosexualität_en*-Ausstellung nicht nur gefördert, sondern auch mit aus der Taufe gehoben hat. Hier, denke ich, hat die Kooperation bewirkt, dass queere Themen nun viel stärker im Fokus sind, als ein Thema das auch für die Mehrheitsgesellschaft relevant ist. Aber in dieser Museumswelt denke ich: sag mal, wo lebt ihr eigentlich?

Ist also das große Ziel, queere Geschichte als Teil einer nationalstaatlichen, staatstragenden Geschichtsmuseumswelt wie im DHM zu etablieren?

WT Wir würden uns dann endgültig überflüssig gemacht haben.

BB Nee, das stimmt nicht! [*Gelächter*] Gemessen an den mit den großen Institutionen verglichen sehr bescheidenen Budgets, sind wir ja gigantisch produktiv. Aber grundsätzlich finde ich es wirklich ein Unding, dass sich Museen, die von öffentlichen Geldern finanziert werden, also auch von unseren Steuern, einen Dreck drum scheren, wer sie eigentlich finanziert. Das gilt ja nicht nur für queere Perspektiven, sondern auch für andere marginalisierte Positionen – weiße Männer hängen weiße Männer an die Wand.

WT Würde ich nicht ganz so sehen.

BB Nimm zum Beispiel jetzt *Luther 2017*, da kommen geschlechterspezifische oder queere Aspekte überhaupt nicht vor. Da werden Millionen verballert und eine Jubelfeier veranstaltet, und die Frage, was die Reformation in der Geschichte der Geschlechterordnung und der Sexualitäten bewirkt hat, spielt tendenziell keine Rolle. Ich finde die Museumswelt extrem undemokratisch.

Ist also die Resonanz, die man mit dem Schwulen Museum erreichen kann, doch relativ begrenzt auf eine bestimmte community?*

AS Bei uns war das Publikum schon sehr gemischt. Wir haben ja ein Gästebuch unten liegen, und es gab viele Einträge von sehr verschiedenen Menschen: von professionellen Künstlern, aber auch von jungen migrantischen Schwulen oder Lesben. Man merkt schon, wie bewegt die sind. Die Idee war ja auch, weitere Menschen zu ermächtigen, aufzumuntern und zu inspirieren. Dass das hier im Haus zustande gekommen ist, hat das Thema – queer und Migrant_in zu sein – dann interessanter gemacht, was letztlich auf nichts anderes verweist, als auf die Ignoranz der deutschen Gesellschaft. Es gab vorher kaum Interesse, aber wenn man erstmal auf die Idee kommt, dann wird das auch toll – nur hätte man das schon viel früher organisieren können. Fremdenfeindlichkeit, Homo- und Transphobie – man merkt schon, dass sich kaum Leute für diese Themen interessieren. Aber das sind die Verhältnisse, oder? In Berlin fühlt man sich schon gut aufgehoben, aber wir sind immer noch in Deutschland. Ich hatte immer das Gefühl, wir sind spät dran.

BB Ich würde auch sagen, dass wir spät dran sind. Das gilt ja generell, dass sich die tatsächliche Multikulturalität dieser Gesellschaft in den kulturellen Institutionen nicht groß abbildet. Es gibt das Kreuzbergmuseum, und es gibt das Gorki Theater, und das war's dann auch schon. Ich finde eigentlich, dass das Museum eine gute Chance hat: Wir als selber von anderen marginalisierte Gruppe versuchen nun in unserem Haus eine wirkliche Multiperspektivität in den Ausstellungen, in den Abläufen, in den Veranstaltungen zu etablieren.

Was wäre denn perspektivisch etwas, was das Schwule Museum leisten sollte, für was oder wen es da sein könnte?*

WT Der Gründungsgedanke war natürlich, dass das Schwule Museum* für Schwule ist. Wir wollten schwule Geschichte, schwule Erfahrungen sichtbar machen und den Schwulen einen Zugang zu ihrer eigenen Geschichte bieten. Wie sich im Laufe der Zeit gezeigt hat, sind die Schnittmengen größer, es gibt sehr, sehr viele aufgeklärte Bürger_innen, die genauso selbstverständlich ins Schwule Museum* gehen wie in die Nationalgalerie, wenn sie das Thema interessiert. Unsere Bandbreite ist ja relativ vielfältig, und wir haben uns auch immer wieder neue Themen gesetzt. Etwa bei der Ausstellung zu Michel Foucault anlässlich seines 20. Todestages ging es uns auch darum zu fragen, ob man Philosophie eigentlich im Museum ausstellen kann. Die Idee hingegen, ein Ort zu sein, der Schwulen und später auch Lesben ihre Geschichte nahebringt, hat sich so ein bisschen verflüchtigt, weil die Schwulen und Lesben sich nicht für ihre Geschichte interessieren. [*lacht*] Wir haben im Grunde genommen oft ein rein heterosexuelles Publikum, je nach Ausstellung. Wir leben natürlich wie alle Museen von den Tourist_innen. Berlin hat zwar eine große schwul-lesbische Subkultur, aber die machen in Berlin leider keinen Urlaub und gehen dann auch nicht ins Schwule Museum*, die gehen in England ins Museum oder sonst wo. Ich würde sagen, dass wir auch ein Stück weit über diese Idee der schwul-lesbischen, queeren Community hinausgegangen sind und dass wir eigentlich auch Aufklärungsarbeit machen – nicht zur Selbstvergewisserung, sondern um in die Breite zu wirken.

BB Ich würde sagen, dass das Museum immer schon so eine Doppelperspektive hatte. Einerseits sind wir ein Heimatmuseum, also ein Ort für Selbstvergewisserung. Und ich glaube, gerade für Tourist_innen aus dem Ausland ist das schon ein besonderer Ort, das hören wir immer wieder. Für sie bedeutet das etwas, dass es dieses Haus hier gibt, völlig egal, was an den Wänden hängt. Insofern glaube ich schon, dass wir ein wichtiger Ort für die Community sind und zwar nicht nur für Berlin, sondern auch weltweit. Gleichzeitig wollen wir aber auch in die Mehrheitsgesellschaft hineinwirken und aufklären. Wenn man zum Beispiel das aktuelle Projekt *»Es ist also ein Mädchen«: Hommage an Erika und Klaus Mann* nimmt, in dem die großen Heldinnen und Helden der europäischen Geistesgeschichte sozusagen ins Museum gezerrt werden, dann verändert das vielleicht die Perspektive. Es hat ein aufklärerisches Moment, die queeren Subtexte der gefeierten Hochkultur zu exponieren. Alle unsere Ausstellungen werben auch für Anerkennung.

AS Man kann wahrscheinlich davon ausgehen, dass sich die Museen und kulturellen Einrichtungen, wie wir sie bisher kannten, unter dem Druck des Neoliberalismus weiter verändern werden. Viele Museen sind nicht mehr die Orte, an die man geht, um Meinungsfreiheit und kulturelle Vielfalt zu erleben. Zuviel hängt von Sponsoren, Geldgebern und Unternehmen ab. Ich glaube, dass wir hier immer noch ein Potenzial haben, weil das Museum für die und mit den Menschen der LSBTI-Community organisiert wird. Das ist ein gutes Potenzial, das es so leider in Istanbul nicht mehr gibt, in New York schon längst nicht mehr, in den Großstädten Europas nicht mehr – und das könnte vielleicht ein Modell sein. Und was manche vielleicht als Dilettantismus wahrnehmen, würde ich nicht unterschätzen. Das erzeugt vielleicht auch ein Gefühl der Zugehörigkeit, welches wir in großen Institutionen nicht mehr haben. Für die Zukunft dieser Institution wünsche ich mir, dass noch viel mehr Menschen mit Migrationshintergrund Mitglied werden, hierher kommen und das Museum auch zu ihrem Ort machen.

WT Es ging immer darum auszuloten, was macht eine marginalisierte Gruppe aus, was macht sie zu Außenseitern, was unterscheidet sie. Aber, seien wir ehrlich, es ist auch ungeheuer schwierig, all die verschiedenen Minderheiten allein über den Status, dass sie von der Gesellschaft an den Rand gedrängt werden, zusammen zu denken. Da gibt es untereinander gewaltige Animositäten, und das muss man dann auch aushalten. Als wir 2012 die Ausstellung *Trans*_Homo* gemacht haben, da war plötzlich das Schwule Museum* der Gegner, gegen den man arbeiten muss. Und das war für uns eine relativ neue, sehr schmerzhafte Erfahrung. [*Lachen*]

BB Ein großer Vorteil der Museumsarbeit ist, dass wir keine politischen Programmschriften produzieren müssen, egal ob bei historischen Ausstellungen oder künstlerischen, du bist immer in einem Format, das es dir erlaubt, Unschärfen zuzulassen; das darf auch widersprüchlich sein.

Ihr habt im Verlauf des Gesprächs die vielen ehrenamtlichen Mitarbeiter_innen erwähnt und davon gesprochen, dass ihr mit wenig Geld einen unglaublich großen Output produziert, dass ihr sehr effizient seid – ist das nicht selbst ein Fall von bewegungsnaher, neoliberaler Selbstausbeutung?

WT Das ist reine Selbstausbeutung, anders funktioniert das gar nicht. Nein, das ist Selbstverwirklichung, sagen wir's so. [*lacht*]

BB Die Museen mit den großen Budgets kriegen dieses Geld ja nicht geschenkt. Du zahlst einen Preis, nämlich an Einflussnahme. Das, was dieses Museum auszeichnet, ist, dass wir enorme Freiheitsgrade haben. Ich habe letztes Jahr zusammen mit Claudia Reiche die Ausstellung *Krista Beinstein: BIO PORNO FOTO GRAFIEN* gemacht, eine Hommage an die Königin der Sexpositiv-Bewegung, mit Serien wie *Tittendominanz*. Ich glaube nicht, dass man dafür irgendwo Geld herkriegen würde. Wir fanden das Thema aber wichtig, und dann machen wir es eben einfach. Subversion ist noch nie gut bezahlt worden. Und das ist hier übrigens das einzige Museum, ich glaube weltweit, welches von Aktivist_innen geleitet wird, wo die künstlerische und programmatische Leitung von einem ehrenamtlichen Team gemacht wird. Das gibt es sonst nicht.

AS Ich verstehe deine Frage, und ich würde dir da eigentlich auch zustimmen. Aber solange die Strukturen, in denen wir leben, weiterhin bestehen, ist es schwierig zu bestimmen, was Ausbeutung ist. Wenn das Geld da ist, um professionelle Arbeit zu leisten, dann muss das eigentlich auch ausgegeben werden. Aber so wie Arbeit im kapitalistischen System organisiert ist, bedeutet es eben auch eine Professionalisierung, wenn man für eine Leistung Geld bekommt – und manchmal tötet das das Gefühl.

BB Nichtsdestotrotz wäre es großartig, das Museum auf eine solidere finanzielle Basis zu stellen, aber ohne dabei in politische oder sonstige Abhängigkeiten zu geraten und ohne unser Herz zu verlieren. Weil es ohne dieses Moment von politischer Leidenschaft bei allen, die hier arbeiten – und zwar auch bei denen, die bezahlt werden, denn die arbeiten ja auch alle mehr, als sie bezahlt werden – nicht geht. Die Leute, die hier arbeiten, sitzen hier, weil sie irgendwas wollen. Es ist, glaube ich, die Aufgabe zu versuchen, dieses Moment von zivilgesellschaftlichem Hippieprojekt, Chaos und Kreativität zu erhalten. Denn sonst ist es tot, dann kannst du auch zumachen.

WT Wir können es uns ja auch leisten, die absoluten Dilettanten hier eine Ausstellung machen zu lassen. Entweder funktioniert's oder es funktioniert nicht. Wäre das hier ein Museumsbetrieb, in dem es um Etats geht usw., da wäre das eine einmalige Erfahrung. Und wir machen zwar die Erfahrung und sagen, nie wieder, aber ein Jahr später machen wir es dann doch wieder – und dann funktioniert's! [*Gelächter*] Das ist doch auch wunderbar. Es ist ein bisschen anarchisch, und das würde verloren gehen, wenn wir wirklich im großen Museumsbetrieb angekommen wären.

Vielen Dank für das Gespräch!

■ Roman Aron Klarfeld

Gesammelter Feminismus. Das Berliner FFBIZ

> *»Wir wollen [...] vor allem eine Initiative ins Leben rufen, in der Frauen aus der ›alten‹ und ›neuen‹ Frauenbewegung gemeinsam die Planung einer eigenen Bibliothek mit angestellter Bibliothekarin, finanziert aus Senatsgeldern, durchzusetzen versuchen. Der Staat sollte endlich einmal Gelder für ein öffentliches Frauenbildungszentrum zur Verfügung stellen!«*

Mit diesen Worten formulierte die *Initiativgruppe für ein Frauenforschungs-, bildungs- und -informationszentrum* (FFBIZ) in der Frauenzeitschrift *Courage* im März 1978 ihre Ziele.[1] Den Anstoß gab indirekt eine bekannte Aktivistin der sogenannten alten Frauenbewegung, Helene Lange. Die umfangreiche Bibliothek der Helene-Lange-Stiftung wurde von Frauen aus dem Berliner Frauenbund 1945 e.V. aufbewahrt, zugänglich war sie aber leider nicht, hinzu kamen finanzielle und räumliche Engpässe. Diese Stiftung war 1911 gegründet worden, um durch finanzielle Unterstützung Frauen ein Studium oder wissenschaftliche Forschung zu ermöglichen. Nachdem sie nach dem Ersten Weltkrieg finanziell vor dem Aus stand, wurden die Förderungen eingestellt, aber als Institution blieb sie erhalten. 1933 nach der Machtübernahme der Nationalsozialisten lösten sich die Verbände und Vereine der Frauenbewegung auf und übergaben der Helene-Lange-Stiftung ihr finanzielles und kulturelles Vermögen. Die Archive und Bibliotheken dieser Einrichtungen bilden das heutige Helene-Lange-Archiv.[2]

Diese wertvolle Sammlung von über 2000 Büchern zur Frauengeschichte besonders des 19. und frühen 20. Jahrhunderts sollte bekannt und zugänglich gemacht werden, so die erklärte Absicht der *Initiativgruppe* 1978. Nachdem in der *Courage* dazu aufgerufen worden war, »endlich auch ein Frauenforschungszentrum in Berlin« zu gründen, wo Bestände wie z. B. die Unterlagen von Helene Lange dauerhaft gesichert werden können, trafen sich hunderte Frauen im Frauenzentrum in der Berliner Hornstraße. Das zahlenmäßig riesengroße Interesse bezeugt die Relevanz, die dem Wissen über bereits von Frauen geführte Kämpfe zugeschrieben wurde. Die fehlenden Quellen zur sogenannten Ersten Frauenbewegung führten zu der Erkenntnis, wie wichtig es ist, die eigene Bewegungsgeschichte zu dokumentieren.

Ab Februar 1978 traf sich die Initiative für das FFBIZ regelmäßig im Frauenzentrum. Es wurde breit eingeladen, angesprochen waren Frauen aus den Parteien, den traditionellen Frauenverbänden, Gewerkschaften, Kirchen, Jugendverbänden, autonome Gruppen sowie alle anderen Frauen, die sich dafür interessierten. Ein paar Monate später stand das erste Konzept. Gefordert wurden die öffentliche Finanzierung eines Hauses mit Bibliothek, Archiv, Kinderspielplatz, Cafeteria, Garten und Arbeitsräumen sowie die Bezahlung der dort zu leistenden Arbeit (Auskunfts- und Beratungstätigkeit, Tagungen, Kurse, Veröffentlichungen).

Das erste Ziel, die Unterlagen von Helene Lange und ihre Bibliothek in der neu gegründeten Einrichtung zu bewahren, wurde leider nicht erreicht. Die Materialien gingen ans Landesarchiv Berlin. Die Notwendigkeit für ein Frauenforschungs-, -bildungs- und -informationszentrum blieb. Die ersten Räume in der Danckelmannstraße im Berliner Bezirk

1 Courage 3, März 1978, S. 30.
2 Vgl.: http://landesarchiv-berlin.de/helene-lange-archiv (letzter Zugriff 24.7.2017).

Charlottenburg wurden nach mühsamer Suche im Februar 1980 bezogen, und das FFBIZ wurde schnell zu einer bekannten Adresse für die Frauenbewegung in Westberlin und darüber hinaus. Der Standort in Charlottenburg war wegen der in dem Bezirk damals ansässigen alternativen Szene und der Nähe zu zwei Universitäten für die Initiative genau der richtige Ort. Die Arbeit sollte stadtteilbezogen sein und, neben den bereits organisierten Feministinnen und den Studentinnen, alle Frauen aus dem Kiez ansprechen. Die Forschungs-, Bildungs- und Informationsarbeit sollte allen Bewohnerinnen zugänglich sein, unabhängig von ihrer formalen Qualifikation, Religion und politischen Überzeugung. Die bereits bestehenden Gruppen, wie z. B. die Bibliotheksgruppe, konnten von jeder interessierten Frau erweitert werden. So bildeten sich mit der Zeit auch Gruppen für alleinerziehende Mütter, Migrantinnen und viele mehr.

Die Konkurrenz schläft nicht

Die Idee, ein Zentrum zu gründen, bei dem Frauenforschung im Mittelpunkt steht, hatten nicht nur die FFBIZ-Gründerinnen. Auch an der Freien Universität wurde an einem von der damaligen Dozentin Hanna Beate Schöpp-Schilling initiierten Konzept für ein »Zentralinstitut für Frauenforschung« gearbeitet. Das vermehrte Interesse an Frauenforschung versuchte sich auch die FDP zu eigen zu machen. Es war kurz vor den Wahlen, 1979, und der damaligen SPD/FDP-Regierung lag viel daran, aus dem Kreis der *Alternativen Liste* Wähler*innen für die jeweilige Partei zu gewinnen. Das erklärt vermutlich auch das Engagement von Wissenschaftssenator Peter Glotz (SPD) für ein universitäres Institut für Frauenforschung. Die FDP strebte hingegen eine eigene Stiftung unter dem Namen Maria-Elisabeth-Lüders-Stiftung an, die frauenspezifische Bildung und Forschung fördern sollte. Nach der Wahl waren beide Vorhaben jedoch sehr schnell wieder vergessen.

Das FFBIZ hatte grundlegend andere Vorstellungen. 1976 fand in Berlin die erste Sommeruniversität für Frauen statt. Frauen hatten dort die Möglichkeit, neue Forschungsergebnisse vorzustellen und zu diskutieren. Die Trennung zwischen außeruniversitärem Aktivismus und universitärer Forschung sollte aufgehoben werden. Den Gründerinnen des FFBIZ schwebte von Anfang an ein umfassendes Konzept eines Zentrums für Frauen(selbst)bildung und Frauenforschung vor, in dem die Bereiche Dokumentation, pädagogische Arbeit und Forschung nicht nebeneinander existieren, sondern eng miteinander verzahnt werden sollten. Die Entscheidung, einen solchen Ort außerhalb der Universitäten zu schaffen, wurde bewusst getroffen. Ziel war es, herrschaftskritisches Wissen produzieren zu können. Dabei war es unabdingbar, den eigenen politischen Aktivismus zu dokumentieren und gleichzeitig so viel Material wie möglich über andere feministische Aktivitäten und Strömungen in Vergangenheit und Gegenwart zu sammeln. Schließlich sollte das Rad nicht immer wieder neu erfunden werden.

So war das FFBIZ zu Beginn weit mehr als ein Ort zur Bewahrung der eigenen Bewegungsgeschichte, aber auch die Forschung wurde nicht als Selbstzweck verstanden. Vielmehr stand der Anspruch im Zentrum, die Möglichkeit für Weiterbildung, Kurse und Diskussionen zu frauenspezifischen Fragen zu schaffen. Sowohl die Forschungsagenden des FFBIZ als auch die darin entwickelte Sammelpraxis leitete sich aus diesem Anliegen ab. Das Archiv verstand sich als Teil der Frauenbewegung, als ein bewegter Ort, nicht als bloßer Ort der Bewahrung von bereits fixierter Vergangenheit. Auch wenn die Archivarbeit erst später in den Mittelpunkt des Projekts rückte, war der Bereich immer ein essentieller und wichtiger Teil. Die Vielzahl der beteiligten Frauen, sowie die wechselnden Engagierten zeigen sich in der Sammlung wieder. So gab es nie eine einheitliche Sammelstrategie, sondern immer einen breiten Rahmen, der von den jeweils beteiligten Personen und deren Interesse und Aktivismus gefüllt wurde.

Im FFBIZ fanden sich von Beginn an Historikerinnen und geschichtsinteressierte Frauen zusammen, um gemeinsam Geschichten von Frauen zu erforschen und öffentlich zu machen. Auch dieser Bereich war als einer von vielen gedacht. So sollte das FFBIZ als Forschungs-, Bildungs- und Dokumentationseinrichtung ein Ort des Wissenstransfers von und für Frauen sein. Geschichte spielte dabei immer eine Rolle, aber nicht unbedingt die Hauptrolle. Die Fokussierung auf die Archivarbeit geschah erst in den 1990er Jahren, als es nicht mehr möglich war, durch ehrenamtliche Mitarbeit die vielen Bereiche des FFBIZ weiter zu betreiben. Die räumliche Veränderung 2003, der Umzug in die Eldenaer Str., wo das FFBIZ neben einem Magazinraum über nur ein Büro verfügt, hat weiter zur Konzentration auf das Kernthema Archiv beigetragen.

»Staatsknete« und Bewegungsarchive

Bereits zu Beginn der Arbeit am FFBIZ im Jahr 1978 wurde ein Verein gegründet, denn anders als in großen Teilen der autonomen Frauenbewegung, die jede Form von »Staatsknete« ablehnten, war es hier von Beginn an erklärtes Ziel, die Arbeit im Projekt durch öffentliche Gelder zu finanzieren. Die FFBIZ-Frauen forderten schon in ihrem Gründungsaufruf die staatliche Finanzierung und Anerkennung ihrer Arbeit als Bildungs- und Forschungsarbeit: »Wir müssen Schluß machen mit der Bescheidenheit weiblichen Wissensdurstes und weiblicher Gratisarbeit.« Die Frauen sahen ihre Arbeit im FFBIZ als gesellschaftlich notwendig und wollten dafür eine angemessene Entlohnung. Gleichzeitig war ihnen die Autonomie des Projekts wichtig. Die Idee eines Frauenforschungs-, -bildungs- und -informationszentrums für Frauen unabhängig von ihrer jeweiligen beruflichen Qualifikation sollte nicht aufgegeben werden. Es wurde viel diskutiert, wie eine mögliche Aufteilung von Geld aussehen könnte. Eine finanzielle Förderung sollte auf alle Frauen, die im FFBIZ mitarbeiteten, aufgeteilt werden. Die Frauen, die bereits gut bezahlte Stellen innehatten, sollten Geld an das FFBIZ spenden. Bezieherinnen von Arbeitslosengeld, Studentinnen, Hausfrauen und Geringverdienerinnen sollte dieses Einkommen zur Aufstockung dienen.

Ab Mitte der 1980er Jahre gelang es, die Grundfinanzierung über den Berliner Senat sicherzustellen, dazu kamen Gelder für einzelne Projekte aus anderen Quellen. Wie bei den meisten feministischen Projekten war die Förderung trotzdem nie ausreichend, und auch das FFBIZ wurde und wird zu einem Teil durch ehrenamtliche und unbezahlte Arbeit getragen. Hinzu kommt, dass das finanzielle Auskommen des FFBIZ auch nach 39-jährigem Bestehen keineswegs auf lange Zeit gesichert ist, da die Weiterförderung durch den Berliner Senat von Jahr zu Jahr neu beschlossen werden muss, mit all den Konsequenzen, die sich aus politischen Machtwechseln und damit verbundenen veränderten Agenden jederzeit ergeben können. Dennoch ermöglicht die – bei weitem nicht üppige oder ausreichende, aber die Basis sichernde – Finanzierung durch das Land Berlin eine relative Kontinuität, die für jede systematische Sammel- und Dokumentationspraxis unabdingbar ist.

Gleichzeitig verstand sich das FFBIZ immer als Teil der Bewegungsarchive und ist seit Jahren an der Organisation des inzwischen jährlich stattfindenden Workshops der Archive von Unten beteiligt.[3] Die Zusammenarbeit mit anderen Einrichtungen, die ebenfalls aus sozialen Bewegungen entstanden sind, ist für das FFBIZ von großer Wichtigkeit. Neben

3 http://www.bewegungsarchive.de (letzter Zugriff: 24.7.2017).

dem Netzwerk der Archive von Unten ist das Archiv gemeinsam mit anderen Frauen-/Lesbenarchiven, -bibliotheken und -dokumentationsstellen im i. d. a-Dachverband organisiert. Diese Vernetzung ist wichtig, da Bewegungsarchive ganz anders funktionieren als staatliche Einrichtungen, weil sie in den meisten Fällen viel weniger finanzielle Ressourcen haben und es nicht wie bei staatlichen Behörden eine Abgabepflicht gibt, sodass Archivmaterial aktiv gesucht und erworben werden muss.

Noch viel entscheidender ist jedoch der politische Anspruch, der Bewegungsarchive grundsätzlich von staatlichen Archiven unterscheidet. Zwar scheiden sich unter den Bewegungsarchiven die Geister in der Entscheidung zwischen »Staatsknete« und »Autonomie«, doch gleichgültig, ob eine Einrichtung die Entscheidung getroffen hat, sich um öffentliche Gelder zu bemühen oder diese abzulehnen, die Verpflichtung gegenüber den Bewegungen bleibt. Gleichzeitig macht eine staatliche Finanzierung die Bewahrung der Bewegungsgeschichte oft erst dauerhaft möglich. Mittlerweile hat auch die klassische Archivlandschaft die Arbeit von Bewegungsarchiven zu schätzen gelernt. Seit 2009 gibt es im Verband der deutschen Archivarinnen und Archivare einen Arbeitskreis zu Überlieferungen der Neuen *Sozialen Bewegungen*. So bilden Archive von Unten eine Opposition zur hegemonialen Wissensproduktion und bieten mit ihrer Sammelpraxis die Möglichkeit, auf Quellen zuzugreifen, die in staatlichen Archiven als sammlungsunwürdig erscheinen.

Kontroversen & Kontinuitäten

Die öffentliche Förderung und die damit zusammenhängende zunehmende Institutionalisierung hat jedoch auch ihre Kehrseite. Gemeinsam mit einem fehlenden Generationenwechsel sowie mit der räumlichen Entfernung von Bewegungsorten durch den Umzug auf das Areal des ehemaligen Schlachthofs in Nord-Friedrichshain führte sie leider dazu, dass sich das FFBIZ mit der Zeit auch vom feministischen Aktivismus als solchem entfernte. So wichtig bezahlte (Teilzeit-)Stellen für die kontinuierliche Sammelpraxis und Archivarbeit sind, so sehr lebt die Archivarbeit doch davon, Teil einer oder mehrerer »Bewegungen« zu sein. Seit einigen Jahren versucht das FFBIZ, wieder zu einem Ort zu werden, der nicht nur feministische Geschichte dokumentiert, sondern auch zur Vermittlung zwischen feministischen Generationen und feministischen Strömungen beiträgt.

Unser Angebot an Archivführungen bietet Studierenden, Forschenden und allen anderen Interessierten die Möglichkeit, auf unkomplizierte Art und Weise das Archiv kennenzulernen. Mit Veranstaltungen, wie einer queer-feministischen Filmreihe, einem Lesekreis und Workshops z. B. auf Lady-Festen steuern wir Beiträge zu öffentlichen Diskussionen bei. Zur Sichtbarkeit der Ergebnisse unserer Nutzer*innen haben wir unser Heft *Spurensicherung: Feminismus in Aktion und Dokument* herausgegeben.[4]

Neue Projekte wie z. B. unser Oral History-Projekt sollen ebenfalls dazu beitragen, zu einem Ort der Vermittlung und feministischer Aktivitäten zu werden. Im Rahmen dieses Projekts werden seit Dezember 2014 Frauen interviewt, die die Stadt Berlin seit 1968 politisch geprägt haben. Besonderes Augenmerk gilt Menschen, die als Teil der Frauen/Lesbenbewegungen autonome Institutionen, Netzwerke und andere Infrastrukturen in (Ost- und West-) Berlin entwickelt, gestaltet und begleitet haben. Ziel ist es, das Wissen und die historischen Erfahrungen dieser Personen in Form von Video-Interviews für Forscher*innen und die inte-

4 Vgl. Friederike Mehl, »Feminismus ist tot? Lang lebe das FFBIZ!«, Archivar 3 (2015), S. 282.

ressierte Öffentlichkeit zu bewahren.[5] Zu den bisherigen Interviewpartnerinnen gehören z. B. Dagmar Schulz, die Mitbegründerin des feministischen Frauengesundheitszentrums war, Ulrike Busch als ehemalige Vorsitzende von *pro familia*, oder Alexandra Goy, die als Anwältin am Antidiskriminierungsgesetz mitgewirkt hat. Diese Interviews sind wunderbare Quellen und ergänzen durch die persönliche Erzählung und die jeweils spezifische Perspektive das schriftliche Quellenmaterial.

Dem Grundsatz der Vielstimmigkeit folgt die Sammelpraxis des FFBIZ seit den Anfängen. Es geht dabei nicht einfach darum, die Materialien bestimmter Gruppen, Personen oder Richtungen zusammenzutragen, sondern vor allem die unterschiedlichen Herangehensweisen an Themen abzubilden sowie Kontroversen, Umbrüche und Kontinuitäten zu dokumentieren. Ein gutes Beispiel dafür ist Sexarbeit, ein bis heute in feministischen Zusammenhängen kontrovers diskutiertes Thema. Bei uns im Archiv sind dazu beispielsweise Unterlagen des Vereins *Hydra* zu finden, der sich unter anderem für die Anerkennung von Sexarbeit als Beruf einsetzt. Ein damit im Widerstreit stehender Standpunkt zeigt sich im ebenfalls bei uns aufbewahrten Nachlass einer Domina, die sich in ihrer politischen Arbeit für die Bekämpfung der Prostitution stark gemacht hatte und eine Befürworterin des schwedischen Gesetzesmodells[6] war.

Weitere Beispiele für immer wiederkehrende und – bei aller Verschiedenheit – generationenübergreifende Themen sind die Kämpfe für das Recht auf Abtreibung. Der Kampf gegen den §218 (Verbot des Schwangerschaftsabbruchs) zog sich durch alle feministischen Lager. Im Archiv haben wir eine große Menge an grauer Literatur zu den Protesten seit den 1970er Jahren, hinzu kommen unzählige Plakate, Fotos, Buttons und auch Radiobeiträge. Nach der Einführung der Fristenlösung wurde es zwar ruhiger um das Thema, doch die vehemente Präsenz von Abtreibungsgegner*innen (zum Beispiel jeden Herbst beim *Marsch für das Leben* in Berlin) zeigt deutlich, wie notwendig es nach wie vor ist, für das Recht auf reproduktive Selbstbestimmung zu kämpfen. Unsere Aufgabe ist es nun, auch die aktuellen Debatten in die historische Dokumentation einzubinden, um Kontinuitäten und/oder Verschiebungen aufzuzeigen.

Digital trifft Analog

Vor ganz andere Herausforderungen stellen uns digitale Quellen. Kampagnen erfahren große Verbreitung über *twitter* oder *facebook*. Diskussionen werden innerhalb kürzester Zeit zu weit verzweigten Datenmengen. Gerade bei den Bewegungsarchiven muss in diesem Zusammenhang ein Umdenken stattfinden, denn die Sammelpraxis sollte sich im Idealfall der Bewegung anpassen. Allerdings entsteht gerade an diesem Punkt eine besonders ausgeprägte Kluft zwischen politischer Idealvorstellung und vorhandenen personellen und finanziellen Ressourcen. Umso mehr sind wir, wie alle Bewegungsarchive, auf die Mitarbeit von Aktivist*innen angewiesen und freuen uns über jedes Material, das unser Archiv mit Wissen bereichert.

Neben der unendlichen Arbeit, die Debatten selbst zu sichten und die zu archivierenden Beiträge auszuwählen, stellt uns die wichtige Aufgabe, diese Daten zu sammeln und zu bewahren, allerdings vor neue Herausforderungen in Bezug auf technisches know-how und

5 Vgl. http://www.ffbiz.de/projekte/oral-history-interviews/index.html (letzter Zugriff: 24.7.2017).
6 1998 trat in Schweden ein Gesetz zum Schutz von Frauen in Kraft. Im Zuge dessen wurde Prostitution kriminalisiert, indem Kunden für den Kauf sexueller Handlungen bestraft werden.

Speicherkapazitäten. So hält säurefreies Papier mehrere hundert Jahre, Druckerzeugnisse, die nicht säurefrei sind nur noch 70 bis 100 Jahre. Eine CD hält vermutlich 5 bis 10 Jahre und ein USB-Stick 10 bis 30 Jahre, wobei damit noch nicht garantiert ist, dass das Dateiformat nach diesem Zeitraum noch lesbar ist. Gleichzeitig fließt zurzeit viel Geld in Digitalisierungsprojekte – auch in unserem Bereich. 2018 wird das *Digitale Deutsche Frauenarchiv* online gehen und Digitalisate aus Frauenarchiven und -bibliotheken präsentieren. Diese Möglichkeit birgt großartige Chancen für Einrichtungen wie das FFBIZ. Wir können unsere Bestände einer größeren Öffentlichkeit zur Verfügung stellen. Bereits brüchige Materialien müssen nicht mehr im Original vorgelegt werden. So hat die Digitalisierung auch für uns durchaus ihre Vorteile.

Jubiläumsjahr 2018

Nächstes Jahr wird das FFBIZ 40 Jahre alt und blickt auf eine bewegte Vergangenheit und Zukunft. Wir wollen aber nicht nur zurück blicken, sondern das Jubiläum vor allem nutzen, um Pläne für die Zukunft zu schmieden. Unser Oral History-Projekt soll der Öffentlichkeit vorgestellt werden und über eine eigene Webpräsenz zugänglich gemacht werden. Wir möchten uns räumlich vergrößern, um auch weiterhin Material fachgerecht bewahren zu können. Gleichzeitig ist es uns neben der professionellen Archivarbeit wichtig, die Nähe zur Bewegung aufrecht zu erhalten bzw. wieder herzustellen. Aus diesem Grund haben wir unterschiedliche Veranstaltungsformate für unser Jubiläum vorbereitet. Wir freuen uns auf ein spannendes Jahr – die Neuigkeiten dazu unter www.ffbiz.de.

Marianne Bechhaus-Gerst

Decolonize Germany? (Post)Koloniale Spurensuche in der Heimat zwischen Lokalgeschichte, Politik, Wissenschaft und »Öffentlichkeit«

Prolog

Ein Abend im März 2010 in der Aula einer Realschule in Köln: Der Bezirksbürgermeister (SPD) von Köln-Ehrenfeld hat zu einer Podiumsdiskussion zum Thema »Koloniale Erinnerungskultur« eingeladen. Im Viertel gibt es mit dem sogenannten *Chinesenviertel*, bestehend aus *Taku-Platz*, *Lans-* und *Iltisstraße*, sowie der *Wißmann-* und der *Gravenreuthstraße* mehrere Erinnerungsorte, die während der Kolonialzeit geschaffen wurden.[1] Nun soll auf dem Podium und mit den ZuhörerInnen über einen angemessenen Umgang mit diesem Erbe diskutiert werden. Für die nach den kolonialen Tätern Hermann von Wißmann und Karl Freiherr von Gravenreuth benannten Straßen kann sich der Bezirksbürgermeister Umbenennungen vorstellen. Für das *Chinesenviertel*, in dem er selber zur Welt kam, will er neue Infotafeln, aber keinesfalls neue Namen. Obwohl dies von den Organisatoren nicht beabsichtigt ist, steht von Beginn an das *Chinesenviertel* im Zentrum des Diskussionsabends. Die meisten Häuser in diesem Viertel sind im Besitz einer Wohnungsbaugenossenschaft, deren Vorstandsmitglied auf dem Podium sitzt. Bis heute bestimmt – wie es sich für Köln mit seinem rheinischen Frohsinn gehört – ein Karnevalsverein, die *Ihrefelder Chinese*[2], über Form und Inhalt des Umgangs mit dem kolonialen Erbe. Der Karnevalsverein, dessen »Präsident« ebenfalls auf dem Podium mitdiskutiert, hat seinen Sitz vor Ort. Vor einigen Jahren ließ er auf eigene Kosten in Abstimmung mit der Wohnungsbaugenossenschaft »Gedenktafeln« im *Chinesischen Viertel* anbringen. Diese gehen mit keinem Wort auf die Unrechtmäßigkeit des Vorgehens der Deutschen sowie anderer europäischer Mächte in China ein. Hunderte aufgebrachter Stadtteilbewohner fordern an diesem Abend Einlass, zum Teil in den Kostümen des Karnevalsvereins, zum Teil mit großen Transparenten, in denen der Unmut über die Veranstaltung zum Ausdruck gebracht wird. Die Stimmung ist schon vor Beginn so aufgeheizt, dass der Bürgermeister einen Sicherheitsdienst herbeiruft. Die Transparente müssen schließlich draußen bleiben. Was war passiert? Die Wohnungsbaugesellschaft hatte im Vorfeld des Diskussionsabends per Wurfzettel in alle Briefkästen im Viertel verbreiten lassen, die Umbenennung der drei Straßen im *Chinesenviertel* sei beschlossene Sache; man solle möglichst zahlreich erscheinen und dagegen protestieren. Mir kommt die Aufgabe zu, die kritische, postkoloniale »Seite« zu vertreten und das Publikum mit einem Impulsvortrag auf das Thema einzustimmen. Nach zwei Sätzen kommen die ersten feindseligen Zwischenrufe. Man will das alles nicht hören. Mäßigung oder gar Zuhören ist nicht angesagt. So kommt es ein ums andere Mal zu den stets gleichen Wortmeldungen: »Die Diskussion ist unnötig!« – »Die Geschichte liegt schon zu lange zurück und hat

1 Die Straßennamen im *Chinesenviertel* sollen an den sogenannten »Boxeraufstand« (1900/1901) und die deutsche Beteiligung bei der Niederschlagung erinnern. Die Benennungen erfolgten 1902 und 1914.

2 http://ihrefelder-chinese.de/ (letzter Zugriff 26.6.2017).

keine Relevanz!« – »Wir haben doch schon die NS-Zeit zu verarbeiten!« – »Die Namen kennt ohnehin niemand mehr!« – »Straßenumbenennungen sind zu kostspielig und aufwändig, da man neue Visitenkarten drucken lassen und in Personalausweis und Führerschein die Adresse ändern lassen muss.« Nach jeder entsprechenden Meldung versichert der Bürgermeister, eine Umbenennung komme nicht Frage und stehe nicht zur Diskussion. Das verhindert aber nicht die immer gleichen wütenden Einwände. Ein langer Abend im »postkolonialen« Köln!

(Post)Kolonialismus vor Ort

Seit den 1990er Jahren, vor allem aber seit den Gedenkjahren 2004/2005[3] erfährt die Geschichte des deutschen Kolonialismus verstärkte Aufmerksamkeit. Angeregt durch die *postcolonial studies* ist die Untersuchung der Rück- und Wechselwirkungen des »kolonialen Projekts« auf die Gesellschaft der ehemaligen Kolonisatoren immer mehr in den Fokus des wissenschaftlichen, aber auch des politischen, zivilgesellschaftlichen bzw. öffentlichen Interesses geraten. Die Beschäftigung mit dem »Kolonialismus vor Ort«, also mit der lokalen Verankerung und Verortung von Kolonialismus, war von Beginn an vor allem von zivilgesellschaftlichen und auch politischen Zielsetzungen geprägt.

Als eine der ersten Publikationen zur lokalen Verortung von Kolonialismus kann der 1999 von Heiko Möhle herausgegebene Sammelband *Branntwein, Bibeln und Bananen. Der deutsche Kolonialismus in Afrika – Eine Spurensuche in Hamburg* angesehen werden.[4] Im Vorwort erfährt man, dass das Buchprojekt nicht zuletzt aus Geldmangel fast zehn Jahre in Planung war. Kolonialgeschichte als Teil der Lokalgeschichte war ein neues, für viele nicht nachvollziehbares Konzept. Dabei bot dieses Buch eine Struktur, die beispielhaft für die weitere lokale Beschäftigung mit dem Kolonialismus werden sollte. Von der kolonialen Wirtschaft über die Mission, die kolonialen Frauenverbände, die deutsch-afrikanische Begegnungsgeschichte, die kolonialen Wissenschaften bis zur Erinnerungskultur wurden die Themen angesprochen, die sich heute vor allem in den Internet-Auftritten postkolonialer Initiativen wiederfinden. Unter diesen Initiativen nimmt *Freiburg Postkolonial*[5] zweifellos eine Vorreiterrolle ein. Gerade weil das kleine Freiburg sicherlich zur kolonialen Provinz zu zählen ist, zeigt das Freiburger Projekt seit 2005 mit seinem stetig wachsenden Webauftritt beispielhaft, wie präsent das koloniale Projekt auch außerhalb der Metropolen war und wie sehr die verschiedenen Lebensbereiche von kolonialem Gedankengut durchdrungen waren. Inzwischen sind zahlreiche weitere lokale Initiativen entstanden oder in der Entstehung begriffen, die sich mit der kolonialen Vergangenheit ihrer Städte oder Regionen auseinandersetzen. Zu diesen Initiativen gehört auch der Verein *KopfWelten – gegen Rassismus und Intoleranz e. V.,* der das Projekt *Köln Postkolonial* seit 2008 entwickelt hat und bis heute durchführt. Verein und Projekt entstanden im Rahmen universitärer Seminare. Dem Einsatz Studierender ist es zu verdanken, dass noch im Gründungsjahr eine Ausstellung zu Kölns kolonialer Vergangenheit erarbeitet und im Kölnischen Stadtmuseum gezeigt werden konnte. Der universitäre Kontext der Mitglieder ist bis heute weitgehend erhalten geblieben. Lokalpolitisches Engagement, wie einleitend beschrieben, blieb

3 2004 gedachte man des Kolonialkriegs gegen die Herero und Nama von 1904 in der damaligen Kolonie Deutsch-Südwest, 2005 erinnerte man sich an den Maji Maji-Krieg von 1905 im damaligen Deutsch-Ostafrika.

4 Heiko Möhle (Hg.), Branntwein, Bibeln und Bananen. Der Deutsche Kolonialismus in Afrika – Eine Spurensuche, Hamburg 1999.

5 Siehe http://www.freiburg-postkolonial.de (letzter Zugriff 26.6.2017).

bislang die Ausnahme. Die Auseinandersetzung mit der kolonialen Vergangenheit manifestiert sich in Köln wie in anderen Städten oder Regionen mit postkolonialen Initiativen vor allem in Internetauftritten.[6] Die Anzahl an Buchpublikationen mit lokalgeschichtlich-postkolonialem Fokus ist bis heute begrenzt.[7] Am mangelnden Vertrauen in ein breites Interesse am Thema hat sich auch 18 Jahre nach der Hamburger Publikation nicht viel geändert. Insofern muss gleich zu Anfang die Frage gestellt werden, wer mit welchen Projekten und Aktionen erreicht wird.

Der vorliegende Beitrag betrachtet das *Postkoloniale Projekt* mit regionalem Fokus unter drei Fragestellungen: 1. Was sind die zivilgesellschaftlichen/politischen Zielsetzungen und Perspektiven? 2. Bietet der »Kolonialismus vor Ort« einen Mehrwert für die historische Wissenschaft? 3. Wird »die Öffentlichkeit« erreicht und wie steht »die Öffentlichkeit« zu den Projekten? In der Kürze können diese Fragen nicht annähernd erschöpfend diskutiert und beantwortet werden. Wie der Prolog schon andeutet, soll ein besonderes Augenmerk der Frage nach der Erreichbarkeit einer breiteren Öffentlichkeit gelten.

Zivilgesellschaftliche/politische Perspektiven

Die Ansätze und Zielsetzungen der lokalen Initiativen, die seit 2006 gegründet wurden, sind vielfältig. Grundsätzlich reicht das Spektrum der Interessen und Aktivitäten von einem vorrangig historisch-wissenschaftlichen über einen pädagogischen, einen künstlerischen bis zu einem politischen Fokus, wobei die verschiedenen Bereiche meist nicht strikt voneinander abgegrenzt sind. *Freiburg Postkolonial* und *Köln Postkolonial* haben zum Beispiel historisch-wissenschaftliche Schwerpunkte. Ein wichtiges Ziel für beide Initiativen ist es, »historische Fakten wieder zugänglich zu machen und aufzubereiten sowie durch Angebote zu deren Interpretation das Verständnis der Bevölkerung in Deutschland für die gemeinsame Geschichte mit den betroffenen Ländern zu fördern.«[8] Die meisten Initiativen füllen damit »nebenbei« eine Nullstelle in der lokalhistorischen Forschung. Wenngleich jedes Jahr eine große Anzahl an Publikationen zur Stadtgeschichte Kölns erscheint, hat die koloniale Vergangenheit der Stadt bis 2015 nur in einer schmalen Veröffentlichung zur »kolonialen Begeisterung« im Rheinland Erwähnung gefunden.[9] Ähnliches gilt, von Ausnahmen abgesehen, für fast ganz Deutschland.[10]

Der historisch-wissenschaftliche Ansatz ist bei (fast) allen Initiativen mit einem pädagogischen und gesellschaftspolitischen Ansatz verbunden und will zur Selbstreflexion der Leserschaft anregen. Es geht, so die Homepage von *Freiburg Postkolonial*, um »grundlegende Fragen

6 Siehe z. B. http://www.koeln-postkolonial.de; http://www.aachen-postkolonial.de; http://www.berlin-postkolonial.de; http://www.dortmund-postkolonial.de/; http://muc.postkolonial.net/; http://www.inst.uni-giessen.de/hessen-postkolonial/doku.php (letzter Zugriff 28.9.2017).

7 Siehe vor allem: Ulrich van der Heyden/Joachim Zeller (Hg.), Kolonialmetropole Berlin. Eine Spurensuche, Berlin 2002; dies., »... Macht und Anteil an der Weltherrschaft«. Berlin und der deutsche Kolonialismus, Münster 2005; dies., Kolonialismus hierzulande. Eine Spurensuche in Deutschland, Erfurt 2008; Markus Seemann, Kolonialismus in der Heimat. Kolonialbewegung, Kolonialpolitik und Kolonialkultur in Bayern 1882–1943, Berlin 2011; Marianne Bechhaus-Gerst/Anne-Kathrin Horstmann (Hg.), Köln und der deutsche Kolonialismus – eine Spurensuche, Köln 2013; Felix Brahm/Bettina Brockmeyer (Hg.), Koloniale Spurensuche in Bielefeld und Umgebung, Bielefeld 2014.

8 http://www.freiburg-postkolonial.de/Seiten/einleitung.htm (letzter Zugriff 26.6.2017).

9 Ulrich Soénius, Koloniale Begeisterung im Rheinland während des Kaiserreichs, Köln 1992.

10 Ausnahmen in Fußnote 7.

des Umgangs mit Menschen anderer Kulturen bzw. Gesellschaften, um eigene Zivilisations- und Entwicklungsvorstellungen.«[11] Eine explizitere Einbindung in den theoretischen Kontext des Postkolonialismus findet man bei *München Postkolonial*. Auf der Homepage heißt es:

> *»In der Auseinandersetzung mit München/Post-Kolonialismus interessieren uns v. a. Fragen nach den Repräsentationspolitiken (Konstitution von Alteritäten, Geschlechterbilder, Differenzen), nach biopolitischen Praktiken (Konstitution einer Bevölkerung, ihre Bestimmung und ihre Grenzen), nach Ökonomie, Arbeitsmarktpolitiken sowie nach der Konsumgesellschaft. Es geht uns dabei immer auch um die Verschränkungen von Geschichte und Gegenwart, um die Wechselbeziehungen von einem aktuellen »post«- und einem historischen »kolonial«-Verständnis und deren Verortungen im städtischen Raum (Straßennamen, historische Orte, aktuelle Migrationspolitiken).«* [12]

Ein immer wiederkehrendes Thema bei verschiedenen Gruppierungen ist die Identifizierung und mögliche Umbenennung kolonialer Straßennamen.[13] »Bewusste Erinnerung erfordert aus meiner Sicht, auch Straßen und Plätze, die nach Truppenkommandeuren der Kolonialzeit benannt wurden, umzubenennen«, bemerkte die damalige Bundesministerin für wirtschaftliche Zusammenarbeit und Entwicklung, Heidemarie Wieczorek-Zeul, anlässlich einer Gedenkveranstaltung zum 100. Jahrestag des Maji-Maji-Krieges am 13. November 2005 in Berlin.[14] Das Thema Straßennamen vereint – wie vielleicht kein anderes Thema im Kontext des »Kolonialismus vor Ort« – pädagogische, zivilgesellschaftliche und politische Zielsetzungen und Perspektiven, Lokalgeschichte und Erinnerungskultur. Die Umbenennung von Straßen oder das Aufstellen von Tafeln, die den historischen Kontext von Namen erläutern, fällt in den Bereich der Kommunal- bzw. Stadtpolitik oder ist, wie zum Beispiel in Köln, Angelegenheit der Stadtteilvertretungen. Die PolitikerInnen sind hier ganz nah an ihren WählerInnen – mit all den negativen wie positiven Konsequenzen für die Erinnerungskultur. Das Engagement für eine kritische Erinnerungskultur hängt damit stark von wahltaktischen und/oder parteiprogrammatischen Erwägungen ab.

Kolonialismus vor Ort – Mehrwert für die Wissenschaft?

Die Anzahl an wissenschaftlichen Publikationen zum Thema deutscher Kolonialismus hat in den letzten Jahren enorm zugenommen.[15] Studien zum »Kolonialismus vor Ort«, zur lokalen Verortung des kolonialen Projekts sind jedoch nach wie vor rar. Vor allem regionale Studien, so soll hier zur Diskussion gestellt werden, können aber Grundlagen für eine umfassende Durchdringung und ein Verstehen des Kolonialismus liefern. Wenn es mit neueren Zugängen zur Geschichte, speziell mit der Verflechtungsgeschichte ernst gemeint ist, wenn man *Postkolonialismus* in seiner Betonung der Wechselwirkung zwischen Kolonisierenden

11 http://www.freiburg-postkolonial.de/Seiten/einleitung.htm (letzter Zugriff 26.6.2017).

12 http://muc.postkolonial.net/uber-uns/ (letzter Zugriff 26.6.2017).

13 Koloniale Straßennamen werden auf nahezu allen Websites Postkolonialer Gruppierungen diskutiert. Siehe die in Anm. 6 angeführten URLs.

14 http://www.afrika-hamburg.de/umbenenn.html (letzter Zugriff 26.6.2017).

15 Die inhaltliche Spanne der Publikationen reicht von Überblickswerken über Studien zu den Kolonialkriegen und Widerstand, zu Genderkonstruktionen und Sexualität im deutschen Kolonialismus und zum wissenschaftlichen Kolonialismus bis zu dem Themenkomplex Kolonialismus als ›mentale Disposition‹.

und Kolonisierten zur Grundlage macht, muss vor Ort mit der Forschung begonnen werden. Ohne den »Kolonialismus vor Ort« in Europa, so soll hier behauptet werden, wäre das »koloniale Projekt« von Anfang an zum Scheitern verurteilt gewesen. Vor Ort wurden entfernt gelegene Kolonien und Interessengebiete, von denen die Menschen nur vage Vorstellungen besaßen, zur eigenen regionalen oder lokalen Identität in Bezug gesetzt. 80 bis 90 Prozent des kolonialen »Personals« lebte in Deutschland und nicht in überseeischen Gebieten und nach 1918, in der Epoche des Kolonialrevisionismus, der über die Machtübernahme der Nationalsozialisten hinaus bis in die 1940er Jahre für die Rückgewinnung der Kolonien kämpfte, waren es fast 100 Prozent.

Bis zum Ersten Weltkrieg entstanden rund 500 Lokalabteilungen der *Deutschen Kolonialgesellschaft*, die durch Ortsverbände in kleineren Gemeinden oder Stadtteilen ergänzt wurden. Ziel war die Stärkung des Kolonialgedankens in der Bevölkerung, aktives weibliches wie männliches Personal sollte gewonnen werden. Das »koloniale Projekt« wurde auf den Weg gebracht und – vor allem nach 1918 – am Leben erhalten. Im ganzen Deutschen Reich entwickelten sich »koloniale Diskurse«, zu denen Veröffentlichungen der Kolonialbewegung, Kolonialausstellungen, Museen, Literatur, Missionsgesellschaften und in nicht geringem Maße Einzelpersönlichkeiten beitrugen. Die wichtige Frage danach, wie man den »Normalbürger« für das »koloniale Projekt« gewinnen konnte, lässt sich am besten auf lokaler Ebene beantworten. »Vor Ort« kann untersucht werden, wie die kolonialen Diskurse, Mentalitäten und Praktiken im Kaiserreich, in der Weimarer Republik und in der NS-Zeit wirkten, wie weit und tief sie in die deutsche Gesellschaft eindrangen und wie sie in der Gegenwart fortwirken. Jenseits der Kolonialpolitik des Reiches lassen sich koloniale Utopien und Visionen lokal verorten. Gerade der »Kolonialismus vor Ort« war in hohem Maße eine Inszenierung.

Die »Öffentlichkeit«

Die postkolonialen Initiativen haben sich auf die Fahnen geschrieben, eine breitere »Öffentlichkeit« zu erreichen. Und das ist auch wichtig und richtig so. Die »Öffentlichkeit« als einheitliches Zielpublikum gibt es allerdings nicht, weshalb der Begriff hier durchweg nur in Anführungszeichen verwendet wird. Wer wird nun tatsächlich durch die Initiativen erreicht? Besucht man Veranstaltungen zu postkolonialen Themen, so trifft man häufig auf den immer gleichen kleinen Kreis von Interessierten. Vorwiegend kommen ZuhörerInnen, die ohnehin schon für diese oder ähnliche Themen sensibilisiert sind. Sehr laut sind die oft aggressiven negativen Stimmen jener, die sich unter anderem in Forumsbeiträgen äußern, wenn in Zeitschriftenartikeln zum Beispiel über Umbenennungspläne bei kolonialen Straßennamen berichtet wird. »Habt Ihr nicht Besseres zu tun«, gehört noch zu den harmlosen Kommentaren, in denen sich nicht selten kaum verhohlener Rassismus breit macht. »Es war doch nicht alles schlecht!«, »Wir haben aber doch Schulen, Krankenhäuser und Straßen da unten gebaut!« Jenseits politischer und rassistischer Extreme ist bis heute eine apologetische Haltung weit verbreitet, die den Bau von Schulen und Krankenhäusern zu den großen Verdiensten der Kolonialherrschaft erklärt. Teils aggressiv halten viele an einer bestenfalls als romantisierend zu bezeichnenden Sicht auf die Kolonialzeit fest. Wo man schon so wenig Positives aus der jüngeren Vergangenheit zu erinnern hat, will man sich nicht noch dieses historische Kapitel »vermiesen« lassen.[16]

16 Bei zahlreichen Veranstaltungen, in Internet-Kommentaren sowie in persönlichen E-Mails wurde letzteres geäußert.

Äußerungen, wie die gerade erwähnten, hört man häufig vor allem in außeruniversitären Kontexten, wenn es um den deutschen Kolonialismus geht. Gleichzeitig wird immer wieder der Vorwurf laut, postkoloniale Veranstaltungen seien zu akademisch. »Auf einem sehr intellektuellen Niveau bewegt sich der Verein Kopfwelten, der sich mit der Ausstellung ›Köln Postkolonial‹ durchaus Meriten um die Aufarbeitung der lokalen Einbindung in koloniale und postkoloniale Strukturen verdient gemacht hat, [der aber] mit seiner Website [...] kaum ein breiteres Publikum anzusprechen vermag«[17], heißt es zum Beispiel in einer Besprechung des Kölner Projekts. Durch das beklagte hohe Niveau werden zusätzliche Abwehrreaktionen ausgelöst: »Wo haben Sie denn diese Worte abgeschrieben?«, kommentiert ein Forumsbeiträger einen sprachlich etwas anspruchsvolleren Text.[18] Postkoloniale Initiative wird schnell als Aktionismus gelangweilter AkademikerInnen abgetan. Kommentare wie: »Die Befürworter der Umbenennung sind eine winzig kleine Clique idiologisch [sic!] Verbohrter, geschichtsvergessener Personen«, sind nicht selten. Wenn *München Postkolonial* auf der Homepage einleitend von »Repräsentationspolitiken, Konstitution von Alteritäten, Geschlechterbilder[n], Differenzen« spricht, dürfte das tatsächlich einem Großteil der Menschen, die vielleicht auf diese Seite stoßen, unverständlich erscheinen. So muss man in der Tat ein Spannungsfeld konstatieren zwischen einem wissenschaftlich-akademischen Anspruch von Projekten, Texten und Ausstellungen und dem in der Regel avisierten Zielpublikum der postkolonialen Initiativen. Dieses Spannungsfeld lässt sich nur schwer auflösen. Verzichtet man nämlich zugunsten einer besseren Lesbarkeit auf eine zu akademisch daherkommende Sprache und vor allem auf den in den postkolonialen Wissenschaften meist unverzichtbar erscheinenden theoretischen Überbau, so wird genau dies schnell zum Kritikpunkt anderer AkademikerInnen.[19]

Wollen die postkolonialen Initiativen ihren Anspruch, eine breitere »Öffentlichkeit« zu erreichen, einlösen, soll Deutschland »dekolonialisiert« werden, müssen sicher unkonventionelle Wege eingeschlagen werden, durch die die Menschen zur Auseinandersetzung mit dem Thema »gezwungen« werden. Es geht hier auch – heute aktueller denn je – um die Dekonstruktion populärer Konstruktionen von vermeintlich »Anderen«, um Stereotype und Klischees, die in Bereiche des zwischenmenschlichen Umgangs fallen. Eine wichtige Zielsetzung sollte es sein, auf Kontinuitäten in den Diskursen und Präsentationen von der Kolonialzeit bis heute hinzuweisen.

»Decolonize Germany«?

Die (post)koloniale Spurensuche in der Heimat, wie sie vor allem von den verschiedenen lokalen postkolonialen Initiativen betrieben wird, hat verschiedene Dimensionen: Sie versucht, politisch und zivilgesellschaftlich relevant zu sein. Hier geht es zum einen um eine Vermittlung bzw. Aufbereitung der auf lokaler Ebene gewonnenen wissenschaftlichen Erkenntnisse für eine breitere Öffentlichkeit, um ein Bewusstsein für die Implikationen und Folgen des Kolonialismus, für die Bedeutung des »kolonialen Projekts« für die jeweilige Stadt oder Region zu schaffen. Zum anderen sind Fragen nach einer angemessenen Erinnerungskultur

17 https://www.freitag.de/autoren/fruehauf/iltis-ist-nicht-nur-ein-tier (letzter Zugriff 26.6.2017).

18 http://www.berliner-zeitung.de/politik/meinung/kommentar-die-strassenumbenennung-im-afrikanischen-viertel-ist-falsch-und-vermessen--27015490 (letzter Zugriff 26.6.2017).

19 Vgl. »Wünschenswert wäre hier eine stärkere theoretische Verortung des Bandes gewesen [...]«, http://www.freiburg-postkolonial.de/Seiten/Rez-2013-Koeln-und-der-Kolonialismus.htm (letzter Zugriff 26.6.2017).

vor Ort, der Entschuldigung und Wiedergutmachung damit verbunden. Die (post)koloniale Spurensuche in der Heimat bringt aber auch neue, grundlegende Aspekte in die wissenschaftliche Beschäftigung mit dem deutschen Kolonialismus und neue Erkenntnisse für die jeweilige Lokalgeschichte. Damit wird eine Nullstelle in der traditionellen lokalhistorischen Forschung gefüllt. Dass die Kolonialgeschichte einen integrativen Teil der Stadt- und Lokalgeschichte darstellt, ist bislang weitgehend vernachlässigt oder gar ignoriert worden. Gleichzeitig können Zusammenhänge von Kolonialkultur und regionaler und nationaler politischer Kultur und Identitätsbildung regional, aber auch regionalvergleichend herausgearbeitet werden. Das systematische Studium von »Kolonialismus vor Ort« kann entscheidend zum Verständnis dafür beitragen, wie das »koloniale Projekt« funktionierte. Zwischen den politischen und zivilgesellschaftlichen Zielsetzungen und Aufgaben und der Wahrnehmung des Kolonialismus und seiner Folgen in der »Öffentlichkeit« besteht allerdings ein nicht zu leugnendes Spannungsfeld. Die Beschäftigung mit dem »Kolonialismus vor Ort« soll letztendlich auch zu einer Dekonstruktion gängiger Konstruktionen des »Anderen« beitragen und Selbstreflexion initiieren. Hier ist aber großer Widerstand und Ablehnung bei vielen Menschen zu beobachten. Die von vielen als zu akademisch empfundenen Texte, Ausstellungen und anderen Aktionen führen zu zusätzlichen Abwehrreaktionen bei denen, die erreicht werden sollen. Vieles geht offenbar »über die Köpfe« und Lebenswirklichkeiten der Menschen hinweg.

Epilog

Als ein Ergebnis der eingangs beschriebenen Veranstaltung wird ein Runder Tisch eingerichtet, der kritische Texte für neue Gedenktafeln im sogenannten *Chinesenviertel* entwerfen soll. Diese sollen die alten, vor Jahren vom Karnevalsverein gestifteten Tafeln, ersetzen. Dem Runden Tisch gehören neben dem Bezirksbürgermeister die im Stadtteil vertretenen Parteien, der Karnevalsverein, die Wohnungsbaugenossenschaft, ein Heimathistoriker und die Verfasserin dieses Beitrags an. Der Vertreter des Karnevalvereins legt dar, dass man im *Chinesenviertel* schon immer aufseiten »der Chinesen« gestanden habe. Deshalb würde man sich im Karneval »als Chinesen« verkleiden und sich gelb anmalen. Außerdem liebe man das Stadtviertel und wolle es nicht beschmutzt wissen. Bei den erbitterten Diskussionen um neue Texte wird deutlich, dass die »postkoloniale« Erinnerungskultur von Wohnungsbaugenossenschaft und Karnevalsverein dominiert wird. Nach wochenlangem Ringen wird schließlich für eine der im Viertel vorhandenen historischen Hinweistafeln ein Kompromisstext verabschiedet, der nun zumindest von einem »blutigen Kolonialkrieg« in China spricht und auf die von deutscher Seite verübte Gewalt hinweist. Der Bürgermeister möchte wiedergewählt werden und versichert bei jedem Treffen, eine Umbenennung im *Chinesenviertel* werde es mit ihm nicht geben. Anders verhält es sich mit der *Wißmann-* und der *Gravenreuthstraße*, hier sei eine Umbenennung denkbar. Auch mit Widerstand vonseiten der Anwohner müsse man hier kaum rechnen, da diese meist Migrationshintergrund hätten. Die neue Tafel wurde kurze Zeit später als Ersatz für eine der alten Tafeln angebracht, die anderen bereits vorhandenen Tafeln blieben hängen. Seitdem sind sieben Jahre vergangen. Die Texte der anderen Tafeln im *Chinesenviertel* wurden bis heute nicht zur Diskussion gestellt. Zu Umbenennungen ist es nicht gekommen. Eine postkoloniale Erinnerungskultur in Köln gibt es nicht.

■ RICHARD HÖLZL

Auf der Suche nach dem kulturellen Erbe von Iringa.

Ein Gespräch über antikolonialen Widerstand, Museen und Tourismus mit Jan Küver

Jan Küver arbeitet seit fast zehn Jahren am Institut für Kulturanthropologie und Tourismus-Studien der Universität Iringa, die von der Evangelisch-Lutherischen Kirche Tansanias getragen wird. Zurzeit befindet er sich in Göttingen, wo er während eines Forschungsfreisemesters seine Dissertation fertigstellt. Seit 2012 ist er außerdem Projektmanager bei *fahari yetu*, einer Organisation, die das kulturelle Erbe der Stadt und Region Iringa in Zentraltansania erhalten und für den Tourismus erschließen will. 2016 hat *fahari yetu* nach vier Jahren Konzeption und Bau das Museum und Kulturzentrum *Iringa Boma* eröffnet. Das Gespräch führte Richard Hölzl.

Abb. 1: Das Museum Iringa Boma nach der Restaurierung; Quelle: fahariyetu.net

Werkstatt*Geschichte* *Jan, du bist Projektleiter bei* fahari yetu *in Iringa. Euer Hauptprojekt ist die* Iringa Boma *– ein regionales Museum und Kulturzentrum. Bevor du uns mehr über die* Boma *und* fahari yetu *erzählst, möchte ich dich fragen: Hast du ein Lieblingsstück in der Ausstellung?*

Jan Küver Es gibt ein Objekt, dass wir leider noch nicht in der Ausstellung haben, das wir aber gerne hätten: der Zahn von *Chief* Mkwawa, der vor drei Jahren aus Deutschland nach Iringa zurückgebracht wurde. Unsere Idee war, den Zahn im Museum auszustellen, als das wichtigste oder sagen wir mal »größte« Objekt. Bisher haben wir es noch nicht geschafft, ihn zu bekommen, da es verschiedene Interessen gibt, die Regierung, die Familie des *Chiefs*. Die Verhandlungen laufen noch.

Mkwawa war der Chief *der Hehe als die Deutschen das Gebiet um Iringa erobern wollten. Er besiegte 1891 ein deutsches Expeditionkorps. Bei den Hehe galt er danach als Held und bei den Deutschen als Erzfeind. Erst sieben Jahre später schaffte es die Kolonialarmee, Mkwawa endgültig zu besiegen. Der Zahn des* Chiefs *– wer hat den jetzt, weißt du das?*

Die Familie des *Chiefs*, die heutige Familie Mkwawa. Die Rückgabe war ein privates Ding zwischen den Nachkommen von Tom von Prince und den Nachkommen des *Chiefs*. Unter von Prince wurde Iringa, die Hauptstadt des Hehe-Reichs, von deutschen Kolonialtruppen 1896 erobert. Das war ja eine ziemlich grausame Geschichte: Der Krieg zwischen der deutschen Kolonialtruppe und den Hehe unter Mkwawa dauerte von 1891 bis 1898. Am Ende nahm sich Mkwawa das Leben. Nachdem die Leiche geborgen wurde, hackten die Deutschen den Kopf ab, um ihn nach Deutschland zu schicken. Dann lag der Kopf wohl ein paar Tage bei von Prince und er hat sich einen Zahn herausgebrochen als persönliches Souvenir. Die Nachkommen des Hauptmanns hatten deswegen Schuldgefühle und wollten den Zahn gerne zurückbringen, als Akt der Versöhnung. Die Familie Mkwawas hat ihn an sich genommen. Die Regierung war eher skeptisch und meinte, das müsste nochmal alles genetisch überprüft werden, bevor wir es öffentlich ausstellen.

Habt ihr noch Hoffnung, dass ihr den Zahn für das Museum bekommt?

Als wir 2016 unser Museum eröffnet haben, kochte dieses Thema sehr hoch. Zuerst meinte die Regierung, das müsste alles Schritt für Schritt nachgewiesen werden. Von Seite der Familie ging es ein bisschen darum: Was haben wir davon, wenn das öffentlich ausgestellt wird? Dann krachte es zwischen der Regierung und der Familie, also haben wir uns ein bisschen im Hintergrund gehalten, weil das eben auch ein politisches Objekt ist.

Auf die politische Aufladung würde ich gerne später noch mal zurückkommen und darauf, was Rückgabefragen in den lokalen, regionalen und nationalen Communities auslösen, in die Gegenstände zurückgegeben werden. Das spielt in der deutschen Diskussion eigentlich fast keine Rolle. Zurückgegeben heißt hier: erledigt. Vorher aber würde ich gerne weiter zur Ausstellung fragen: Kannst du beschreiben, wie der Weg des Besuchers oder der Besucherin durch die Ausstellung ist?

Die Ausstellung ist in einem alten deutschen Kolonialgebäude zu Hause, das wohl als Militärhospital gebaut wurde. Einen großen Reiz dieser Ausstellung macht aus, wie du auf dieses imposante Gebäude zukommst, das wir restauriert haben, und dann durch den Innenhof gehst. Die hohen Wände und die Architektur aus der Zeit können beeindrucken. Die Ausstellung selbst hat fünf Räume: Wir haben am Anfang ein paar Informationen, wie es zu dieser Ausstellung, zu unserem Projekt gekommen ist; und die Geschichte des Gebäudes haben wir aufgearbeitet. Dann geht man in Raum 1, der sich mit der Geschichte auseinandersetzt. Da haben wir vorkoloniale Geschichte und Kolonialgeschichte. Besonders den Konflikt zwischen den Einheimischen und den deutschen Besatzern haben wir in einigen Schaukästen aufgearbeitet. Dann geht es darum, wie sich die Gesellschaft innerhalb der Kolonialepochen weiterentwickelt hat, die deutsche Zeit (1891–1916), die briti-

Abb. 2: Das Team von Iringa Boma – Regional Museum and Cultural Centre; Quelle: fahariyetu.net

sche Zeit (1916–1961), dann die postkoloniale Phase mit dem Afrikanischen Sozialismus (1961–1985). Wir zeigen, welche Rolle die Mission und die Kirchen gespielt haben; und auch die letzten Jahre nach dem Ende des Sozialismus, die Marktöffnung und heute die Einflüsse der Globalisierung.

Das ist alles auf die Stadt bezogen?

Ja, und die Region. Iringa ist eine Universitätsstadt. In den letzten 15 bis 20 Jahren haben mehrere Universitäten aufgemacht. Sie verändern das Stadtbild nachhaltig, da wesentlich mehr Leute aus verschiedenen Teilen des Landes dort hinkommen, um zu studieren.

Und nach dem geschichtlichen Teil?

Der zweite Raum ist als temporäre Ausstellung konzipiert. Bisher geht es um *Worship and Healing*, Heilglaube und Heilmethoden vor der Ankunft von Christentum und Islam, das Erbe, das darin steckt und wie sich das heutzutage manifestiert. Das ist eine Fotoausstellung zusammen mit kleinen Textinputs und auch einigen Objekten, die aus einer längeren Forschungsarbeit erwachsen ist. Raum 3 ist für viele Besucher visuell beeindruckend: Hier geht es um Ethnografie bzw. ethnische Kultur, die durch sehr viele Objekte repräsentiert wird, weniger durch Schautafeln und Fotos. Das Motto ist *From Land to Plate*: Landwirtschaft, Anbau, Zubereitung und Essen, aus einer ethnischen Perspektive. Einige Objekte weisen auch über die afrikanische Bevölkerungsgruppen hinaus. Zum Beispiel werden die Griechen repräsentiert, die zum Tabakanbau nach Iringa kamen: Wir haben Tabak im Halbprozess ausgestellt. Wir haben auch den deutschen Input drin, etwa ein altes gusseisernes Bügeleisen. In Tansania kennt das jeder, mit Holzkohle heiß gemacht. Ein altes Transistorradio aus den 1950er/60er Jahren repräsentiert den Umbruch zur Unabhängigkeit.

Abb. 3: Lokale Tanzgruppe bei der Eröffnungsfeier des Museums; Quelle: fahariyetu.net

Und in den beiden weiteren Räumen?

Da gibt es Mitmach-Objekte: Die Besucher können ausprobieren, sich einen Kanga umzubinden. Das sind Batik-Kleider, die sehr populär sind. Oder sie versuchen Mais zu stampfen, in einem großen Stampfer. Man kann sein Gesicht in eine Pappwand mit *Chief*-Motiv stecken und Fotos machen. Das ist sehr beliebt, bei fast allen Besuchern. Wenn wir Minister zu Besuch hatten oder den UN-Chef von Tansania, stellten die sich immer rein: Foto machen und auf Twitter posten. Kinder machen das natürlich auch, wenn wir Schulklassen haben. Raum 5 soll den Besuchern Lust machen, sich andere Orte in Iringa anzuschauen, um Tourismus zu fördern. Zum Beispiel ist ein Nachbau der Säulen von Ismila zu sehen, eine archäologische Ausgrabungsstätte innerhalb der Stadt. Wir verweisen auf den *Ruaha National Park*, also den Bereich Naturtourismus, und auf andere Stätten, die historischen Wert haben in Zusammenhang mit der Mkwawa-Geschichte.

Wen wird man im Museum üblicherweise treffen?

Das Museum ist der Hauptteil eines größeren Projekts, EU-gefördert, in dem wir generell versuchen, das Kulturerbe von Iringa Stadt und Region zu erhalten und zu entwickeln, um Einnahmen zu schaffen über Kulturtourismus. Wir haben über das Museum hinaus sehr viel Öffentlichkeitsarbeit in den Gemeinden und *capacity building* gemacht. An unserer Uni haben wir versucht, die Lehre zu verbessern, so dass unsere Studierenden praktische Erfahrung in einem Projekt sammeln können. Diese ganzen verschiedenen Aktivitäten kulminieren immer im Museum: Leute, die eigentlich eher *community outreach* machen, treffen sich möglicherweise mit *artisan groups*. Wir haben einige Tanzgruppen, die wir fördern, und einen traditionellen Musiker. Wenn Workshops laufen, finden die auch in der *Boma* statt. Es gibt

Abb. 4: Anweisung zum Tragen eines Batiktuchs im Mitmachteil der Ausstellung in der Iringa Boma; Quelle: fahariyetu.net

einen Konferenzraum und wir haben einen großen Dachboden, der genutzt werden kann. Im Museum sind Leute angestellt. Es sind also nicht nur ich und mein Assistent Jimson Sanga, den du ja auch getroffen hast. Wir haben ein Team, das dort tagtäglich an der Ausstellung mit den Besuchern arbeitet. Vier der fünf Mitarbeiter sind ehemalige Studierende von uns, eine hat in Daressalam studiert. Außerdem gibt es ein Café; da sind dann auch Touristen, die dort Kaffee trinken und Kuchen essen.

Wer besucht das Museum?

Die Besucher sind sehr gemischt. Die größte Zahl sind Tansanier, Schulklassen und auch Privatbesucher, aber eben auch Touristen und Expats, die in Tansania und Iringa gerade leben. Die sind eigentlich alle gekommen, als wir aufgemacht haben, um sich das mal anzuschauen.

Ihr habt euer Gesamtprojekt fahari yetu *genannt. Was heißt das auf Deutsch?*

Fahari yetu heißt auf Deutsch so viel wie: »Unser Stolz«.

Und was steckt dahinter?

Wir wollen Kulturerbe erhalten und nutzen. Dafür ist es nötig, Identifikation entweder zu erhalten oder neu zu schaffen. In den *Heritage Studies* gibt es verschiedene theoretische Ansätze, zum Beispiel über emotionale Bindungen an *heritage resources*. Gerade im afrikanischen Kontext wurde viel durch den Kolonialeinfluss überdeckt: Alles, was vorher war, galt im Grunde als schlecht und musste ersetzt werden durch einen *modern way of life*. Dem ein bisschen entgegentreten, zeigen, dass das, was Geschichte, was Herkunft betrifft, einen Wert hat, den Leute behalten sollten für sich, das heißt »Unser Stolz« – die Identifikation mit dem Erbe erhalten und weiter ausbauen.

Wie kam es zu dem Projekt fahari yetu?

An der Universität von Iringa hatten wir immer eine große Herausforderung, dass wir Universitätsarbeit machen, aber irgendwie der Link fehlte mit der Gesellschaft oder mit den *Communities*: Wie setzt du das, was da theoretisch entwickelt wird, in der Gesellschaft um? Wir wollten das akademische mit dem normalen Leben verbinden. Und dann kam zu der Zeit, als wir viel darüber nachgedacht haben, eine Ausschreibung von der EU, bei der es um Kulturerbe ging. Wir machen Kulturanthropologie und Tourismus. »Heritage« ist einer der großen Links zwischen diesen beiden Fächern. Wir haben gesagt, da reichen wir mal eine Projektskizze ein und die ging durch. Als auch die *Full Application* angenommen wurde, ging es los. Angefangen haben wir 2013 und 2016 haben wir das Museum aufgemacht.

Wie ging das praktisch, nachdem das Konzept entwickelt war? Das Gebäude finden und instand setzen?

Genau, zum Zeitpunkt der Projektskizze hatten wir die *Boma* noch nicht im Blick. Die Idee kam zwischen Projektskizze und komplettem Projektantrag auf. Da sagte aber jeder: ja, das ist es doch jetzt. Wenn wir ein Kulturzentrum aufbauen, dann nehmen wir dieses historische Gebäude. Vorher war das die Landkreisverwaltung. Ich selber habe da drin noch meine standesamtliche Trauung gehabt und die Geburtsurkunde meiner Tochter ausgestellt bekommen. Aber es war runtergekommen, taugte für ein Verwaltungsgebäude nicht mehr. Der erste Schritt war, die Genehmigung von der Regierung zu bekommen. Wir mussten eine detaillierte Einschätzung und Dokumentation machen. Unser Architekt musste schauen: Was ist alles kaputt, können wir es ändern, wie ist der Zeitplan und so weiter. Dann mussten wir unsere Pläne in verschiedenen Gremien vorstellen, von der regionalen Ebene bis zum Ministerium. Die Restaurierungsphase dauerte zehn Monate. Danach kam die Installation der Ausstellung. Neben der Bauphase lief die Weiterentwicklung des Designs der Ausstellung, das Ausfindigmachen und Erwerben von Objekten.

Wie habt ihr die Konzeption gemacht? Habt ihr überlegt: Welches Narrativ passt zu dem Ort? Habt ihr mit Leuten geredet: Wie stellt ihr euch das vor? Es ist ja nicht klar, dass sich lokale Gruppen eine Version von Geschichte zu Eigen machen. Wenn man »Unser Stolz« sagt, muss das ja auch angenommen werden?

Natürlich hatten wir die akademische Literatur zu Iringas Geschichte gesammelt und gelesen. Aber die Frage ist natürlich: Reflektiert das das, was die *Community* im Kopf hat, wenn es um die Geschichte des Ortes geht? Die Literatur haben wir als Ausgangspunkt genommen. Aber wir sind dann losgegangen, um die Gemeinden zu fragen. Wir hatten zum Beispiel *focus group discussions* in den verschiedenen Stadtvierteln. Wir haben gefragt, was ist euch wichtig als Kultur, als Erbe in Iringa. Es ging um Stätten, aber auch um Bräuche und Geschichten. Natürlich ist diese Geschichte mit Mkwawa gegen die Deutschen wichtig für die Identifikation der Menschen. Aber die Menschen interessiert dort nicht so sehr die deutsche Kolonialgeschichte. Das ist eher Teil unserer Geschichte. Es ist auch wichtig, sie noch weiter aufzuarbeiten. Sie ist auch Teil der dortigen Geschichte, aber nicht der Fokus der Menschen. Die interessieren sich eher für den Widerstand gegen die deutsche Kolonialmacht und da ist dieser Mkwawa, der den Deutschen einige Niederlagen zugefügt hat, ein ganz wichtiger Teil der Identifikation. Er zeigt, dass es Widerstand gegen diese Besatzung gab.

Mit wem habt ihr genau gesprochen?

Wir haben versucht, aus den verschiedenen sozialen Gruppen in Iringa Gesprächspartner zu bekommen, angefangen mit den lokalen ethnischen Gruppen. Das wären zuerst die Hehe, aber auch noch ein paar andere Ethnien, Bena, Kinga, im Norden der Region auch Massai. Letztere waren jetzt nicht so im Fokus, aber wenn es um Tourismus geht, dann doch. Es leben auch Nachkommen von Deutschen in Iringa oder haben über Generationen dort gelebt, oder Leute vor Ort mit britischer Herkunft. Die Griechen hatte ich vorhin erwähnt, die im Tabakanbau angefangen haben. Während der britischen Zeit kamen Araber, die heute reiche Familien sind. Inder, sogar schon zu deutschen Kolonialzeiten, ließen sich als Händler nieder. Nach der Unabhängigkeit kamen Leute aus anderen tansanischen Bevölkerungsgruppen in die Stadt, die heute auch ein Teil der Geschichte der Stadt sind. Aus diesen verschiedenen Gruppen haben wir versucht, Interview-Partner für lebensgeschichtliche Interviews zu finden. Wir haben eine ganze Menge lebensgeschichtlicher Interviews mit älteren Bewohnern aufgezeichnet, die auch vielfach weiter zurückgreifen konnten auf Familiengeschichte in den letzten einhundert Jahren.

Zum Beispiel die Familie des *Chiefs*: Die haben ihre eigene Sicht auf die Dinge, auch was Stätten bedeuten in der Region. Dann hatten wir eine Familie gefunden, die deutsche Wurzeln hat, der Uropa war ein deutscher Soldat im Ersten Weltkrieg [Oberst Max Poppe], sein Sohn Hans Poppe Offizier in der tansanischen Armee. Die haben eine ganz andere Sicht auf die Dinge gehabt. Die *Chief*-Familie ist eine exponierte Familie. Die normalen Einheimischen, oder die Araber und Inder, haben manches anders dargestellt. Wir haben versucht, Puzzle-Stücke zusammenzufügen.

Wie repräsentiert man all die unterschiedlichen Stimmen?

Die afrikanische lokale Bevölkerung, die Hehe und andere, müssen im Zentrum stehen, ohne die anderen Gruppen, die eben auch zur Geschichte beigetragen haben, zu ignorieren. So einen Nenner zu finden, war nicht ganz einfach. Wir haben das, was all den Geschichten mehr oder weniger entsprach, versucht in unseren Texten und Bilddarstellungen zu reflektieren. Hier und da gab es Kritik, warum habt ihr das so gemacht, warum ist das nicht so. Zum Beispiel der große Stein, Gangilonga, in Iringa Stadt, ein riesiger Felsen, auf den man raufklettern kann. Über den gibt es verschiedene Geschichten: Die *Chief*-Geschichte sagt, dass der Gangilonga als *worship stone* benutzt wurde. Dort hätten traditionelle Praktiken der Ahnen-Verehrung stattgefunden und auch der *Chief* und die ganzen Hehe hätten dort ihre Ahnen geehrt, kleine Opfergaben, Speisen, kleinere Dinge wie Kerzen und Geschirr dargebracht. Gangilonga, das ist Kihehe und heißt: »der Stein, der spricht«; also dort, wo die Ahnen zu den Leuten in der Gegenwart sprechen. Die Familie mit deutschem Hintergrund präsentierte uns eine andere Interpretation: Als die Deutschen angefangen hatten, die Stadt zu bauen, habe Mkwawa seine Späher ausgeschickt, die von diesem Stein aus immer gut beobachten konnten, was die Deutschen machen. Das hätten die Späher so Buschtrommelmäßig oder mit Vogelgeräuschen von einem Punkt zum nächsten bis zum *Chief* kommuniziert, der sich zu diesem Zeitpunkt im Busch versteckt hielt. Im Museum und am Stein selbst auf Tafeln haben wir beide Varianten erzählt. Beide Gruppen haben das dann kritisch hinterfragt.

Sind viele der Leute gekommen, mit denen ihr gesprochen habt, und haben versucht sich in der Ausstellung wiederzufinden?

Das auf jeden Fall. Die meisten haben es sehr positiv aufgenommen. Außer in Einzelfällen: Wenn du zum Beispiel zur Familie des *Chiefs* gehörst, siehst du dich als Autorität, was die Geschichte der eigenen Gruppe angeht. Wenn man dann reingeht und noch andere Perspektiven sieht, regt das wahrscheinlich zum Nachdenken an. Grundsätzlich bekommen wir sehr gutes Feedback auf die Ausstellung, das Design, die Inhalte und auch die Umsetzung.

Was ist besonders beliebt?

Die Europäer sind sehr an der Geschichte interessiert. Tansanier auch, aber doch eher an der Mkwawa- und Hehe-Geschichte, weniger am Kolonialismus. Sehr beliebt bei den Tansaniern ist der Ethnografie-Raum mit den verschiedenen traditionellen Objekten und Geräten. Was man vielleicht auch sagen kann: Zwischen Tansaniern und Europäern gibt es verschiedene Erwartungshaltungen an ein Museum. Tansanier erwarten einen didaktischen Ansatz. Ein Museum soll etwas beibringen und klar sagen, was wann und wo gewesen ist. Während Europäer das eher nicht so autoritativ aufgemacht haben wollen, eher selbst entdecken möchten.

Zeigen sich diese Unterschiede in der Ausstellung?

Beim Ausstellungsdesign haben wir mit dem Nationalmuseum Tansanias zusammengearbeitet. Die haben uns einen Kurator geschickt, der in diesem klassischen didaktischen Sinn angefangen hat. Dann hatten wir von der EU, vom Geldgeber, Coaches da, die anregten, noch einen internationalen Berater zu engagieren, der Ausstellungsdesign im internationalen Stil einbringt. Als dann eine externe Beraterin kam, brachte sie eine europäische Perspektive ein: die starren Formen müssen sich auflösen, weißt du, was ich meine?

Ja, die Fragmentierung der Erzählung, des gesamten Narrativs? Ich bin gerade beeindruckt bzw. irritiert von der Ausstellung am DHM *in Berlin* Deutscher Kolonialismus. Fragmente seiner Geschichte und Gegenwart. *Da hat man das Narrativ komplett zerschlagen, im Prinzip hingeworfen; ein Dutzend Aspekte und hunderte Objekte nebeneinander gelegt, die Leute konnten/sollten/mussten sich selber ihre Meinung zum Kolonialismus bilden. Da bin ich sehr skeptisch.*

Du hättest es gerne ein bisschen linear?

Ich kenne ja die Iringa Boma nicht, ich meine jetzt die Berliner Ausstellung, die ganz in den Trend reingeht und einfach keine umfassende Deutung zum Kolonialismus liefert, obwohl vielleicht der Kolonialismus ein Thema wäre, wo das durchaus gefragt wäre.

Ja, gut. Bei uns war das Problem, dass die Linearität, diese autoritative Deutung usw. eher zurückgefahren und sozusagen kreativere Selbstentdeckungskomponenten in den Vordergrund gestellt werden sollten. Finde ich persönlich auch gut, wenn ich in ein Museum gehe. Aber okay, wir machen das hauptsächlich für die Leute vor Ort, und die sind eher diesen fertiggedeuteten Diskurs gewohnt. Das ist die Erwartung an ein Museum, und das können wir auch nicht komplett aufbrechen. Eine Ausstellung als Zusammenstellung von »Fragmenten«

wäre in Iringa momentan nicht angemessen, meiner Meinung nach. Wir haben versucht einen Mittelweg zu finden. Das ist schon eher traditionell von den Themen, die wir – linear – abarbeiten. Aber es gibt Raum für alternative Deutungen und einige Komponenten des Mitmachens und Entdeckens.

Die dann doch angenommen werden; man fotografiert sich doch gerne im Chief-*Outfit? Ich weiß nicht, inwiefern die Tansanier aus Iringa die Kangas anlegen?*

Das ist natürlich eher für Auswärtige. Gerade das Fotomachen ist aber für Tansanier total interessant. Es gibt auch einen Maisstampfer, ein Riesending, das man zu zweit betätigt. Das erste was man hört, ist, »ja früher wurde so was so gemacht« – eher so ein Reflex gegen das Altmodische. Aber wenn die BesucherInnen das Ding dann in der Hand haben, dann hört man »oh ja, das ist eigentlich doch, das sind wir, oder das gehört zu uns«.

Um nochmal zur Frage des Designs, zur Besucherführung zurückzukommen, oder zum Narrativ der Ausstellung: Wie habt ihr einen Weg zwischen der internationalen Beraterin und dem Kurator vom Nationalen Museum *gefunden? Oder hat der Kurator versucht, das einzubinden?*

Ja, letzteres. Der Kurator hatte schon 2013 die ersten Konzeptentwürfe gemacht. Wir mussten ja auch sehen, was wir auf dem Raum unterbringen können. Dann hat er das inhaltliche Konzept geschrieben. Die internationale Beraterin kam in der konkreten Arbeitsphase dazu und war dann mehrmals vor Ort, und der Kurator, das Team – unsere ehemaligen Studierenden – und sie haben zusammengearbeitet: Wie können wir das umsetzen, wie soll es in den Räumen mit den Vitrinen und Schautafeln aussehen? Jimson Sanga und ich als Projektmanager haben auch unsere Inputs dazu gegebenen und versucht, eine angemessene Synthese zu schaffen. Zwischen unserem Kurator und der ausländischen Beraterin gab es ein wenig Wettbewerb. Er hatte, glaube ich, das Gefühl, sie will das jetzt alles anders machen. Sie hatte vielleicht das Gefühl, er will ihre Ideen nicht gerne aufnehmen. Letzten Endes war die Reibung auch hilfreich.

Ist der Konflikt vorprogrammiert, wenn so unterschiedliche Perspektiven zusammenkommen? Wie handelt man das aus?

Texte schreiben, das hatten wir aufgeteilt, das war nicht einfach in Bezug auf die Deutung von verschiedenen Perspektiven. Zum Beispiel bei den ethnografischen Objekten: Da sind unsere Leute in Teams losgezogen in die Dörfer, auch in der Stadt, in die *Communities*, um Objekte zu sammeln, passend zum Motto *From Land to Plate*. Da bekommst du vielleicht ein Objekt von einem Mzee, einem Ältesten, in irgendeinem Dorf. Der Mzee erzählt dann seine Geschichte, zum Beispiel zu einem dreibeinigen Hocker, oder etwas zum Ernten, zum Angeln. Wir haben das alles schön katalogisiert, mit Erfassungsbögen, auf denen eine kurze Geschichte notiert wurde. Aber selbst da ist es oft abhängig von demjenigen, der das besessen hat und der dir erzählt, was es bedeutet. Daraus eine allgemeine Interpretation zu machen, ist schwer: Was bedeutet dieses Objekt für die Hehe als ethnische Gruppe? Da gab es wieder europäisch-afrikanische Unterschiede: Ich und die Beraterin meinten: Warum stellen wir das nicht als persönliche Geschichte aus? Wir könnten doch zum Beispiel Mzee Huseini nehmen und den auch *featuren*, als Besitzer und seine Perspektive auf den Gegenstand und dessen Bedeutung? Das ging aus tansanischer Sicht gar nicht. Unser Kurator meinte – Jimson und andere haben ihm beigepflichtet: Wie stellen wir dann sicher, dass das für alle gilt? Wenn wir jetzt hier diesen Menschen in den Vordergrund stellen, ist es irgendwie nicht die Essenz. Jedenfalls meinten die Kollegen und Kolleginnen: Nein, können wir nicht machen. Wir müssen schon versuchen, allgemeingütige Aussagen zu diesen Objekten zu treffen.

Wie soll es weitergehen für fahari yetu *und das* Iringa Boma Museum*?*

Ja, Herausforderungen und Zukunft? Wir hatten Interessenskonflikte, Repräsentationskonflikte zwischen Privatleuten, der Regierung und auch uns als Universität oder uns als Projekt. Das ist mittlerweile nicht mehr so problematisch.

Du meinst Universität und Regierung?

Die Regierung mit ihrem Interesse, Privatleute wie die *Chief*-Familie mit ihren Interessen, wir als Akteur, der ein Interesse hat, sich als Institution zu entwickeln und in dem Ganzen sichtbar zu sein. Jedenfalls war das ein längerer Prozess, das zusammenzubringen und an einem Strang zu ziehen als Iringa, als Stadt-Gemeinschaft. Es hat länger gedauert, als gedacht, bis die Leute sich mit dem Projekt auseinandersetzten: Was soll da eigentlich gemacht werden, was hilft uns das hier in Iringa, oder was hilft es mir persönlich, dass dieses Museum aufgebaut wird? Auch die *Communities* waren anfangs eher gleichgültig, nach dem Motto: So ein Museum, das wird doch wieder etwas für Ausländer oder Touristen, aber es betrifft mich eigentlich nicht persönlich. Das wollten wir vermeiden. Wir wollten ja etwas, womit sich gerade die *Community* identifizieren kann. Im Vorfeld haben wir sehr abstrakt gesprochen: Wir haben das vor, und was könnt ihr euch denn dazu vorstellen. Da waren vielleicht einige *focus groups* ein wenig überfordert.

Weil es kein Bild im Kopf gab?

Genau, was bedeutet es überhaupt, Geschichte und Kultur aufzuarbeiten? Erst seit das Museum wirklich steht und die Leute das Ergebnis vor Augen haben, hingehen und Sachen anfassen können, seitdem zeigen die Leute nach und nach Interesse. Keiner schießt uns mehr quer, seit wir das Gebäude da stehen haben, das jeden Tag geöffnet hat. Vorher hattest du ab und zu von bestimmten Regierungseinheiten Probleme, oder die *Chief*-Familie, die Geschichte mit dem Zahn. Jetzt wird es mehr und mehr angenommen von den Menschen in Iringa.
Eine andere Geschichte ist die finanzielle Nachhaltigkeit. Das beschäftigt uns gerade am meisten. Wir hatten die EU-Förderung, die im letzten Jahr ausgelaufen ist, mit der wir die ganze Struktur geschaffen haben. Aber das Museum trägt sich noch nicht selber.

Es gibt wahrscheinlich selten ein Museum, das sich finanziell selber trägt?

In Europa und den USA ist es Aufgabe des Staates, dafür zu sorgen, dass Museen am Laufen gehalten werden, oder eben reicher Privatstiftungen. Aber in Tansania hat die Regierung kein Geld, um das nachhaltig zu bewirtschaften. Wir haben das Gebäude jetzt als Uni gepachtet, um das Museum auf sechs Jahre zu bewirtschaften. Aber wir müssen Einnahmen kreieren und wieder Fördergelder erhalten. Es muss natürlich noch weiter beworben werden, um noch mehr Besucher zu bekommen. Nationale und internationale Organisationen mieten unseren Konferenz-Raum. Wir bekommen Miete vom Unterpächter des Cafés. Das Geld reicht aus, um Strom, Wasser, *Maintenance* zu bezahlen, aber für die Gehälter unserer Angestellten ist es im Grunde genommen zu wenig.

Wie kann man mehr Geld einnehmen?

Eine Idee ist, dass wir selber Besucher mitnehmen, Stadttouren machen zu diesem Stein Gangilonga, auf den man klettern kann, oder zu Höhlenmalereien in Iringa, noch innerhalb der Stadtgrenzen – weitere Kommerzialisierung.

In Deutschland läuft die Debatte um Provenienzforschung und Restitution. Es gibt Unmengen von geraubten Kulturgütern, speziell auch aus Tansania und Iringa in Deutschland. Hat schon jemand versucht, euch als Kooperationspartner zu gewinnen für Projekte, für die auch finanzielle Unterstützung kommen müsste? Eigentlich müssten sich deutsche Museen mit ihren Beständen mal überlegen, wer lokale und regionale Kooperationspartner wären in den Herkunftsländern ihrer Objekte.

In der Ethnologischen Sammlung in Göttingen zum Beispiel gibt es einiges aus Tansania, nicht alles aus der Kolonialzeit. Wir haben uns zusammengesetzt und gefragt, wie könnte man zusammenarbeiten. Wie kann man an diesem Material, das im Speicher steht, gemeinsam arbeiten, die Herkunft erforschen, die Objekte interpretieren und möglicherweise auch noch die Rückführungsfrage angehen. Da sind wir noch nicht zu einem Punkt gekommen. Ist das Material, was dann zurückgeführt werden sollte, oder nicht? Wie weit wurde das damals legal akquiriert, oder nicht? Aber schon die Idee, dass man gemeinsam an neuen temporären Ausstellungen arbeitet und möglicherweise auch Stücke zurückführt, bei denen es Sinn macht und die in unserem Kontext auch aussagekräftig sind, ist richtig. Zur Restaurierung historischer Gebäude aus der Kolonialzeit hatten wir auch Anfragen.

Es gibt ja neben den staatlichen Museen nicht viele Ansprechpartner in Tansania für Provenienz- und Restitutionsfragen. Wenn man an das Humboldt-Forum *denkt, das ja offensichtlich große Probleme mit dem Thema hat, sollte man vermuten, dort wird verzweifelt nach Kooperationspartnern in ehemaligen deutschen Kolonialgebieten gesucht, um ihre Glaubwürdigkeitsprobleme in den Griff zu kriegen?*

Wir sind ja auch noch klein und jung, unser Bekanntheitsgrad ist noch nicht so hoch. Vielleicht ist es auch noch nicht vorgedrungen zu den richtigen Stellen und daran können wir vielleicht noch arbeiten.

Wird es überhaupt wahrgenommen in Tansania, auch von den Historikern, Museumsleuten, welche Debatten in Deutschland über Kolonialgeschichte laufen und über die Frage von geraubten Kulturgütern, wie man so etwas ausstellt?

Raub von Gegenständen scheint eher keine große Rolle zu spielen. Im tansanischen Kontext nehme ich das nicht so wahr. Es gibt eine Debatte darüber, ob es nicht Reparationsleistungen geben sollte – es haben ja Gruppen in Namibia angefangen, offiziell Reparationen von der deutschen Regierung zu fordern. Und die Diskussion läuft auch am Rande in Tansania. Wieweit das gediehen ist, weiß ich nicht. Der Diskurs um die Kolonialgeschichte wird nach wie vor relativ stark von Europa aus geprägt. Die Art und Weise, wie die Geschichte erzählt wird, wird in großen Teilen von uns als europäischen und deutschen Forschern geschaffen. Es gibt ein gewisses Gefühl, dass die Geschichte mehr aus einer afrikanischen Perspektive erzählt werden sollte. Dass es nicht immer wieder Deutsche sind, die kommen, schreiben, publizieren und dann ist das die Kolonialgeschichte, die akzeptiert wird.

Unsere Wissensmaschine ist gut geölt. Wir kommen, holen, schreiben, publizieren. Und werden natürlich unterstützt durch Stiftungen und Universitätsanstellungen, eingefahrene Publikationswege und Rezeptionswege, durch die Reputation unserer Universitäten und Abschlüsse. Die Maschine läuft weiter, die Interpretationen werden andere. Darf ich zum Abschluss nochmal zum Zahn Mkwawas zurückkommen? Was würdest du sagen, waren die Interessen der Familie von Tom von Prince, die das Thema aufgebracht haben?

Es schien einen Schuldkomplex in der Familie gegeben zu haben. Sie hatten das Gefühl, das ist Unrecht, was unser Opa oder Uropa gemacht hat. Einige meinten auch, der Zahn bringe der Familie Unglück. Kennst du die WDR-Dokumentation zum Thema (*Der Zahn des Häuptling – Versöhnungsreise nach Tansania*, D 2015)? Da werden verschiedene Familienmitglieder interviewt, und die sagen einhellig, der Zahn habe einen Fluch auf die Familie gebracht. Es gibt verschiedene Krankheitsbiografien, auch psychische Erkrankungen. Um Frieden zu schließen mit der eigenen Familiengeschichte, wollten sie den Zahn zurückgeben. Es wurde auch dokumentiert, wie sie auf die Familie treffen, wie sie am Grab von Mkwawa stehen – ein junger Mann in dieser Familie, der ist komplett aufgelöst, als ob eine riesige Last von seiner Seele gefallen ist.

Wie wurde das von den Nachkommen Mkwawas aufgenommen?

Die wussten vorher nicht, dass der Zahn existierte. Aber die interessierten sich schon dafür, vielleicht war es emotional nicht so eng an ihnen dran wie an der Prince-Familie. Es gab gewisse finanzielle Interessen der Mkwawa-Familie – denn mit dem Zahn kam wieder hoch, was damals eigentlich passiert ist an Unrecht. Aber auch: Was bedeutet das eigentlich, wenn dieses Relikt zurückkommt? Und wo soll das eigentlich hin, wer soll es haben in der Familie? Das war ein Punkt, den die Familie wohl länger diskutiert hat. Der Zahn kam zurück und ein halbes Jahr später starb der damalige *Chief* und es wurde gefragt: War das vielleicht wegen dem Zahn – diese böse Energie, in der deutschen Familie, aber auch in Iringa? Der Zahn liegt jetzt bei der Tochter des verstorbenen *Chiefs* und sie weiß wohl auch nicht richtig, was sie damit tun soll.

Wie würdest du die politische Stellung der Mkwawa-Familie beschreiben – man sagt ja immer Chief, *das ist aber ein inoffizieller Titel?*

Ja, in Tansania wurde jegliche formelle Anerkennung von *Chiefs* mit der Unabhängigkeit abgeschafft. Im Afrikanischen Sozialismus Julius Nyereres sollte diese sehr starke ethnische Bindung reduziert werden. Das ist also ein informeller Titel, den die Leute nach wie vor tragen, und diese Leute haben natürlich in der Hehe-Gesellschaft ein großes Gewicht.

Habt ihr weitere Ideen und Pläne für fahari yetu*?*

Wir wollen das *Community Outreach* weiterentwickeln. Wir haben ja schon mit Musik- und Tanzgruppen, Töpfergruppen gearbeitet, gewissermaßen schon Kapazitäten entwickelt. Es gibt auch historische Stätten in der Stadt oder im Umland, die wir mit Touristengruppen besuchen könnten. Wir könnten lokale Gruppen einbinden, die mit diesen Sites zusammenhängen. Die touristische Erschließung soll weitergehen. Wir haben das Militärhospital restauriert. Im Stadtkern von Iringa gibt es noch die alte Militärstation, die eigentliche *Boma*, das erste Gebäude der Stadt, das unter von Prince erbaut wurde. Vom Hauptgebäude ist noch ein guter Teil erhalten und steht leer. Es gehört zur Polizei. Nach den Deutschen hatten es auch die Briten und der neue Staat Tansania als Polizeistation benutzt, bis in den 1970ern ein neues Polizeigebäude errichtet wurde. Aber es steht noch dort auf dem Platz, im gleichen *Compound* im Hintergrund. Die Regierung hat schon ein gewisses Interesse signalisiert, es abzugeben, wenn wir ein Konzept und eine Finanzierung hätten. Unsere Idee wäre, vielleicht ein historisches Gasthaus oder Hotel einzurichten. Das würde Einkommen generieren. Hotels laufen in Iringa ganz gut und diese Einnahmen würden direkt dem ganzen Programm zu Gute kommen. Der Weg zwischen der Militärstation und unserer *Boma* führt am *Garden* vorbei, einem kleinen Park, der zu deutschen Kolonialzeiten angelegt wurde. Er liegt mitten im Stadtzentrum, und man könnte ihn für Events und Freizeitangebote nutzen. Vielleicht entsteht so eine Art historisches Viertel.

Habt ihre weitere historische Orte im Auge?

Die Militärstation verweist auf die grausame Seite der Kolonialgeschichte. Die Besatzer haben viele Leute hingerichtet. Um Druck auf die Hehe auszuüben, als Mkwawa sich im Busch versteckte, haben sie vermeintliche oder wirkliche Helfer Mkwawas ermordet. Eine Art Prozession führte durch die Stadt, von der Militärstation, wo sie verurteilt wurden, zu einem Hinrichtungsplatz, *Kitanzini* (= »zum Galgenstrick«). An diesem Ort haben wir vor Jahren eine Gedenkstatue errichtet. Früher hat da ein Baum gestanden und Ketten. Die Verurteilten wurden wohl erschossen und gehängt. Dieser Ort war der lokalen Bevölkerung immer wichtig. In den Diskussionen mit den *focus groups* zeigte sich *Kitanzini* als Ort der Erinnerung an die Ungerechtigkeit und die Grausamkeit, die durch den Kolonialismus exerziert wurde. Auch die Verbindung zum *Ruaha-Nationalpark* ist interessant – *Wildlife-Tourismus* ist das große Ding auch in Iringa. Man könnte die Stadt und die Geschichte mit dem Nationalpark verbinden. Auf dem Weg dahin liegen einige geschichtliche Orte, Mkwawas Grab zum Beispiel.

Das ist ein großes Programm. Wann fährst du zurück?

Ich bin jetzt erst einmal hier bis Ende des Jahres und muss meine Doktorarbeit fertig machen.

Danke für das Gespräch!

■ Jan-Henrik Friedrichs, Katja Jana

»Dass die Akademie Themen aufgreift und dann den Aktivismus links liegen lässt…«

Gespräch mit Manuela Bauche von *Kolonialismus im Kasten?* und Christian Kopp von *Berlin Postkolonial*

Wir sprachen mit Manuela Bauche und Christian Kopp über Globalgeschichte »von unten«, postkolonialen Aktivismus zwischen Straße und wissenschaftlicher Institution, unterschiedliche Praxen des Erzählens und Ausstellens von Geschichte sowie darüber, welche Rolle Geschlecht in der kritischen Geschichtsarbeit spielt. *Berlin Postkolonial* veranstaltet regelmäßig Führungen u. a. durch das *Afrikanische Viertel* im Berliner Wedding und in der Friedrichstadt.[1] Die Initiative *Kolonialismus im Kasten?* erarbeitete unter anderem einen Audioguide, der sich kritisch mit der Thematisierung des Kolonialismus im Deutschen Historischen Museum (DHM) auseinandersetzt.[2] Das Gespräch führten Jan-Henrik Friedrichs und Katja Jana.

Werkstatt*Geschichte* *Wir möchten euch bitten, zunächst zu erzählen, wann und warum ihr euch gegründet habt. Was war euer Anspruch?*

Christian Kopp *Berlin Postkolonial* gibt es seit zehn Jahren, seit 2007, und im Grunde spielte das 100jährige Gedenken an den Genozid in Namibia eine Rolle, aber stärker noch das an den Maji-Maji-Krieg in Tansania 1905–07, das ja fast zur selben Zeit stattfand. Da gab es hier in der Stadt einzelne Aktivitäten, an denen einige von uns beteiligt waren. Es gab einerseits eine kleine Szene, die nach Namibia schaute und eine andere, die an den deutschen Kolonialismus in Tansania erinnerte. Zum Teil waren das Leute aus der migrantischen Community, zum Teil aus der Entwicklungspolitik.

Mein persönlicher Antrieb war, dass ich nach meinem Geschichtsstudium gemerkt habe, dass es da einen ganzen Bereich gibt, über den ich rein gar nichts weiß, von dem mir nichts erzählt wurde, obwohl da auch meine Vorfahren involviert waren. Und ich erlebe viele junge Leute, denen es ähnlich geht. Die wissen kaum, dass Deutschland überhaupt Kolonien hatte, geschweige denn, was dort passierte, wie das auch Deutschland prägte, und wie das zusammenhängt mit der europäischen und globalen Geschichte. Und dann fangen die an zu fragen, warum weiß ich davon nichts? Wieso lerne ich nichts in der Schule davon? Wird das bewusst von mir ferngehalten? Also, ich habe da mit offenem Mund gestanden, als ich nach Tansania fahren wollte und mich vorher habe einlesen müssen für ein Vorbereitungsseminar. Ich dachte, das kann doch alles nicht wahr sein, warum weiß ich von all diesen Verbrechen rein gar nichts. Zu meiner Schul- und Studienzeit, Anfang der 90er Jahre, war das an den Schulen und Unis überhaupt kein Thema.

Wie dem auch sei, wir waren bald eine kleine gemischte Gruppe von weißen Deutschen und Leuten, die in den ehemaligen deutschen Kolonien geboren waren; später kamen als

1 http://www.berlin-postkolonial.de/ (letzter Zugriff 10.11.2017).
2 https://www.kolonialismusimkasten.de/ (letzter Zugriff 10.11.2017).

Referent _innen auch Schwarze Deutsche dazu. Wir wollten das Thema weiterbearbeiten, v. a. auch Stadtrundgänge durch das postkoloniale Berlin durchführen. Das haben wir dann zuerst im sogenannten Afrikanischen Viertel gemacht, weil es sich quasi aufdrängte, und das machen wir immer noch. Angefangen haben wir mit fünf ehrenamtlichen Touren im Jahr, aber inzwischen sind es ungefähr 50, sodass wir das nicht mehr umsonst machen können. Es gibt erstaunlich viel Interesse, obwohl wir eher unprofessionell Werbung machen.

Manuela Bauche *Kolonialismus im Kasten?* ist ein Projekt, das sich 2009 konstituiert hat. Wir fünf Historikerinnen – mit kleinem i – haben uns gefunden im Zuge der Kampagne 125 Jahre Afrika-Konferenz, die unter anderem von *Berlin Postkolonial* als koordinierender und ideengebender Institution ausgerufen wurde. Die Idee war, Initiativen oder Gruppen anzuregen, Projekte zu machen, und einige von uns waren bei diesen Treffen zur Vorbereitung, und wir hatten Lust, etwas zu machen. Wir kannten uns aus Wissenschaftskreisen, aber es war bei unserem Kennenlernen klar, dass es da auch einen politischen Konsens gibt über viele Dinge. Wir haben alle eine Expertise zum deutschen Kolonialismus, und dann sind wir darauf gekommen, dass das DHM kurz zuvor seine Dauerausstellung neu konzipiert hatte, und da haben wir uns gedacht, schauen wir uns einfach mal an, wie da die deutsche Kolonialgeschichte repräsentiert ist. Dann haben wir uns für einen gemeinsamen Rundgang verabredet und sind durch den Abschnitt zur Geschichte des deutschen Kaiserreichs gegangen. Das hat großen Spaß gemacht, weil wir alle sehr unterschiedliche thematische Schwerpunkte haben und dann an vielen Ecken und Enden feststellen mussten, dass bestimmte Geschichten nicht auftauchten, dass zum Beispiel die Geschichte der Massenmedien im Kaiserreich erzählt wird ohne die Geschichte von kolonialen Bestseller-Romanen oder Völkerschauen. Und dann fiel uns ein, dass man da ja wahnsinnig viel ergänzen könnte und, genau – dann sind wir auf die Idee gekommen, dass wir dann mal ergänzen!

Als erstes haben wir Führungen konzipiert. Wir haben dazu eingeladen, mit uns durch den Ausstellungsteil zum Kaiserreich zu gehen. Ohne uns mit dem DHM abzusprechen, haben dann jeweils zwei von uns einen solchen Rundgang angeboten. Das war ganz cool und ziemlich lustig, weil das immer eine Art Flashmob war. Wir waren da immer mehr als 60 Leute. Mit so vielen hatten wir gar nicht gerechnet, aber eigentlich war es ein ganz guter Effekt, weil einfach die Gruppe nicht zu übersehen war, eine kleine Demo im Museum sozusagen.

Wie erklärt ihr euch diesen großen Zuspruch?

MB Wir waren selbst überrascht. Aber es ist schon so, dass es nach wie vor eine total große Lücke ist und viele Leute merken, dass es neben den großen Aufarbeitungsthemen, die Geschichte des Nationalsozialismus vor allem, noch andere Themen gibt, die aber öffentlich nicht so präsent sind.

Interessant ist ja auch die Frage, wen das anspricht.

MB Ich denke, es spricht unterschiedliche Leute an. Zum einen viele Menschen, die von Rassismus betroffen sind und das Gefühl haben oder hatten, dass diese Rassismuserfahrungen wenig thematisiert werden und auch wenig auf ihre historischen Zusammenhänge hin untersucht werden. Ich denke, dass von Menschen of Colour diese Angebote schon deshalb sehr gern angenommen werden bzw. sie diese auch gern selbst machen. Das ist natürlich eine

Position, in die ich mich als afrodeutsche Person selbst gut reinversetzen kann und die ja auch mein Zugang zum Thema gewesen ist.

Gab es mit dem DHM Reibungen?

MB Es gab keine konkreten Reibungspunkte mit dem Museum, aber es war auf jeden Fall so, dass wir unter Beobachtung standen. Bei unserem allerersten Rundgang ist auch eine Person von der pädagogischen Abteilung mitgelaufen, die müssen also davon Wind bekommen haben, aber dieser Mensch war ganz freundlich und im Anschluss hatten wir noch ein kurzes Gespräch mit ihm. Aber es war klar, dass es ein Interesse gibt, das zu beobachten. Viel später haben sich dann andere Leute von der pädagogischen Abteilung an uns gewandt und wollten selbst einen Rundgang bei uns mitmachen.

Und wie war das?

MB Das war interessant, weil da so unterschiedliche Leute waren. Es gab Leute, interessanterweise die Frauen in der Runde, die unserem Ansinnen sehr wohlgesonnen waren und unsere Kritik gut aufgenommen, geteilt und verstanden haben. Es gab andere, die eher in einer Verteidigungshaltung waren und gerechtfertigt haben, warum jetzt hier bestimmte Dinge so dargestellt sind und dass man nicht alles machen kann, also die üblichen Argumente. Es ist ja auch eine interessante Frage, wie man dann mit der eigenen Rolle umgeht: Wir haben kein Honorar gefordert für diesen Rundgang mit den Museumsangestellten. Sie hatten uns angeschrieben, und es hieß, sie würden sich gerne mit uns austauschen, aber letztendlich war es so, dass wir da quasi eine Fortbildung für die Leute vom DHM gegeben haben. Wir waren da zuerst ziemlich offen, aber nachher dachten wir, dass das ziemlich naiv von uns war. Die öffentlichen Rundgänge waren kostenfrei, das haben wir ganz bewusst so gemacht, auch als eine politische Aktion. Und auch wenn uns Gruppen angefragt haben, war unsere Politik so, dass wir gerne ein Honorar annehmen für unsere Gruppenkasse, um daraus später was zu machen – wir haben dann den Audioguide daraus finanziert –, aber dass es daran nicht scheitern soll. Aber beim DHM hätte man sagen sollen, wenn ihr hier unser Wissen abgreifen wollt für eure Institution, die wir kritisieren, dann wollen wir dafür ein Honorar haben. Aber da waren wir zu nett.

CK Siehst du einen Zusammenhang zwischen euren Touren und der späteren DHM-Sonderausstellung »Deutscher Kolonialismus. Fragmente seiner Geschichte und Gegenwart«?

MB Der lässt sich natürlich schwer nachweisen. Ich finde es aber ziemlich offensichtlich, dass es einen Zusammenhang gibt zwischen einerseits aktivistischen Forderungen, koloniale Geschichte öffentlich stärker zu präsentieren und zu behandeln, und dem wissenschaftlichen Diskurs – die sich ja gegenseitig befruchten – und andererseits der Idee, diese Ausstellung zu machen. Also, ich kann mir nicht vorstellen, dass es ohne den Aktivismus – von uns und anderen – die Ausstellung gegeben hätte.

CK Aber es war nicht so, dass das Museum bei der Vorbereitung für die Sonderausstellung auf euch zugegangen ist und gesagt hat, ihr habt doch diese super Touren gemacht, wo so viele Menschen waren, und ihr habt uns sozusagen den Impuls gegeben …

MB Neeeeein.

CK Hattet ihr noch mal ein Treffen mit denen?

MB Nein. Ich persönlich kriegte aber eine Anfrage vom DHM mit der Info, wir bereiten eine Sonderausstellung zum Thema deutscher Kolonialismus vor, und wir würden Sie gern mal zum Kaffee treffen. Daraufhin gab es einen Emailaustausch, und dann wurde schnell klar, dass das so eine immer wortwörtlich gleich formulierte Standardanfrage war, an viele Schwarze Personen oder Personen of Colour [PoC]. Und ich fand das unterirdisch, die hatten sich offensichtlich nicht mal die Mühe gemacht nachzuschauen, wer diese Personen sind, welche Expertise sie haben, und inwiefern sie sich jenseits von ihrem Of-Colour-Sein voneinander unterscheiden. Darauf habe ich beschlossen, dass ich mich mit denen nicht treffen möchte. Es haben allerdings später zwei andere Mitglieder unserer Gruppe zum Ausstellungskatalog beigetragen.

Ihr von Berlin Postkolonial *seid auch vom Team der Sonderausstellung angefragt worden?*

CK Wir sind lange im Vorfeld angerufen worden, ich glaube, wir waren mit die ersten, die davon gehört haben. Doch auch bei uns ging es nicht um unsere Expertise oder die direkte Betroffenheit meiner Kolleg_innen, sondern um ein Ausstellungsobjekt, das sie schon gesucht haben. Und wir haben gefragt, was wollt ihr mit kolonialgeschichtlichen Objekten? Also, die haben uns nicht angesprochen, weil wir 10 Jahre in dem Bereich arbeiten, sondern *wir* haben *sie* gefragt, was sie in dem Bereich machen wollen. Und dann hieß es: »Na ja, wir machen eine Ausstellung.« Und wir darauf: »Eine Ausstellung, das ist ja interessant, wollen wir uns nicht mal treffen?« Wir haben uns also quasi selbst eingeladen und beim zweiten Mal waren auch die Initiative *Schwarze Menschen in Deutschland* (ISD) und *AfricAvenir* dabei. Eigentlich sind wir dann mit so einer Art Kooperationsabsprache rausgegangen, zumindest mündlich. Wir machen Führungen und Ausstellungen, *AfricAvenir* macht seit Jahren Filmprogramme, das passt doch zu einer Ausstellung, die hätten dazu ein gutes kolonialkritisches Filmprogramm machen können. Die ISD hätte ein super Begleitprogramm hingelegt. Aber wir haben erst wieder anderthalb Jahre später etwas gehört, als die Ausstellung fast fertig war. Seltsam, oder?

Und was hattest du für einen Eindruck von dem Treffen?

CK Ich glaube, wir haben die ein bisschen überrumpelt. Wir haben denen auch ziemlich klar gesagt, dass wir finden, dass sowas ohne Zivilgesellschaft und ohne Schwarze Community nicht mehr geht. Dass sie nicht zum Kolonialismus alleine arbeiten können oder besser: nicht arbeiten sollten. Das wollten sie aber offenbar nicht wahrhaben. Im Prinzip war das eine ganz schöne Nummer, wir hatten ja fast schon eine Absprache, nicht nur ein Angebot. Allerdings haben wir das dann auch selber ein bisschen aus dem Auge verloren, weil wir ja auch noch andere Sachen zu tun haben. Und dann hatten wir das fast schon wieder vergessen, als sie irgendwann wieder angefragt haben und kleine Beiträge für die Ausstellung haben wollten, die aber eigentlich schon fertig war. Wir haben dann ein Video geliefert, und ein paar Gruppen haben etwas beigetragen. Also, niemand von uns war an der Ausstellungskonzeption beteiligt, alle haben nur irgendwas dazugegeben zu einem Konzept, das wir nie gesehen haben. Im Nachhinein haben wir uns dann geärgert, dass wir das überhaupt gemacht haben. Eigentlich ist es eine unmögliche Geschichte, man hätte da richtig auf den Busch hauen müssen.

Neben der problematischen Vorgeschichte der Sonderausstellung gibt es ein noch schlimmeres Nachspiel, das sich bei der feierlichen Eröffnung bot: Da waren wir mit Herero- und

Nama-Aktivist_innen vor Ort, die nicht reingehen wollten, weil dem Herero Paramount Chief Rukoro, der mit in Berlin war, nicht erlaubt wurde, dort ein Grußwort zu sprechen. Allein schon, wenn ich daran denke, macht mich das total wütend, diese Situation dort. Da stehen die Nachfahren der Opfer des Genozids, bei denen sich noch nie jemand entschuldigt hat, die keine Reparationen kriegen und demonstrieren draußen in der Kälte, während sich drinnen im Warmen 500 weiße Heinis für ihre Ausstellung feiern, die ach so kritisch zum deutschen Kolonialismus sein soll. Das kann doch nicht sein, das muss man doch abblasen, das geht doch alles nicht. Und das Gleiche hast du auch beim Humboldt Forum. Da standen sie auch draußen und sagten: »Reparationen wollt ihr nicht zahlen, aber das Schloss des Völkermörders Wilhelm II baut ihr wieder auf, und unsere Kulturschätze packt ihr auch noch rein.« Das ist schon heftig, finde ich.

MB Ich erinnere mich, dass wir für diese Videostation auch angefragt wurden, als die Ausstellung schon fast fertig geplant war. Es sollte ein Objekt vorgestellt werden. Einige von uns waren zwar nicht abgeneigt, das zu machen, aber letztendlich haben wir uns dagegen entschieden. Wir haben ja Rundgänge gemacht und einen Audioguide produziert, wo es genau darum geht, zu sagen, dass man nicht einen Hauptstrang der Geschichte darstellen kann und dann einen anderen Teil der Geschichte als Nebenstrang.

Der Kolonialschaukasten im DHM wurde ja umgestaltet, und im nächsten Jahr wird die ganze Ausstellung neu konzipiert. Habt ihr da Hoffnung auf positive Veränderungen?

M**B** Der Projektleiter der Sonderausstellung des DHM hat öffentlich bei einer Diskussionsveranstaltung zur Sonderausstellung klargemacht, dass es zwar eine Neugestaltung geben wird, aber die Kolonialgeschichte dennoch keinen größeren Raum einnehmen wird als vorher. Dass man das einfach so klar sagt, fand ich schon unglaublich, und man kann sich da nochmal fragen, was dann der Stellenwert dieser Sonderausstellung ist. Es ist ja einfach nur ein Feigenblatt, so dass man sagen kann, okay, wir haben uns dem Thema einmal gewidmet, und jetzt motten wir das alles wieder ein und gut ist. Es ist einfach in keiner Weise nachhaltig.

CK Es fragt sich – und das ist ja wie bei der Debatte um das Humboldt Forum – ob die Leute, die da mitargumentieren, die da in der politischen Verantwortung sind, überhaupt die Tragweite erkennen und eine Vorstellung von dem haben, was sie da anrichten. Ich denke, sie ahnen das zumindest und tun nur so, als hätten sie es nicht. Weil sie nicht ihr ganzes Weltbild umstellen oder die Existenz des Prestigeprojekts infrage stellen wollen, lassen sie es von sich abprallen. Da wird dann eben noch eine Sonderausstellung gemacht und breitere Provenienzforschung versprochen, aber es ändert sich nichts an der Sicht, die sie auf unsere verwobene Geschichte haben.

Ich würde fast sagen, es ist keine Zusammenarbeit gewollt. Man kann das sicher nicht pauschalisieren, aber je größer die Institution ist, desto mehr Angst haben die vor den zivilgesellschaftlichen und Schwarzen Initiativen, weil die irgendwie querschlagen und sie grundsätzlich in Frage stellen könnten. Je kleiner die Museen, desto leichter ist es.

Wir selber machen ja gerade zusammen mit der ISD in Treptow im Bezirksmuseum die Ausstellung »zurückGESCHAUT« zur Ersten Deutschen Kolonialausstellung 1896 im Treptower Park. Da sitzen sie jetzt schon seit zwei Jahren und diskutieren mit uns über ihre Ausstellung, und ich glaube, das tut ihnen manchmal auch ziemlich weh.

Um was geht es da?

CK Na ja, wir müssen aushandeln, wie denn die Ausstellung aussehen soll. Und da machen sie quasi seit zwei Jahren so ganz nebenbei ein intensives Kritisches-Weißsein-Training durch, weil sie sich einmal in der Woche mit uns treffen. Aber da sieht man, dass es doch mehr ist, als eben nur mal eine Sonderausstellung zu erarbeiten.

Was ist der Aushandlungspunkt, an dem es so schmerzt?

CK Es schmerzt überall: sprachliche Sachen, das Konzept einer solchen Ausstellung, das historische Selbstverständnis, die Fragen: was steht im Mittelpunkt der Ausstellung, wie viele andere Perspektiven lässt man gelten, wie viel Platz räumt man da ein, wieviel Verantwortung gibt man ab? Das gibt es ja immer bei fünf Leuten, die über eine Ausstellung streiten, aber das ist schon klar, das ist vor allem eine Auseinandersetzung zwischen weißer und Schwarzer Sicht auf die Welt und ihre Geschichte. Womit ich nicht sagen will, dass es nur eine Schwarze und nur eine weiße Sicht auf die Dinge gibt.

MB Aber du hast auch mal gesagt, dass das Projekt viel Spaß macht.

CK Na ja, wir sind gerade an einer schwierigen Stelle, so kurz vor Schluss. Aber es macht natürlich auch Spaß, und wir können wirklich viel umsetzen. Bei der Heftigkeit der Diskussion merkt man schon, dass es jetzt allen an die Substanz geht. Ich glaube, nur wenige Leute aus der Schwarzen Community würden das wie mein ISD-Kollege Tahir Della aushalten, sowas über viele Monate hinweg mit Weißen zu diskutieren. Aber den Museumsleuten tut es auch weh, denn die machen seit 30 Jahren Ausstellungen und auf einmal kommen da welche und sagen: »Ihr könnt nicht mehr so reden, ihr könnt diese Bilder nicht mehr zeigen, ihr müsst jetzt alles völlig anders machen.« Das ist natürlich schwierig für sie.

Welche Rolle spielen Straßenumbenennungen für Euren Aktivismus und Eure Geschichtsarbeit?

CK Wir haben Kritik an den Straßennamen von Anfang an immer in die Führungen mit eingebaut, und Namen von Widerstandskämpfer _innen genannt, die sich auf dem Straßenschild besser machen würden. Vereinzelt hatten wir auch schon Leute, die die Führung nicht so gut fanden, die meinten, wir wären nicht »objektiv« und viel zu aktivistisch, wir machten Agitprop. Vielleicht ist da was dran, aber wenn z. B. mein Kollege Mboro, das ist ein 70-Jähriger Tansanier, wenn der sich in Rage redet, wenn er in der Petersallee steht, dann muss das erlaubt sein. Also, man kann doch nicht verlangen, dass der ruhig bleibt, wenn er vom Massenmord an seinen Wachagga-Vorfahren erzählt. Und es wird für ihn immer untragbarer, je mehr Leute davon wissen, wen die Straße ehrt, trotzdem aber nichts passiert. Ich würde sagen, dass diese Straßennamen meinen Schwarzen Kollegen direkt wehtun und unendlich nerven und weg müssen. Aber wir haben auch immer im Auge gehabt, dass so eine Debatte zum Kolonialismus erst dann entsteht und Kolonialgeschichte erst dann breit diskutiert wird, wenn du eine Straßenumbenennung vorschlägst.

Ihr macht ein Projekt zur Globalgeschichte von unten mit dem Titel »Just Listen«. Was versteht ihr darunter?

CK Das Projekt läuft noch bis Ende 2017. Es spielt schon auf die Bezeichnung »Geschichte von unten« aus den 1980er Jahren an, es ist aber auch etwas ironisch, denn die Leute von hier fliegen ja immer »nach unten«, wenn sie nach Tansania fahren. Es ist schon eine sehr von der Basis getragene Bewegung. Auf den jährlichen Gedenkmärschen Ende Februar, da sind ja keine Leute, für die das eine rein akademische Angelegenheit ist. Unser Projekt versucht, eine Plattform für diese Stimmen zu sein. Denn diese Stimmen werden in den großen Diskussionen, z. B. zum Humboldt Forum, systematisch ausgeblendet. Sie wollen die da nicht haben, es hat schon einen Grund, wenn das Podium bei Diskussionsveranstaltungen komplett weiß besetzt ist.

Ist es leichter, eine kritische Perspektive einzubringen, wenn man nicht Teil einer Institution ist? Als ihr, Manuela, Kolonialismus im Kasten? *gemacht habt, habt ihr an euren Dissertationen gesessen. Jetzt gibt es euch als Gruppe nicht mehr und ihr seid, zumindest teilweise, in den Institutionen angekommen. Hindert dies daran, weiterhin aktive, öffentlichkeitswirksame, kritische Arbeit machen zu können?*

MB Ich bin jetzt hier im Museum für Naturkunde auf einer Forschungsstelle, vorher war ich in der politischen Bildung. Also, ich glaube, ich hätte jetzt keine inhaltlichen oder politischen Bedenken, so ein Projekt noch einmal zu machen oder weiterzuführen. Es ist eher ein strukturelles oder Zeitproblem.

Vielleicht läuft es auch auf die Frage hinaus, ob kritische Wissenschaft innerhalb der Institution überhaupt möglich ist. Oder ist es ein Zufall, dass diese auf der Strecke bleibt, obwohl man es machen könnte?

MB Nein, das ist sicher kein Zufall. Es fehlt die Zeit, aber de facto war ich persönlich nie in der Situation, dass ich mich das so fragen musste. Wahrscheinlich ist es aber in einer Karriere, die in Richtung Professur geht, nicht so gerne gesehen, dass man sich klar positioniert, oder man muss sich so positionieren, dass das in der Wissenschaft sexy rüberkommt.

CK Ich glaube, das hat viel mit der Kolonialität der Institutionen selbst zu tun. Die werden ja von uns nicht nur angehalten, über eine Sache anders zu berichten, sondern das alles hat immer sehr stark mit ihnen selbst und ihrer Geschichte zu tun. Wir leben in einem Land, in dem die weiße Geschichtsschreibung alles dominiert, in einer Welt, wo z. B. eine Grundschule in Cottbus nach dem Kolonialverbrecher und Sklavenhändler Christoph Kolumbus benannt ist. Da treffen Welten aufeinander, wenn du da hinkommst und sagst, das geht doch nicht, Leute, das könnt ihr nicht tun. Die verstehen das schon irgendwie, aber dann eben auch wieder nicht, weil das schon seit sie denken können zu ihrer Welt gehört und sie sich davon nicht lösen können, dass das ein »großer Entdecker« war und man da nicht so kritisch drauf schauen sollte. Das macht es natürlich schwer, in einen vernünftigen Dialog zu kommen. Also, auch bei der Abwehr sind wirklich erstaunlich starke Emotionen dabei.

MB Aber es ist auch das Ergebnis eines Mainstreaming von Perspektiven, die von aktivistischer Seite angestoßen wurden. Auch die Sonderausstellung im DHM ist dafür ein Beispiel. Plötzlich werden Forderungen aus aktivistischen Kreisen aufgegriffen und erfahren eine gute Finanzierung, während diejenigen, die das mal angestoßen haben, immer noch finanziell rumkrebsen. Das ist eine schwierige Situation. Es kann natürlich auch sein, dass man selbst davon profitiert und eine Stelle bekommt. Es gibt ja zurzeit viele Projekte zur Provenienzforschung. Aber ich habe da ein gewisses Unbehagen.

Es ist ein bisschen wie eure unentgeltliche Fortbildung damals im DHM. Es wird etwas geliefert, worauf an anderer Stelle aufgebaut wird, und dann bleibt es bei hermetisch abgeriegelten Forschungen am jeweils eigenen Haus. Eigentlich müssten aber von dort Mittel zurück an die Initiativen fließen, ohne die diese Forschungen gar nicht stattfinden würden.

MB Es gibt da dann überhaupt keine Zusammenarbeit mehr. Etwas, das mal mit einer explizit politischen Agenda angefangen hat, wird aufgegriffen, es wird von dieser politischen Agenda profitiert – in den Finanzanträgen steht dann immer, es ginge um kritische Aufarbeitung, was ja ein explizit politischer Anspruch ist – aber in der Praxis ist dann davon insofern nichts mehr zu sehen, als dass diese allein innerhalb der Akademie passiert und völlig losgelöst von aktivistischen Zusammenhängen stattfindet. Dabei könnte man sich gerade im Feld postkolonialer Kritik mit sehr unterschiedlichen Leuten zusammensetzen. Aber es gibt da, denke ich, nicht die Sicht, dass man am selben Strang zieht, sondern eher einen gewissen überheblichen Blick auf »historisch inakkuraten Aktivismus«.

CK Das Humboldt Forum ist auch so ein Beispiel. Seit Jahren gibt es unsere Kampagne dagegen, seit Jahren werden unsere Themen diskutiert – aber ohne, dass wir von den Kritisierten genannt würden. Letzte Woche gab es eine rein weiße Podiumsdiskussion in Dahlem, gegen die wir draußen protestiert haben. Ein Besucher schaut grinsend auf unser Transparent »No Humboldt 21 – Decolonize Berlin« und sagt: »Ach, das ist ja goldig«. Und geht dann rein. Soviel Borniertheit gegenüber den Nachfahren der Kolonisierten, das sagt schon eine Menge, oder?

MB Die Geschichte des Humboldt Forums ist ja eh grotesk. Ganz lange hat die Intendanz auf Kritik postkolonialer Initiativen nur mit Schweigen reagiert. Und jetzt gibt es eine regelrechte Pressekampagne, in der alle möglichen Begriffe der Kritiker_innen aufgegriffen werden, und plötzlich sei alles »shared collections« und es gäbe einen Austausch mit Tansania und alles fände auf Augenhöhe statt. Da wird sich nicht einmal die Mühe gemacht, die Kritik zu entkräften, sondern sie wird vereinnahmt und zur eigenen Position erhoben, und die Kritiker_innen werden dabei unsichtbar gemacht. Es gibt also offenbar das Gefühl, man müsse auf diese Kritik irgendwie reagieren. Aber der Umgang damit ist eben wenig nachhaltig und selbstkritisch, und an den Strukturen wird sich nicht viel ändern.

Dass die Akademie Themen aufgreift und dann den Aktivismus links liegen lässt, hat auch etwas mit der Knappheit von Ressourcen zu tun. Zwar hat der Aktivismus dazu geführt, dass Themen in der Öffentlichkeit ankommen und dann auch Fördermittel dafür bereitgestellt werden. Aber es handelt sich eben um vergleichsweise niedrige Fördersummen, die Forschende zueinander in Konkurrenz setzt.

CK Was die Akademie, also die universitäre Wissenschaft angeht, finde ich es nach zehn Jahren etwas enttäuschend, wie wenig Unterstützung da bei uns ankommt, bei den historisch-politischen Aktivist_innen. Da kommen eigentlich mehr Leute, die uns als Forschungsobjekte soziologischer Art sehen, als Leute, die wirklich sagen, wir brauchen eine neue, kritische Sicht auf Deutschlands Kolonialgeschichte. Die mitmachen und nicht nur etwas über uns machen. Inzwischen gibt's große Kooperationsprojekte zwischen Unis und großen Museen zu kolonialer Beutekunst. Das sind Riesenprojekte, und die beziehen sich explizit auf die Arbeit der postkolonialen Initiativen im ganzen Land, während die Aktivist_innen manchmal noch immer nicht wissen, wie sie einen Veranstaltungsflyer bezahlen sollen.

Aber der Fall Bénédicte Savoy zeigt gleichzeitig, was engagierte Wissenschaftler_innen erreichen könnten.[3] Nun ist sie institutionell sicher unabhängiger als andere, aber da sieht man, wie es sein könnte, wenn sich mehr Wissenschaftler_innen äußern würden – es sind aber, zumindest im kolonialkritischen Feld, nur ganz wenige. Wie viele Professor_innen gibt es – und wie viele machen den Mund auf? Eigentlich ist es eine Enttäuschung, vor allem weil viele Sachen ja seit 20 Jahren kritisch diskutiert werden, aber eben nur innerhalb einer Fachöffentlichkeit. Da zeigt sich auch die in Deutschland sehr stark ausgeprägte Trennung zwischen Wissenschaft und Öffentlichkeit, die oft dünkelhaften Vorbehalte der Akademie gegenüber historisch-politischem Aktivismus.

Aber wie seht ihr euer Verhältnis zur Öffentlichkeit? Ihr habt mit Kolonialismus im Kasten? *einen Audioguide produziert, und die Webseite von* Berlin Postkolonial *verkündet an prominenter Stelle »Just listen!«. Wenn man das mit dem alten Motto »Grabe, wo du stehst« vergleicht, könnte man da ja durchaus von einer Passivierung des Publikums sprechen.*

MB Wir haben uns damals keine großen konzeptuellen Gedanken über die Rolle des Publikums gemacht. Auf jeden Fall haben wir bei den Führungen immer viel zu viel geredet. [*lacht*] Aber wir wollten schon Anstöße geben, selbständig weiter zu denken und weiter zu graben. Wir haben ja auf Lücken in einer bestehenden Ausstellung hingewiesen. Und so wie uns diese Lücken an unterschiedlichen Stellen aufgefallen sind, weil wir unterschiedliches Hintergrundwissen hatten, so hoffe ich, dass auch andere Leute an ganz anderen Punkten ins Grübeln kommen. Es könnte auch einen ähnlichen Audioguide etwa zur Frauengeschichte geben. Es ist ja nicht so, als wäre nur die Kolonialgeschichte im DHM unterrepräsentiert.

CK Ich habe 2011 den *Paramount Chief* der Herero Riruako bei der ersten Rückgabe von Gebeinen Ermordeter in der Charité gehört. Der hat statt der geplanten Viertelstunde zwei Stunden geredet, und als Veranstalter und Publikum irgendwann extrem unruhig wurden, hat er gesagt: »Ihr habt uns mehr als 100 Jahre warten lassen. Da werdet ihr jetzt wohl auch stillhalten können, bis ich mit meiner Geschichte fertig bin.« [*alle lachen*] Ich finde das genau richtig, und der Projekttitel ist auch aus dem Gefühl heraus entsprungen, dass Schwarze Stimmen und die von PoC viel zu wenig gehört werden.

Es gibt ja auch Dialoge, die man lieber nicht führen will. Wenn Leute bei Führungen ein großes »Bedürfnis nach Dialog« haben, dann sind sie meistens komplett unzufrieden mit dem, was wir so erzählen. Und dann wird es schnell haarig. Wenn Leute darauf bestehen, dass das N-Wort nicht rassistisch ist – wie will man sich da unterhalten? Da kann man nicht einfach mal locker drüber reden.

Es ist ja nicht nur die Frage, wer zuhört, sondern auch, wer eigentlich spricht. Du, Manuela, hast erwähnt, dass ihr nur weibliche Historikerinnen wart und dass auch im DHM vor allem die Frauen aufnahmebereiter waren. Was hat es denn eigentlich mit der Geschlechterdimension in

3 Die Kunsthistorikerin Bénédicte Savoy hat im Juli 2017 nach zwei Jahren den Expertenrat des Humboldt Forums verlassen. Sie kritisiert den Umgang seitens der Verantwortlichen mit dem internationalen Beirat, dessen Kritik am Konzept und Aufforderungen zu ernsthafter Provenienzforschung übergangen würden. Siehe http://www.sueddeutsche.de/kultur/benedicte-savoy-ueber-das-humboldt-forum-das-humboldt-forum-ist-wie-tschernobyl-1.3596423 (letzter Zugriff 10.11.2017).

den Geschichtsinitiativen auf sich: wer beteiligt sich, wer macht welche Arbeiten, wer bearbeitet welche Themen, wer bekommt wieviel Anerkennung, wer spricht, wer wird sichtbar? Es ist ja so, dass (Geschichts-)Forschung eher von Männern dominiert wird, und die Ausstellungsbereiche eher weiblich besetzt sind. Dort scheint es also eine strukturell angelegte Arbeitsteilung zu geben. Wie sieht das auf der Ebene von Geschichtsinitiativen aus?

MB Ich denke, dass es da mindestens zwei Dimensionen gibt. In unserem Projekt haben wir uns im weitesten Sinne mit Deutungshoheiten auseinandergesetzt. Und ich denke, es ist kein Zufall, dass wir das als Frauen tun, die auch selbst die Erfahrung gemacht haben und machen, dass ständig andere Menschen Deutungshoheit über uns beanspruchen. Neben dieser Genderdimension spielt auch die Race-Dimension eine Rolle. Wir sind vier weiße Frauen und mit mir eine afrodeutsche Frau, und natürlich ist das dann auch ein Anreden und Anforschen gegen eine rassistische Deutungshoheit. Also wir kommen alle aus diesen Erfahrungen heraus, und deswegen ist es sicher kein Zufall, dass wir fünf Frauen sind. Interessant ist, dass kein einziger Pressebericht über uns von Historikerinnen – mit kleinem i – berichtet. Immer steht dort »Historiker und Historikerinnen«, also gehen alle davon aus, dass da noch ein Typ dabei ist. Dazu sprechen sie immer von »jungen Historikerinnen«, obwohl wir damals Anfang dreißig waren. Ich würde behaupten, als weibliche Historikerin – und gerade als nicht-weiße Historikerin – ist man in dieser Wahrnehmung ewig lange die »junge Historikerin«. Wenn wir eine Männertruppe gewesen wären, wäre nicht so über uns berichtet worden.

Zur weiblichen Sozialisierung gehört auch, dass wir bereit waren, uns in diese doch ziemlich langwierige Projektarbeit reinzustürzen, die viel mit Kommunikation, Aushandlung und der Suche nach Kompromissen zu tun hatte. Dabei waren wir alle dabei, unsere Dissertationen zu schreiben und befanden uns alle in einer finanziell prekären Situation. Es war klar, dass keine von uns mit der vorhandenen Finanzierung ihre Dissertation fertig schreiben würde. Das hat zwar nicht nur eine Genderdimension, aber man würde es nicht bei Leuten finden, die ganz klar haben, es darf der Karriere nichts in den Weg kommen, es darf keine Finanzierungslücken geben. Also die Leute, die mit mir angefangen haben zu promovieren, sitzen zum Teil jetzt auf Professuren – von uns keine. Und es sind auch nicht alle mit ihrer Arbeit fertig geworden. Das ist, denke ich, kein Zufall.

CK Zur Genderdimension in unserem Projekt würde ich jetzt nach vielen Jahren Erfahrung sagen, dass es auffällig ist, dass an den Führungen deutlich mehr Frauen teilnehmen. Eine deutliche Abwehr gegen die von uns vermittelten Inhalte habe ich nur einmal von einer Frau erlebt. Sonst sind das in der Regel weiße Männer über fünfzig. Die haben ein festgefügtes Weltbild, und da passt es nicht rein, dass da eine historische Verantwortung besteht für koloniale Verbrechen im Globalen Süden, die ja meistens von weißen Männern begangen wurden. Die können sich das gar nicht ruhig anhören, sondern müssen ganz viel selber erzählen. Es ist wirklich auffällig, dass es in der Regel ältere Herren sind. Es ist eine Alterssache und eine Männergeschichte. Aber auch unter den Jüngeren haben die Frauen eine höhere Bereitschaft, sich mit diesen Themen auseinanderzusetzen.

Es geht offenbar sowohl um die Art und Weise, wie und von wem Geschichte erzählt wird, als auch um die besprochenen Themen, wie »Ungerechtigkeit« und »historische Verantwortung«. Wie geht es weiter? Habt ihr Pläne und Wünsche?

CK Nächstes und übernächstes Jahr jährt sich das Ende des deutschen Kolonialismus zum hundertsten Mal. Da wollen wir etwas beitragen, wissen aber noch nicht, was finanziert wird… Und wir machen die schon angesprochene Ausstellung im Bezirksmuseum Treptow, zur Kolonialausstellung von 1896. Eigentlich hetzen wir die letzten zehn Jahre immer nur von Projekt zu Projekt, und vieles wird nicht richtig fertig. Die Dauerausstellung in Treptow ist jetzt aber so angelegt, dass sie ausgebaut werden kann, mit vielen Biographien, ganz einfach, die man erweitern und zu denen man weiter forschen kann. Sie ist jetzt schon ziemlich umfangreich und gibt spannende Einblicke in die Geschichte der Schwarzen Diaspora Anfang des 20. Jahrhunderts in Berlin. Zur Kolonialausstellung 1896 waren 106 Leute aus den deutschen Kolonien hierhergekommen, sogar aus Papua-Neuguinea. Bei uns hat sich jetzt eine Ethnologin gemeldet, die vor zehn Jahren Kontakt hatte zu einer dortigen Nachfahrin eines ehemaligen Teilnehmenden. Da gibt es vielleicht sogar noch Familienerinnerungen, die weitergegeben wurden über den Sommer 1896 in Treptow oder auch Erinnerungstücke oder Fotos. Zu den Menschen, die aus dem heutigen Tansania kamen, haben wir noch nicht einmal angefangen zu forschen. Es gibt sicherlich auch viel Spannendes über die Nachgeschichte, was mit denjenigen passierte, die zurückgingen oder eben auch hierblieben. Am 13. Oktober 2017 ist die Eröffnung. Ich freue mich jeden Tag darüber, dass nun endlich einmal etwas länger stehen bleiben wird. Das erhöht natürlich auch den Anspruch, denn wenn sowas nach drei Monaten wieder verschwindet, dann muss es vielleicht auch nicht so gut sein. Mal abgesehen von der Kolonialismus-Vitrine im DHM wüsste ich aber gar nicht, dass irgendwo dauerhaft etwas zum Thema Kolonialismus ausgestellt wird.

MB Das ist eigentlich total verrückt. Mir fällt jetzt auch nichts ein; es sind tatsächlich immer Sonderausstellungen. Allerdings bin ich grundsätzlich kein Fan von Dauerausstellungen. Ich finde aber dieses erweiterbare Konzept mit den Biographien eine gute Alternative zur konventionellen zentralen Dauerausstellung. Bei *Kolonialismus im Kasten?* wurden wir oft gefragt, was denn unsere Forderung sei. Und es war nicht so, dass wir gesagt haben, dass das DHM alles ändern soll und für die nächsten fünfzig Jahre eine neue Ausstellung hinstellen muss. Das soll ja nicht als zentrales Geschichtsbuch funktionieren, das da ewig steht. Aber auf der lokalen Ebene, da kann ich mir das gut vorstellen.

Vielen Dank für das Gespräch!

Dorothee Wierling

Fünfundzwanzig Jahre: Oral History

Als ich mich an die Aufgabe machte, zum 25-jährigen Jubiläum der Werkstatt*Geschichte* etwas über die Entwicklung der Oral History in diesem Zeitraum zu schreiben, erlebte ich erst einmal eine Überraschung: Meine Suche im digitalen Archiv der Zeitschrift brachte fast nichts zutage. Die Volltextsuche führte nur zu sechs Erwähnungen der »Oral History«, meist fand sich der Begriff in den Autorenangaben als Forschungsschwerpunkt. Bei dem Begriff »Zeitzeugen« sieht es noch schlechter aus, das Stichwort »Interviews« ergibt wenig mehr Fundstellen. Offensichtlich ist die Methode in »unserer« zeitgeschichtlichen Sozial- und Alltagsgeschichte kaum vertreten.[1]

1. Neue Horizonte: nach dem Ende des Staatssozialismus

Die Methode der Oral History, zuerst in den USA entwickelt, wurde Ende der 1970er Jahre auch in der deutschen historischen Forschung wahrgenommen und seit Anfang der 1980er Jahre in vielen einzelnen und wenigen größeren Projekten systematisch angewandt. Eingebettet in eine lebendige, internationale Diskussion, hatte sie sich bald von einer überwiegend politisch-demokratischen Agenda (»Grabe wo Du stehst«)[2] zu einer reflektierten Methode entwickelt, bei der Fragen der Quellenkritik und Probleme des historischen Gedächtnisses im Vordergrund standen. Dennoch blieb Oral History als Methode in der Geschichtswissenschaft marginalisiert, bekannte sie sich doch ausdrücklich zu einer an Subjektivität interessierten Erfahrungsgeschichte. Der Zusammenbruch der staatssozialistischen Systeme in Europa, der dadurch ermöglichte Austausch mit den Historikern und Sozial- bzw. Kulturwissenschaftlern der betreffenden Länder und die Neugier auf die bis dahin unzugänglichen Gesellschaften führten zu einem euphorischen Aufbruch, der sich schon im März 1990 auf der *International Oral History Conference* in Essen zeigte. Die Herausforderungen und Chancen der Oral-History-Forschung im neuen Gesamtdeutschland führten sowohl zu einer Fülle von Projekten, in denen die Methode eine zentrale Rolle spielte, als auch zu neuen Fragen, die sich nicht nur mit Bezug auf die biografische Verarbeitung von diktatorisch verfassten Gesellschaften und revolutionären Umbrüchen stellten, sondern auch methodologische Probleme betrafen. Insbesondere stellte sich die Frage nach der Erzählbarkeit von Lebensgeschichten in zusammenbrechenden Gesellschaften mit unklarer Zukunft und die Bedeutung öffentlich-offizieller Vergangenheitserzählungen für die Konstruktion privat-persönlicher Lebensgeschichten. Oral History trug mit diesen Problemstellungen erheblich zur Gesellschaftsgeschichte – nicht nur der staatssozialistischen Systeme – bei, und das in einer Phase, in der sich die deutsche Zeitgeschichtsforschung insgesamt wieder mehr einer konventionellen Politikgeschichte zuwandte. Zugleich bot sich in dieser Ausnahmesituation

1 Es scheint eine Zeit für Bilanzen zu sein. Gleichzeitig mit diesem Text entstand der lesenswerte Rückblick von Lutz Niethammer im Gespräch mit Veronika Settele und Paul Nolte, Oral History in der deutschen Zeitgeschichte, in: Geschichte und Gesellschaft 43 (2017) 1, S. 110–145.

2 Sven Lindquist, Grabe wo Du stehst. Handbuch zur Erforschung der eigenen Geschichte, Bonn 1989.

eine Chance, die gerade auch von den am politischen System interessierten Historikern genutzt wurde: Mit denen zu reden, von denen sie in den Akten lasen. Die Aufhebung der Archivsperre für das Gebiet der ehemaligen DDR und der Zugang zu den »Mitlebenden« aus der DDR, darunter zu den entmachteten Akteuren ebenso wie zu ihren erfolgreichen Widersachern, führte zu einer ungewöhnlichen und aufregenden Gleichzeitigkeit von geschehender und aktenkundiger Geschichte.

2. Neuer Auftritt: der Zeitzeuge

Seit den 1990er Jahren entwickelte sich im Deutschen Fernsehen, vor allem im ZDF unter dem Leiter der dortigen Geschichts-Redaktion, Guido Knopp, ein neues Genre, das heute allgemein »Zeitzeugen-Fernsehen« genannt wird.[3] Hierbei treten Menschen auf, die bei einem bestimmten Ereignis »dabei« waren bzw. eine bestimmte Epoche »miterlebt« haben. Scheinbar authentisch aus ihren unverfälschten Erinnerungen schöpfend, bezeugen sie ihr damaliges Erleben anschaulich, gefühlvoll und glaubwürdig. Die Präsentation dieser Zeitzeugen wurde im Laufe der Zeit immer mehr im Sinne ihres effizienten medialen Einsatzes professionalisiert. So wurden die gezeigten Auszüge aus ihren Erzählungen deutlich gekürzt; ein Interviewer tritt nicht mehr auf, sodass wir nicht wissen, in welchem größeren Kontext des Gesprächs die Aussage steht. Ebenso erfahren wir bis auf magere biografische Daten nichts über den sozialen Kontext des Erzählers. Wir sehen nur das Gesicht, das vor einem schwarzen Hintergrund auratisch ausgeleuchtet wird, sodass die diversen Sprecher wie Sterne am Firmament der Erinnerung erscheinen. In der Regel folgen die ausgewählten Zitate einem Drehbuch, das von der Stimme im Off und den gezeigten Bildern vorgegeben ist: Sie beglaubigen persönlich, was der Autor der Sendung uns sagen will.[4]

Die Entstehung des Zeitzeugen-Fernsehens hat für die professionell betriebene Oral History überwiegend negative Folgen gehabt. Vergeblich haben wir uns gegen die Übertragung des Begriffs »Zeitzeuge« gewehrt und die frühere Bezeichnung »Interviewpartner« inzwischen aufgegeben. Die allgemeine Verachtung der professionellen Historiker gegenüber dem medialen »Zeitzeugen« hat sich bei Vielen, die mit der Praxis der Oral History nicht vertraut sind, auf diese übertragen. Und Laienhistoriker, Geschichtslehrer oder Studierende nehmen von den Fernsehsendungen mit »Zeitzeugen« oft mit, dass diese einen schnellen, unterhaltsamen und wirksamen Zugang zur Vergangenheit ermöglichen. Museen bedienen sich kurzer Zeitzeugenaussagen als Ausstellungsexponate und manchmal auch der »Zeitzeugen« selbst als Führer durch Gedenkstätten. Kein Wunder, dass sich die Zahl der im Fernsehen oder an anderen öffentlichen Orten auftretenden »Zeitzeugen« vervielfacht hat und jede Stadt, die etwas auf sich hält, mittlerweile über eine »Zeitzeugenbörse« verfügt.

Viele dieser »professionellen« Zeitzeugen haben wirklich Erzählenswertes erlebt; und sie haben oder hätten auch viel zu erzählen, wenn man ihnen den kommunikativen Raum hierfür eröffnen würde, wie das in einem mehrstündigen *face-to-face* Oral-History-Interview der Fall ist. Leider stehen sie dafür oft nicht mehr zur Verfügung, weil die ihnen öffentlich immer

3 Martin Sabrow/Norbert Frei (Hg.), Die Geburt des Zeitzeugen nach 1945, Göttingen 2012.

4 Wulf Kansteiner, Dabei gewesen sein ist alles. Der Fernsehzeitzeuge ist eine raffinierte Kunstfigur. Passgenau zugerichtet, hat er Quote gemacht und Mediengeschichte geschrieben. Nun läuft seine Ära aus, Die Zeit, Nr. 1/2012 v. 29.12.2011, http://www.zeit.de/2012/01/Kansteiner-Zeitzeugen (letzter Zugriff 8.11.2017). Allgemein zum Thema Judith Keilbach, Geschichtsbilder und Zeitzeugen. Zur Darstellung des Nationalsozialismus im bundesdeutschen Fernsehen, München 2008.

wieder abverlangten Erzählungen mittlerweile eine feste Gestalt angenommen haben, die weder Unklarheiten noch Widersprüche noch Überraschungen mehr erlaubt. Und schlimmer noch: Viele Historiker, die sich erstmals an ein Oral-History-Projekt wagen, geben sich enttäuscht mit der ersten Standardversion der Erzähler zufrieden, die doch eigentlich der Ausgangspunkt für Fragen und andere Interventionen sein sollte. Der »Zeitzeuge« hat uns Oral Historians die Arbeit nicht leichter gemacht. Im Gegenteil.

3. Neue Technik: Digitale Archive und Projekte

In den letzten Jahren ist die Zahl der Oral-History-Interviews, die online abrufbar sind, enorm angestiegen. Dazu gehören sowohl historische Aufnahmen, wie z. B. die Interviews, die David Boder unmittelbar nach dem Ende des Zweiten Weltkriegs mit Überlebenden des Holocaust durchgeführt hat, als auch die Materialien neuerer wissenschaftlicher Projekte wie diejenigen der im Auftrag der Stiftung *Erinnerung, Verantwortung, Zukunft* durchgeführten Interviews mit ehemaligen NS-Zwangsarbeitern. Laufende Projekte stellen Interviews ganz oder in Auszügen auf ihren Websites zur Verfügung. Unter dem Stichwort *digital humanities* werden Auswertungsprogramme entwickelt, angeboten und genutzt, die helfen sollen, die Fülle qualitativer Daten, die bei der Oral History entstehen, nach verschiedenen Fragestellungen auszuwerten. Die unter der Ägide von Guido Knopp und Hans-Ulrich Jörges gegründete Internet-Plattform *Das Gedächtnis der Nation*, das auf Interviews für das ZDF-Geschichtsfernsehen beruht und mit dem sogenannten Jahrhundertbus durch Deutschland reist, um weitere Interviews durchzuführen, erfreut sich der Empfehlung des Geschichtslehrerverbands, diese Interviews im Unterricht einzusetzen.

Das ist alles sehr weit entfernt von der früheren Praxis, bei der die Tonkassetten mit den Interviews für die Dissertation oder das lokalgeschichtliche Projekt mehr oder weniger ordentlich in Kartons gepackt wurden, die dann in einem trockenen Keller verschwanden (ich bekenne mich schuldig). Bis heute gibt es in Deutschland nur zwei professionell betriebene Oral-History-Archive, in denen Interviews angemessen aufbewahrt, gesichert und erschlossen zur Verfügung gestellt werden: das Institut für Geschichte und Biographie an der Fernuniversität Hagen und die *Werkstatt der Erinnerung* an der Forschungsstelle für Zeitgeschichte in Hamburg. Deren personelle und finanzielle Kapazitäten sind allerdings begrenzt. Insofern stellen die digitalen Archive einen enormen Fortschritt dar. Aber sie bergen auch Probleme.

Ihr offensichtlichstes Potenzial liegt in der breiten Zugänglichkeit des Interviewmaterials. Das eröffnet ungeahnte Möglichkeiten, etwa beim Vergleich von Interviews mit Holocaustüberlebenden, die unterschiedlichen Erzählzeiten, Erzählkulturen und Projektkontexten entstammen. Solche Vergleichsmöglichkeiten sind nicht nur im Hinblick auf die Erzähler, sondern auch im Hinblick auf die Interviewer instruktiv für eine Kultur- und Überlieferungsgeschichte der Shoah. Auch für die Sekundäranalyse von Interviews sind die digitalen Archive von unschätzbarem Wert.[5] Die Möglichkeit, thematische Auswertungen auf der Basis mehrerer Interviewsammlungen durchzuführen, ist ein großer Gewinn. Dennoch ist Vorsicht geboten: Oral History als qualitative Methode war nie mit der Produktion oder Auswertung von Massendaten verbunden. Jeder erfahrene Oral Historian wird Anfängern empfehlen, nicht mehr als dreißig Interviews zu machen, weil das erfahrungsgemäß die Obergrenze dafür ist,

5 Linde Apel, Oral History reloaded. Zur Zweitauswertung von mündlichen Quellen, in: Westfälische Forschungen 65 (2015), S. 243–254.

diejenigen, die von sich erzählen, als ganzheitliche Personen im Bewusstsein zu behalten. Die Bearbeitung von Interviewmassen, wie sie heute und in Zukunft online zur Verfügung stehen (werden), birgt die Gefahr einer Entkontextualisierung der Erzähler, was für die angemessene Interpretation ihrer Geschichten einen schweren Nachteil darstellt. Der Rückgriff auf Interpretationssoftware löst dieses Problem nicht. Solche Programme können zwar sinnvoll zur Auswertungsunterstützung eingesetzt werden, aber sie können die eigentliche interpretative Arbeit nicht ersetzen. Sie können im Gegenteil dazu führen, dass die Entwicklung von Fragestellungen durch die Möglichkeiten der technischen Auswertung in den Hintergrund gedrängt wird.

Ein grundlegendes Problem der Oral History wird durch die digitalen Archive eher noch verschärft. Die Rede ist von den ziemlich ungeklärten Fragen des Persönlichkeitsschutzes, der Autorenschaft und der Anonymisierung. Selbstverständlich müssen Interviewpartner der Internet-Veröffentlichung ihres Interviews zustimmen. Eine Anonymisierung ist, wenn es um eine Audio- oder Videoaufnahme geht, nicht möglich. Das gilt auch für den Fall, dass nur Auszüge aus Interviews online gestellt werden. Die Entscheidung über einen solchen Auszug hat erhebliche Konsequenzen dafür, wie die Person als Ganzes dargestellt wird. Oral Historians kennen das Problem, wenn Interviewpartner mit ihren Transkripten oder mit Zitaten in einer Publikation konfrontiert werden. Die Erfahrung, zum Gegenstand einer Fremddeutung gemacht zu werden, ist selbst dann kränkend, wenn die Interpretation wohlwollend und der Interviewte anonymisiert ist. Die meisten Interviewpartner haben keine Vorstellung davon, wie viel sie im Interview preisgeben. Die Zustimmung, sich der digitalen Öffentlichkeit auszusetzen, sollte deshalb in all ihren Konsequenzen sorgfältig mit ihnen besprochen werden. Aus der Perspektive der Person, die solche Archive für die eigene Arbeit nutzt, ist es umgekehrt unerlässlich, sich jenseits des Auszugs einen Eindruck von dem gesamten Interviewtext zu verschaffen. Das Knopp'sche *Gedächtnis der Nation* ist schon deshalb für die wissenschaftliche (und auch pädagogische) Nutzung ungeeignet, weil es den Zugang zum Gesamttext systematisch unterbindet.

4. Neue Perspektiven? Oral History in den Geschichts- und anderen Wissenschaften

Vor 25 Jahren orientierte sich die Oral History vor allem an der Disziplin, aus der sie kam und um deren Anerkennung es ihr ging. Seitdem hat sich die Geschichtswissenschaft nicht nur in theoretischer und methodologischer Hinsicht weiterentwickelt. Auch ihr disziplinäres Umfeld hat sich erweitert, wobei die Grenzen zwischen der Geschichtswissenschaft und ihren Nachbardisziplinen gelegentlich unkenntlich geworden sind. Das innovative Potenzial interdisziplinären Denkens und Forschens ist unstrittig, und die Oral History hat davon erheblich profitiert. Zwar gab es von Beginn an enge Bezüge zur Soziologie, vor allem zur sogenannten Biografieforschung, die sich zunehmend historischen Fragestellungen annäherte; aber das Aufkommen der *cultural studies* hat noch einmal einen bedeutsamen Schub für die methodische Selbstreflexion der Oral History hervorgebracht. Im Zentrum der wechselseitigen Aneignungen, Befruchtungen und Irritationen im interdisziplinären Austausch standen zwei Konzepte: das Gedächtnis und die Identität. Es ist unmöglich, an dieser Stelle näher auf die theoretischen Debatten einzugehen, mit denen sich die Protagonisten zum Teil obsessiv und exklusiv auseinandersetzten, meist mit Bezug auf einen der theoretischen Stars aus den postmodernen Schulen. Oral Historians befanden sich in diesen Auseinandersetzungen in einer merkwürdig ambivalenten Position: Einerseits konnten sie mit dem rein metaphorischen Gebrauch des »Gedächtnisses« wenig anfangen, schließlich war ihr Material die persönlich produzierte, wenn auch sozial und kulturell vorgeformte Erinnerung. Andererseits waren die theoretischen Konstrukte vom kulturellen und kollektiven Gedächtnis hilfreich, um eben jene Konstruktionselemente zu verstehen, ohne allerdings den individuellen Beitrag des Erzählers zu negieren.[6] Im Hinblick auf die Rede von der Identität war der Widerspruch ähnlich. In den subjektiven, meist autobiografischen Erzählungen wird im Oral-History-Interview ein Muster deutlich, das sich als erzählter Lebenssinn beschreiben lässt. Für die gelegentlichen Behauptungen, dass diese Erzählungen nur situativ und damit flüchtig sind, gibt es keinen ernst zu nehmenden Nachweis, für die relative Konstanz vor allem von Kernelementen einer solchen Sinngeschichte sprechen dagegen viele Forschungsergebnisse. Damit war es für Oral Historians einerseits schwer, sich der Foucault'schen Kritik des Subjekts anzuschließen, während sie andererseits der essentialistischen Rede von der Identität ebenfalls skeptisch gegenüberstanden, wussten sie doch um die Mehrdeutigkeit und historische Wandelbarkeit dessen, was man als Wissen vom Selbst bezeichnen könnte.

Die Debatten um Gedächtnis und Identität wurden zunächst vor allem in den Kulturwissenschaften, den Literaturwissenschaften, der (europäischen) Ethnologie und der Psychoanalyse geführt.[7] Anders als die französische und US-amerikanische Geschichtswissenschaft hielten sich die deutschen Historiker skeptisch zurück. Erst eine neue Generation und die massive wissenschaftspolitische Förderung von Interdisziplinarität öffneten die Schleusen. Seitdem stellt sich der Oral History ein anderes Problem: die Besinnung auf das eigene, disziplinspezifische Ziel. Anders als in den Kulturwissenschaften geht es hier nämlich um den Vergangenheitsbezug, also um die Frage, inwieweit wir uns über die diachronen Erzählungen vergangenen Erfahrungen annähern können. Jenseits eines naiven Glaubens an die Unmittelbarkeit und Authentizität der mündlichen Quellen gilt es dennoch, in ihnen Spuren des Vergangenen aufzufinden, die es uns erlauben, plausible Aussagen über die Vergangenheit zu machen. Bei dieser entscheidenden Frage bleiben wir trotz interdisziplinärer Perspektive auf uns gestellt.

5. Neue Herausforderungen: Oral History in den kommenden 25 Jahren

Sowohl die Bilanz als auch der Ausblick fallen also gemischt aus. Erfahrung, Erfolg und Bereicherung stehen einem möglichen Verlust an Präzision, Ernsthaftigkeit und Transparenz gegenüber. Aber die eigentliche Herausforderung liegt auf einem Gebiet, auf das wir keinen Einfluss haben: Welche Geschichten werden zukünftige Interviewpartner zu erzählen haben?

Die Oral History der letzten 25 Jahre, zumindest die in Deutschland und Westeuropa, hatte die sozialen und politischen Kämpfe, die schweren ökonomischen Krisen, die Machtübernahme durch den Nationalsozialismus und Faschismus, die Kriege, Völkermorde und den Kalten Krieg als historische Grunderfahrung breiter Bevölkerungsschichten zum Gegenstand. Wenn in den letzten Jahren immer wieder vom »Tod des Zeitzeugen« die Rede war, dann sind Jene gemeint, welche diese Krisen- und Gewaltgeschichte der ersten Hälfte des 20. Jahrhunderts bezeugen, eine Geschichte, die ihnen ihre besondere Aura verleiht, und die umgekehrt durch ihre physische Präsenz die Aura dieser Schreckensepoche verkörpern. Mit dem »Tod des Zeitzeugen« ist angedeutet, dass nicht nur diese konkreten »Zeugen«

6 Jan Assmann, Kollektives Gedächtnis und kulturelle Identität, in: ders./Tonio Hölscher (Hg.), Kultur und Gedächtnis, Frankfurt am Main 1988, S. 9–19.

7 Zuletzt vor allem zum Verhältnis von Geschichte und Psychoanalyse Roger Frie (Hg.), History Flows Through Us. Germany, the Holocaust, and the Importance of Empathy, London 2017.

aussterben, sondern die soziale Figur des »Zeitzeugen« im emphatischen Sinne verschwindet – zumindest in der nördlichen Erdhälfte. Die Oral History als geschichtswissenschaftliche Methode lebt aber nicht vom auratischen Zeugen, sondern von historisch interessanten Erzählungen. Für die interpretatorische Arbeit ist das Verschwinden des realen Erzählers sogar von Vorteil, weil es die Möglichkeiten quellenkritischer Analyse verbessert. Wir werden unsere methodologischen Bemühungen stärker als bisher auf Fragen der Sekundäranalyse richten müssen.

Das Problem der zukünftig erzählbaren Geschichten bleibt aber bestehen. »Gute Zeiten« produzieren weniger Geschichten als »schlechte«, ruhige Entwicklungen weniger als dramatische Brüche.[8] Für die zweite Hälfte des 20. Jahrhunderts haben wir es – zumindest in der Bundesrepublik Deutschland – mit weniger dramatischen Erfahrungen zu tun als in der europäischen Gewaltgeschichte der ersten Hälfte. Das Jahr 1989 produzierte Geschichte(n) in der DDR und Osteuropa, aber kaum im Westen. Auch Bevölkerungsgruppen, die erst allmählich ins Blickfeld der Alltags- und Sozialgeschichte geraten, insbesondere Migranten, haben sehr viel dramatischere Geschichten zu erzählen als die sogenannte Aufnahmegesellschaft. Dennoch wird unsere Fähigkeit, langsamere und subtilere Wandlungsbewegungen aus den Erzählungen zu erspüren, in Zukunft noch mehr herausgefordert. Wir sollten diese Herausforderung annehmen. Brauchen wir mehr Oral History? Nicht unbedingt. Aber was wir brauchen, ist eine intensivere Auseinandersetzung mit den methodologischen Problemen, die von der Oral History aufgeworfen werden, aber uns alle betreffen.

8 Ulrich Herbert, »Die guten und die schlechten Zeiten«. Überlegungen zur diachronen Analyse lebensgeschichtlicher Interviews, in: Lutz Niethammer (Hg.), »Die Jahre weiß man nicht, wo man die heute hinsetzen soll.« Faschismuserfahrungen im Ruhrgebiet. Lebensgeschichte und Sozialkultur im Ruhrgebiet 1930 bis 1960, Bd. 1, Berlin 1983, S. 67–96.

■ Katja Jana

»Gegen die Unterbelichtung der linken Bewegung.«

Interview mit Olaf und Hermann vom Umbruch Bildarchiv e.V. in Berlin

Vor gut 30 Jahren fand sich eine Gruppe von Fotografen zusammen, um die Geschichte linker Bewegungen in Bildern zu dokumentieren und einen gemeinsamen Pool für Publikationen aller Art zu schaffen. Mittlerweile beherbergt das Archiv rund 100.000 Fotos zu sozialen, kulturellen und politischen Brennpunkten. In Zusammenarbeit mit anderen Fotograf*innen und politischen Initiativen präsentiert Umbruch seit 1999 Fotoberichte über aktuelle Ereignisse auf seiner Website: www.umbruch-bildarchiv.de. Das Gespräch führte Katja Jana.

WerkstattGeschichte *Könnt ihr Euch vorstellen und was zu Eurer Arbeit sagen? Was ist Euer Anliegen?*

Umbruch Wir sind ein Fotoarchiv, das es seit 1988 gibt. Unser Gründungsmotto war damals »Gegen die Unterbelichtung der linken Bewegung«, weil die Leute immer irre lange textlastige Flugblätter verfasst haben, ohne auf die Gestaltung zu achten. Deshalb haben wir uns und unsere Bilder in einem gemeinsamen Pool zusammengetan. Die Idee war, Fotos von sozialen und linken politischen Bewegungen zu sammeln und diesen wieder zur Verfügung zu stellen. Unser Wunsch dabei ist, dass die Bilder möglichst breit genutzt und wiederverwendet werden.

Was sind Eure Schwerpunkte? Dokumentiert Ihr politische Bewegungen global, oder ist Eure Sammlung vor allem auf Berlin bezogen?

Unser Schwerpunkt ist Berlin, aber es ist nicht so eng begrenzt. Denn es gibt immer auch bundesweit irgendwelche Aktionen, die wir dokumentieren, ob das jetzt in München ist, in Wackersdorf oder in Gorleben … Wir waren und sind zu den verschiedensten Anlässen über die Jahre fotografisch unterwegs, und so kommen die unterschiedlichen Sachen zusammen. Außerdem sind in den letzten Jahren Archive von Fotografinnen und Fotografen dazu gekommen, die auch schon in den 70er und 80er Jahren fotografiert haben, ein Bereich, den wir bisher nicht abgedeckt hatten. Oder auch Archive von Leuten, die in Südamerika waren, in Asien. Das wird uns zur Verfügung gestellt, weil die Leute wissen, wir gehen verantwortungsvoll mit ihrem Material um. Somit ist es schwerpunktmäßig immer noch Berlin, aber falls Anfragen kommen zu anderen Themen, besteht immer die Möglichkeit, hier was zu finden.

Entstanden ist Umbruch einmal aus einem Zusammenschluss von Fotografen, die damals hauptsächlich regional gesammelt haben. Dann gab es 2007 die Proteste gegen den G8 Gipfel in Heiligendamm, und seitdem machen wir vermehrt Fotoreihen oder Serien auch zu internationalen Kämpfen.

Sind das dann meist Aktionen mit Bezügen zu Berlin, wie zum Beispiel Fotos von Gezi-Solidaritätsprotesten in Berlin?

WERKSTATT*GESCHICHTE* / Heft 75 (2017) – Klartext Verlag, Essen S. 89–97

Das eine sind Sachen, die hier stattfinden (mit internationalen Bezügen), das andere ist der Austausch mit Fotografen aus anderen Ländern. Vor dem G8 Gipfel zum Beispiel hatten wir Kontakt zu einem Kollegen, er heißt Olmo [Olmo Calvo Rodríguez, Anm. WG]. Das war 'ne tolle Sache: Er hatte uns angeschrieben, weil er mit anderen Fotografen ein ähnliches Archiv in Argentinien betreibt, in Buenos Aires, und Interesse an einem Austausch hatte. Wir haben dann angefangen, uns erstmal Bilder hin- und herzuschicken. Er hat Fotos geschickt von den *Cartoneros* in Buenos Aires. Das sind Leute, die dort vom Müll sammeln leben. Olmo hat eine Frau und ihre Kinder über mehrere Wochen begleitet, Rita hieß sie. Er wohnte bei ihr, hat ihren Tagesablauf portraitiert und ihre Geschichte dazu aufgeschrieben. Wir fanden das toll, weil das ein bisschen ähnlich ist wie bei uns mit den Punks am Kotti damals, oder die Leute, die heute vom Flaschenpfand leben. Wir haben dann eine Fotoreihe gemacht über die *Cartoneros* und die Situation der Armen in Buenos Aires mit der Aufforderung: »Leute, wenn ihr ähnliche Geschichten erzählen wollt, dann schickt uns eure Bilder dazu.«

Das war von daher ganz schön, weil das vor dem G8 Gipfel war und wir die Bilder auf unserer website auch als Mobilisierung für die Proteste in Heiligendamm nutzen konnten. Vor dem Hintergrund: wie schlagen sich verschiedene Leute in der Welt über die Runden.

Direkt darauf gab es eine Reaktion einer Kollegin aus Hamburg, Marily, die das toll fand und sagte, Kolleg*innen von ihr hätten starke Bilder von Landarbeiter_innen in Griechenland, die in der Orangenernte beschäftigt sind. Das sind vor allem Migranten, die dort nur 1,6 Cent pro Kilo als Lohn bekommen. Die Gruppe in Griechenland, in der auch Marily mitarbeitet, heißt »fotofraxia« und die Bilder sind von Ioanna Katsarou und Christos Stefanou. Sie hat uns die Fotos geschickt und wir haben darüber eine Reihe gemacht. Zwei andere Kollegen, Marco del Pra aus Italien und Lisa Boyles aus Wien, haben uns Fotos geschickt vom »Plastikmeer in Almeria«. Das sind die Gewächshäuser in Andalusien, in denen Gemüse für ganz Europa angebaut wird. Auch dort sind vor allem Migrant*innen für einen Hungerlohn in der Ernte tätig. So kam eins zum anderen und wir haben relativ viel Resonanz bekommen und zusehends mehr Bilder aus anderen Ländern. Damit konnten wir unseren Themenbestand erweitern.

Auf Eurer Homepage und in meiner Wahrnehmung waren bisher die Bewegungsfotos, also Fotos von Demos und Protesten viel präsenter? Wie wichtig ist Euch dieser Schwerpunkt?

Dazu kann ich (Hermann) gern noch ein bisschen erzählen, welche Bestände wir haben. Was uns sehr bereichert hat, sind Nachlässe, die wir bekommen haben. Zum Beispiel von einem Fotografen, mit dem wir viele Jahre zusammengearbeitet haben und der dann leider gestorben ist. Er heißt Otto Göpfert. Er war vierzig Jahre als Reiseschriftsteller unterwegs und hat in dieser Zeit ganz viele Portraits gemacht von Menschen in Alltagssituationen. Bilder, wie hier auf dem schönen Plakat an der Wand. Nicht die klassischen Politbilder. In Guatemala, in Rio, in Indien, er war überall. Früher hat er seine Bücher im Selbstverlag gemacht. Zum Schluss hat er immer nur noch jeweils ein Fotobuch über seine Reisen hergestellt, das stand bei ihm im Schrank. Ich habe ihn mal zufällig auf der Straße getroffen und, als er davon erzählte, zu ihm gesagt, »das kannste nicht machen, was für tolle Sachen, komm doch mal vorbei. Wir gucken uns das zusammen an.« Dann haben wir zuerst eine Fotoreihe gemacht über Vietnam, die er selbst gestaltet hat. Das fand er gut so. Und mit der Zeit kamen dann die ganzen Berichte aus verschiedenen Ländern zusammen. Ich fand das sehr spannend, weil er viel experimentiert hat mit seinen Bildern und das eben mal was ganz anderes war. Er hat zum Beispiel tolle Fotos von Menschen in Rio de Janeiro 1968 gemacht. Aufnahmen, die es sonst gar nicht mehr gibt, die zeitlos sind.

Mit der Zeit hatten wir immer mehr unveröffentlichte Schätze im Archiv und deshalb überlegt, wie bringen wir die Bilder zu den Leuten? Wir haben angefangen Ausstellungen zu organisieren. Als einen Versuch, mit unseren Fotos auch politisch zu arbeiten. Eine der letzten war eine Ausstellung über Zwangsräumungen, weil hier in der Stadt immer mehr Leute gekündigt werden und rausfliegen. Das hatte eine ganz gute Resonanz, weil die Ausstellung zeigte, dass es eben nicht nur die Zwangsräumungen gibt, sondern auch Proteste dagegen, die manchmal erfolgreich sind. Bei uns hier in der Lausitzerstrasse zum Beispiel gab es eine Räumung von einer Familie mit drei Anläufen. Beim letzten Anlauf waren dann tausend Leute auf der Straße, schon um sechs Uhr morgens. Da sind starke Bilder entstanden. Wir haben sie zuerst in der Regenbogenfabrik gezeigt und später noch einmal im Kreuzbergmuseum in Zusammenarbeit mit dem Bündnis gegen Zwangsräumungen. Das ist immer ganz gut, wenn die Bilder nicht nur einen archivarischen Wert, sondern auch einen praktischen Nutzen haben.

Eine andere Geschichte war: Wir haben viel gemacht in Zusammenarbeit mit der Flüchtlingsbewegung. Zum Beispiel mit der Initiative in Gedenken an Oury Jalloh, die seit Jahren dafür kämpft, dass der Tod in der Zelle in Dessau, die Umstände seines Todes aufgeklärt werden. Mit ihnen zusammen haben wir auch eine Ausstellung organisiert und damit versucht, Öffentlichkeit herzustellen, da die staatlichen Stellen immer versucht haben, den Mord an Oury Jalloh zu vertuschen.

Das heißt, ihr seid vielseitig vernetzt. Wie sieht zum Beispiel die Kooperation mit dem Kreuzbergmuseum aus? Macht ihr öfter was zusammen?

Einige Mitarbeiter*innen vom Kreuzbergmuseum waren bei der Eröffnung der Ausstellung über die Zwangsräumungen in der Regenbogenfabrik. Die Bilder fanden sie schön und haben gefragt, ob sie die Ausstellung nicht auch im Kreuzbergmuseum zeigen könnten. Als sie dann einen freien Termin hatten, haben wir das gemeinsam organisiert. Da wird es sicher noch weitere Gelegenheiten geben.

Wie geht ihr mit der Masse von Bildern um, die durch die digitale Technik ermöglicht werden? Ich habe gesehen, dass ihr in der Regenbogenfabrik auch eine Ausstellung hattet zum Thema Freiräume in Kreuzberg früher und heute. Könnt ihr dazu was sagen?

Wir gehen da ganz pragmatisch vor, 80% der Bilder fliegen nach der ersten Sichtung ohne viel Überlegen raus, anders geht es gar nicht. Und mit der Zeit hat sich ein Blick dafür entwickelt, was wir bewahren wollen. Ganz schnell, sonst wirst du überschüttet, sowohl von außen als auch von den eigenen Bildern.

Inhaltlich versuchen wir immer auf zwei Ebenen zu arbeiten. Jetzt bei der aktuellen Ausstellung macht uns am meisten Spaß, dass sie von verschiedenen Fotograf*innen zusammengestellt wurde. Es waren 13 Fotograf*innen beteiligt. Da sind einige, die früher sehr viel fotografiert haben, Anfang der 80er Jahre, und dann gibt es welche, die jetzt viel politisch unterwegs sind. Mir gefällt sehr daran, dass es dann auch unter uns Diskussionen gibt, welche Bilder waren früher wichtig für die Leute, was ist heute interessant. Zum Beispiel bei der Freiräume in Kreuzberg-Ausstellung: früher waren es die Häuserkämpfe, die Besetzungen, klar, das kennen noch viele. Aber wir wollten nicht nur so einen Nostalgierückblick machen, sondern gucken, was sind denn heute noch Freiräume? Die sehen ganz anders aus. Und da wird's spannend, wie die Einzelnen das sehen und welche Bilder sie dann vorschlagen.

Wann war diese Ausstellung?

Abb. 1: Juni 1982 am Richardplatz 8 in Berlin-Neukölln, Quelle: Michael Kipp/Umbruch Bildarchiv

Wir haben sie Ende 2015 in der Regenbogenfabrik gezeigt. Sie wurde sehr gut besucht. Das zeigt uns, dass das Bedürfnis nach Freiräumen nach wie vor sehr stark ist, gerade weil es in der Stadt immer mehr Einschränkungen gibt. Es werden zunehmend Leute vertrieben, Wagenburgen, die früher möglich waren, haben kaum noch Plätze. Viele Projekte sind durch immense Mietsteigerungen und von Kündigungen bedroht. Wir selber sind gefährdet hier als Projekt in der Lausitzer 10 in Kreuzberg und müssen schauen, ob unsere Mietverträge verlängert werden und ob wir das Haus langfristig halten können. Wie uns geht es vielen und so wird auch der Kampf um die Freiräume wieder stärker. Bei der Entwicklung der Ausstellung war das mit das Interessante, dass es einige Ähnlichkeiten gibt mit den Häuserkämpfen von damals. Nur, dass du da noch mehr Möglichkeiten hattest. Heute sind Besetzungen die Ausnahmen und da sind es auch andere Akteure. Zum Beispiel die Flüchtlinge, die den Oranienplatz oder die Schule in der Ohlauerstraße besetzt haben.

Oder Kotti & Co als Mieter_innenbewegung, mit ihrem Protesthaus (Gecekondu) am Kottbusser Tor, als Beispiel dafür, dass immer neue Ansätze der Stadtpolitik von unten entwickelt werden: Seht ihr das auch als Teil dieser Bewegung?

Ja genau, für uns ist nicht nur der Rückblick in die Vergangenheit interessant, sondern die Frage: Was ist für Leute, die heute aktiv sind, wichtig? Da wollen wir gerne Räume schaffen für Begegnungen zwischen alten und jungen Aktiven. Bei der Ausstellung waren z. B. Leute, die früher die Besetzungen gemacht haben und auch welche, die jetzt als Sprayer unterwegs sind auf den Dächern von Kreuzberg, oder andere, die beim Oranienplatz mitgemacht haben.

Eine Frage, die wir uns mit Blick auf unser Heft gestellt haben, war: Wie ist Euer Projekt entstanden, wie hat es sich entwickelt, was ist heute noch da und wie kann es weitergehen? Auch aus der Perspektive, dass viele alternative Initiativen inzwischen institutionalisiert sind? Wie sieht die Zukunft von Geschichte von unten aus? Da fällt mir die Frage nach der Finanzierung ein. Wie läuft das bei Euch?

Unsere Arbeit läuft weitestgehend ehrenamtlich. Wir finanzieren das Archiv durch Spenden und Fördermitglieder und durch einzelne Honorare für Bilder. Damit bekommen wir die Miete und die Unkosten für die Räume, Telefon usw. zusammen. Die meisten Aktiven bei uns haben einen Extrajob um Geld zu verdienen, das heißt, sie machen das hier in ihrer Freizeit, ehrenamtlich, weil sich das sonst auch gar nicht finanzieren ließe. Allerdings können wir uns seit einigen Jahren eine halbe Stelle leisten, das ist aber auch die einzige, die möglich ist. Ist aber auch immer wieder ein Kampf, weil die Gelder gering sind. Das ist das Problem, was die meisten ähnlichen Archive kennen, dass ihre Arbeit zwar als wichtig geschätzt wird, dass es dafür aber keine Finanzen gibt.

Wenn ich sehe, was ihr alles macht, die Spannbreite und die Vernetzung finde ich enorm. Das finde ich schon erstaunlich zu sehen. Wie bekommt ihr das zeitlich hin?

Gut, das geht nur, weil es immer wieder Leute gibt, die uns unterstützen. Die uns Aufträge oder Fotos zukommen lassen. Und es gibt auch viele Leute, die einfach sagen, wir haben Lust, was mit unseren Bildern zu machen. Das sind ja nicht wir allein, die als Stammgruppe hier arbeiten. Zum Beispiel waren vor kurzem zwei Schüler aus Syrien da, die hier ein Praktikum gemacht haben. Sie waren dann drei Wochen in Kreuzberg unterwegs und haben ihre Geschichten aufgenommen. Ihre Idee war es, den Leuten zu zeigen, wie arabisches Leben in Berlin aussieht, und wir haben sie dabei unterstützt. Für uns war das interessant, weil die sehr fit waren. Und sie haben Lust gehabt dazu und haben ein bisschen was über Fotografie mitbekommen. Gleichzeitig sind Bilder entstanden, die aus einer ganz anderen Sicht bestimmte Eindrücke darstellen, zum Beispiel waren sie in der Moschee hier am Görli, in die wir nie reingehen würden, und haben dort Fotos gemacht und uns das gezeigt.

*Könnt ihr was zu den Nutzer*innen eures Archivs sagen?*

Neben den Anfragen aus der Bewegung selbst gibt es journalistische Nachfragen, wenn Leute Rückblicke machen, Mainzer Straße oder 1. Mai, öfter kommen jetzt auch Kinoleute, die sagen, wir wollen was verfilmen und brauchen Bilder dafür. Student*innen und Lehrer nutzen gern unser Fotomaterial für Ihre Arbeiten oder ihren Unterricht. Ansonsten bekommen wir eher über die Internetnutzung mit, was die Leute interessiert. Es gibt einen relativ großen Zugriff auf die Umbruch-Webseite. Bei den Printgeschichten ist es eher wenig, da haben wir kaum Anfragen, bei denen wir Geld verdienen, denn dafür gibt es die Agenturen. Manchmal kommen auch Leute aus anderen Städten, die bestimmte Motive für Ausstellungen suchen.

Ich selber (Olaf) habe zwar auch lange auf Demonstrationen Fotos gemacht, fotografiere aber schon seit den 80ern auch Stadtgeschichte und -veränderung. Die Stadtlandschaft, da hat sich seit den 90ern so rapide was verändert und auch viel zur NS-Geschichte. Was ist in der Stadt aus der Zeit noch präsent aus den Kriegen, Verfolgungsgeschichte, Architektur. Außerdem habe ich die Vernichtungslager in Polen im Osten besucht oder Gedenkstätten in Deutschland. Daneben dokumentiere ich Alltagsleben, da ich spätestens seit den 90ern das Gefühl hatte, das geht verloren, das heißt, vieles von dem, was in der Stadt bisher lebendig war, geht verloren.

Das heißt, ihr macht mit euren Sammlungen und eigenen Arbeiten selber schon Geschichtsarbeit/ Alltagsgeschichte?

Ja, ich zum Beispiel (Olaf) hatte Berlin sowieso als fotografisches Thema und das passte dann zu der Arbeit von Umbruch, als ich Anfang der 90er dazu kam. Zum einen war dies mein Hobby oder meine Leidenschaft, aber ich kam natürlich auch aus der autonomen Bewegung und fühle mich da immer noch zugehörig, auch wenn man natürlich nicht mehr die Zeit hat sich da überall reinzuschmeißen. Aber ich verstehe das als einen Teil von mir. Und so verstehe ich auch das, was wir hier machen.

Schaut ihr auf Stadtgeschichte immer in Wechselwirkung mit den stadtpolitischen Bewegungen?

Für uns gehört das zusammen, die Stadt, die Menschen, was wird gemacht, wie entwickelt sich die Stadt, was bleibt übrig, wo ist der Widerstand, gibt's noch was, das gehört alles dazu, was wir alle kennen, die Nazis, die Spießer, die Verrückten.

Das heißt, die Geschichten, die ihr sammelt, gehen in vielen Bereichen über Bewegungsgeschichte hinaus?

Ich (Hermann) denke, das, was für uns wichtig ist, ist dieses offene Verständnis. So wie Olaf meinte, wir haben unsere eigene Geschichte, und aus dieser Perspektive schauen wir uns Sachen an. So sind auch viele Bilder entstanden. Zum Beispiel von Fadl, der eine Zeitlang

Abb. 2: Sommer 1987 auf der Oranienstraße in Berlin-Kreuzberg, Quelle: Michael Hughes/ Umbruch Bildarchiv

hier mitgemacht hat. Er ist selber Flüchtling, war selber von Abschiebung bedroht. Er hat ganz viel Initiative reingesteckt, als es die Kämpfe gegen die Residenzpflicht gab. 2001 gab es hier in Berlin drei Tage, in denen Flüchtlinge ein Camp auf dem Schlossplatz in Berlin Mitte errichtet haben und einfach gesagt haben: »Residenzpflicht ist uns egal, verboten ... wir kommen trotzdem hierhin, wir lassen uns das Recht, uns frei zu bewegen, nicht nehmen!« Er hat die Tage dokumentiert und daraus ist eine super Ausstellung entstanden. Die ist dann viel herumgegangen, weil die Flüchtlingsinitiativen sie auch toll fanden. Zum Beispiel »The Voice Afrika Forum« und die Flüchtlingsinitiative Brandenburg. Sie haben die Ausstellung selber genommen und für ihre Kampagnen genutzt und zu verschiedenen Anlässen gezeigt. Wir finden das eine ganz gute Kombination. Auch um selber nicht abgehoben zu werden und am Ball zu bleiben, ist für uns der Austausch wichtig und für manche Gruppen, die unsere Bilder nutzen, ebenso.

Ihr habt schon viel dazu gesagt, aber vielleicht könnt ihr nochmal zusammenfassen: Welche Erfolge, Probleme und Resonanz seht ihr in Eurer Arbeit?

Das Problem liegt vor allem in der Kapazität. Dass wir merken, dass wir ganz viel ehrenamtlich machen, aber dass der Druck für uns selber auch größer wird, unsere Brötchen zu verdienen. Wir haben öfter Gespräche darüber, wie machen wir das, uns auf der einen Seite selbst zu finanzieren und auf der anderen Seite hier die Arbeit leisten zu können. Olaf z. B. würde gerne viel mehr hier machen, muss aber nebenbei zu Hause was machen, muss nebenher arbeiten. Erzähl mal selber, wie es so ist?

Wie es so ist? Ich denke, wie bei den meisten. Der Druck wird einfach größer, die Brötchen kleiner, du musst kieken, wie du über die Runden kommst. Und so bin ich eben fünf Tage die Woche eingespannt, habe zu Hause auch noch was zu machen, weil die Verhältnisse schwierig sind, finanziell. Und so biste mit deiner Energie natürlich auch an der Grenze, wenn du von der Arbeit kommst, dann zu sagen, ey, ich schalte um. Dann bin ich eigentlich erstmal platt, die Stadt, der Stress, die ganzen verrückten Autofahrer, egal, der ganze bescheuerte Wahnsinn, da musste erstmal runterkommen, musste erstmal hier landen sozusagen, den Faden wieder aufnehmen. Und dann denke ich natürlich auch: ok, wenn ich Zeit habe, dann wäre ich eigentlich auch viel lieber draußen, um zu fotografieren, anstatt mich jetzt hier an den Tisch zu setzen und irgendwas durchzuschauen oder sonstwas.

Wenn ich höre, was ihr so macht, kommt es mir auch eher vor wie ein Vollzeitjob?

Das wäre schön, wenn wir das machen könnten. Klar, sicherlich, wenn wir hier feste Stellen hätten, das wäre super. Aber so ist es nicht und wir haben alle unseren Stress außerhalb und das muss dann eben mit hierher gebracht werden.

Dann ist es aber auch Teil eures Selbstverständnisses unabhängig von bestimmten Strukturen oder Institutionen zu sein und eher Teil einer Bewegung zu sein?

Genau, deswegen freuen wir uns auch, wenn wir private Spender haben. Dass wir kein staatliches Projekt sind, sondern unabhängig, das ist uns wichtig. Wir kommen aus dieser Kollektivgeschichte, also mit dem Anspruch, dass wir ein nicht-kommerzielles Archiv sind, und da stoßen wir manchmal an die Grenzen. Wir wollen, dass die Leute die Bilder nutzen können, für ihre linke Medienarbeit möglichst auch kostenlos. Auf der anderen Seite steigen die Kosten für uns selber. Da probieren wir alle möglichen Sachen aus und sagen, Leute spendet,

Abb. 3: 13.2.2014, Dresden stellt sich quer, Quelle: Andrea Linss/ Umbruch Bildarchiv

oder guckt, ob ihr irgendwelche Gelder auftreiben könnt… manchmal klappt das ganz gut. Wir haben auch schon erlebt, dass Leute von sich aus auf uns zukommen: »Wir haben eine Möglichkeit, was zu finanzieren, wir würden euch gern das Geld geben. Lass uns mal zusammen ein Projekt machen.«

Einmal haben wir zum Beispiel eine Seite zum Mauerfall gemacht, da hat uns eine Kollegin aus einem Ostarchiv unterstützt, die sagte, »Mensch, bei uns können wir da Gelder für beantragen. Ihr habt so viele tolle Bilder zum Mauerfall. Wir versuchen 5000 Euro zu organisieren und dann schreibt ihr mal die Geschichten auf.« Dann haben wir 500 Bilder rausgesucht und Olaf und Wolle, die damals sehr viel fotografiert haben am Abend, als die Mauer fiel und auch in der Zeit davor und danach, haben ihre Geschichte dazu aufgeschrieben. Das war mal eine Sache, die finanziert war, wo ein bisschen Geld reinkam. Die Fotos rund um den Mauerfall werden immer noch viel angeschaut, vielleicht auch deshalb, weil sie den Mauerfall mal aus einer anderen Perspektive zeigen.

Mir ist auch aufgefallen, dass ihr zu Euren Bildern auch einiges an Textarbeit macht?

Da kommt dazu, dass wir eigentlich nicht die traditionellen Archivare sind. Es gibt Leute, die das sehr viel professioneller machen und – sag ich mal – Bilddatenbanken viel besser durchstrukturieren. Das ist aber auch so aufgrund der Grenzen, die wir haben, da wir uns eine teure Datenbank nicht leisten können. Und wir können das, was normale Bibliotheken an Arbeit machen, auch nicht leisten. Deswegen versuchen wir, indem wir unsere Bestände ins Netz stellen, sie dadurch schon zeitlos zugänglich zu machen. Wir haben unsere Fotos seit 1999 im Internet und ein Großteil ist digitalisiert. Darunter sind auch die spannenderen Geschichten, die wir aufgenommen haben, von denen andere kaum Bilder haben, wie die frühen Häuserkämpfe, die Mainzerstraße, oder die Besetzung des Kubat-Dreiecks. Es gab ein paar Ereignisse, die für die normalen Medien damals nicht so präsent waren. Diese Bilder haben heute eine Wichtigkeit, weil es sie woanders nicht gibt.

Insgesamt sehe ich das als eine Erfolgsgeschichte, die ihr mir erzählt habt. Was findet ihr besonders erwähnenswert?

Dass es uns immer noch gibt!

Ihr scheint ja auch als Gruppe, die schon lange zusammenarbeitet, gut zu funktionieren?

Es gibt auf jeden Fall fünf, sechs Leute, die schon länger mitmachen, und dann immer wieder Leute, die eine Weile verantwortungsvoll in einem bestimmen Rahmen dabei sind und dann aus den unterschiedlichsten Gründen woanders hingehen. Mit denen bleiben wir aber trotzdem in Kontakt. Die auch immer wieder sagen, wir haben was, können wir euch unterstützen, habt ihr Interesse an dem und dem Material?

Wollt ihr noch was hinzufügen, was euch wichtig ist?

Tja, bringt eure Bilder vorbei!

■ Chris Rotmund

Offenes Gedenken und staatliche Erinnerung.

Die Initiative für einen Gedenkort ehemaliges KZ Uckermark e.V.[1]

Das ehemalige Jugendkonzentrations- und spätere Vernichtungslager Uckermark

Es gab in der Zeit des Nationalsozialismus zwei Jugend-Konzentrationslager, eins für Jungen und junge Männer in Moringen bei Göttingen und das Jugend-Konzentrationslager Uckermark für Mädchen und junge Frauen. Das Gelände dieses Lagers liegt ca. 90 km nordöstlich von Berlin, nur ca. 2 km vom ehemaligen Frauenkonzentrationslager Ravensbrück. Außerdem gab es in Lódz noch ein Konzentrationslager für Kinder und Jugendliche, dieses wurde von den Nazis »Polenjugendverwahrlager Litzmannstadt« genannt. Anfang 1942 wurde mit der Errichtung des Konzentrationslagers Uckermark begonnen. Im Juni wurden die ersten 70 Mädchen und jungen Frauen in das Lager gebracht. Es wurde verharmlosend »Jugendschutzlager« genannt. Tatsächlich war es ein Konzentrationslager und auf verschiedenen Ebenen eng verknüpft mit dem daneben liegenden Frauenkonzentrationslager. So mussten die Mädchen und jungen Frauen zum Beispiel die ersten Tage und Wochen im sogenannten »Aufnahmeblock« des Frauenkonzentrationslagers verbringen und die Einweisungsprozedur über sich ergehen lassen. Sie mussten zwangsarbeiten, bekamen die gleiche Kost wie die Frauen in Ravensbrück, waren also unterernährt. Es gab ein rigides Bestrafungssystem und ein Teil der Strafen wurden im Bunker in Ravensbrück durchgeführt. Insgesamt wurden im Konzentrationslager Uckermark 1000 bis 1200 Mädchen und junge Frauen gefangen gehalten. Die Haftzeit war grundsätzlich nicht begrenzt. Aufgrund fehlender Dokumente lässt sich über die Zahl der Todesfälle im Lager keine Aussage machen. Ehemalige Häftlinge berichten aber von Erschießungen auf der Flucht und von Vergiftungen. Geplant war das Jugend-Konzentrationslager Uckermark für 16- bis 21-Jährige. Mindestens ein Mädchen war erst zehn und einige andere 15 Jahre alt.[2]

Hauptsächlicher Inhaftierungsgrund war die Verfolgung von sogenannten »Asozialen«; die sogenannte »sexuelle Verwahrlosung« war ein spezifisch weiblicher Haftgrund innerhalb dieser Kategorie.

Der Alltag der Mädchen war geprägt durch Zwangsarbeit, »kriminalbiologische Untersuchungen«, Zwangssterilisationen und dem ständigen Kampf ums Überleben. Im Januar 1945 wurde der größte Teil des Konzentrationslagers Uckermark geräumt und 211 Mädchen (laut Zugangsliste des Frauenkonzentrationslagers) nach Ravensbrück gebracht. Im gleichen Monat wurde der geräumte Teil des Konzentrationslagers Uckermark zur Vernichtungsstätte für Häftlinge aus Ravensbrück. Ende 1944, Anfang 1945 wurde in Ravensbrück eine Gaskam-

1 Der Beitrag erschien zuerst in AK Loukanikos (Hg.), History is unwritten. Linke Geschichtspolitik und kritische Geschichtswissenschaft. Ein Lesebuch, Münster 2015, S. 160–174. Wir danken der Autorin, den Herausgeber_innen und dem Verlag edition assemblage für die Möglichkeit, den Text hier in einer stark gekürzten und leicht überarbeiteten Fassung erneut abzudrucken.

2 Siehe Katja Limbächer/Maike Merten/Bettina Pfefferle (Hg.), Das Mädchenkonzentrationslager Uckermark. Beiträge zur Geschichte und Gegenwart, Münster 2005.

mer gebaut. Insgesamt starben in der Vernichtungsstätte Uckermark und in der Gaskammer von Ravensbrück in der Zeit von Januar 1945 bis zur Befreiung im April 1945 ca. 5000 bis 6000 Frauen überwiegend osteuropäischer Herkunft.

Für viele Verfolgte – vor allem diejenigen, die als sogenannte »Asoziale« verfolgt wurden – gab es im April/Mai 1945 keine wirkliche Befreiung. Sie kamen zwar, auf unterschiedlichen Wegen, aus dem Konzentrationslager, aber bei vielen gingen Ausgrenzung, Stigmatisierung und auch Verfolgung weiter. Erst 1970 wurden die sogenannten »Jugendschutzlager« Uckermark und Moringen in der BRD als Konzentrationslager anerkannt, zwei Jahre später dann auch in der DDR. Dies war auch deshalb wichtig, weil die Einstufung als Konzentrationslager (und nicht als eine Art Erziehungsanstalt!) eine gewisse gesellschaftliche Anerkennung des an diesem Ort erlittenen Unrechts bedeutet. Doch noch bis in die 1970er Jahre wurden in der Bundesrepublik Deutschland Mädchen als »sexuell verwahrlost« in Erziehungsheime eingewiesen. Als Grund reichte ein Verhalten, das von geltenden gesellschaftlichen Normen abwich oder das Erleiden von sexueller Gewalt. Das »Gesetz zur Verhütung erbkranken Nachwuchses« wurde erst im Februar 1986 von einem Amtsgericht in Kiel zum ersten Mal als nationalsozialistisches Unrecht eingestuft.

Die Initiative für einen Gedenkort ehemaliges KZ Uckermark e.V.

Die Initiative gründete sich aus der Lagergemeinschaft Ravensbrück/Freundeskreis e.V. heraus. Die Lagergemeinschaft Ravensbrück, gegründet von ehemaligen Häftlingen, hat sich 1993 für Menschen aus der zweiten und dritten Generation geöffnet, auch für welche ohne Verfolgtenhintergrund. 1997 gab es das erste Baucamp auf dem Gelände des ehemaligen Konzentrationslagers Uckermark, das in direkter Nähe des ehemaligen Frauenkonzentrationslager Ravensbrück[3] liegt. Organisiert wurde dieses Baucamp auf dem damals noch völlig verwilderten Gelände von Frauen aus der Lagergemeinschaft. Unter archäologischer Begleitung fanden Ausgrabungen statt. Es wurden Fundamente von Baracken ausgegraben und dabei auch viele Materialien aus der Lagerzeit gefunden. Auch wurden »Schnitte« gezeichnet; das bedeutet, die Aufzeichnung der Größe und Lage der Baracken maßstabsgetreu zu dokumentieren.

Auch heute noch, 17 Jahre nach diesem ersten Camp, ist die Organisation internationaler Bau- und Begegnungscamps ein wichtiger Teil der Arbeit der Initiative. Diese sind offen für LBT-Personen[4]. Dort verbringen meist ca. 15 bis 20 Teilnehmer_innen eine Woche zusammen – die Teilnehmendenzahl ist aufgrund von Platzgründen und wegen der inhaltlichen Ausrichtung so begrenzt worden, da bei mehr Teilnehmenden die Kommunikations- und Begegnungsform eine andere ist. In dieser Zeit werden überwiegend Arbeiten auf dem Gelände verrichtet, die der Instandhaltung und Gestaltung des Gedenkortes dienen, der hier seit 1997 entstanden und immer weiter im Entstehen ist (z.B.: Freilegen der Wege, Aufstellung von Schildern, Gestaltung der »Maschas«[5]).

3 Für weitere Informationen zu Ravensbrück siehe unter anderem: Bernhard Strebel, Das KZ Ravensbrück, Paderborn 2003; Germaine Tillion, Frauenkonzentrationslager Ravensbrück, Frankfurt a.M. 2001.

4 Lesben, Bi- und Transgender-Personen.

5 »Maschas« sind Figuren aus Maschendrahtzaun, die an einigen Stellen auf dem Gelände zu finden sind.

Daneben gibt es viel Raum für Diskussionen, selbstorganisierte Veranstaltungen (z. B. zu den Themen »geschlechtsspezifische Verfolgung im Nationalsozialismus«, »Klassismus« etc.), Öffentlichkeitsarbeit und den Besuch durch Menschen, die das Jugendkonzentrationslager Uckermark beziehungsweise das Frauenkonzentrationslager Ravensbrück überlebt haben. Bei der inhaltlichen Ausgestaltung wird versucht, den Teilnehmer_innen möglichst viel Raum zur Mitsprache zu geben, sofern das organisatorisch möglich ist.

Seit dem Jahr 2005 organisiert die Initiative jährlich eine Gedenkfeier zum Jahrestag der Befreiung. Es werden Reden gehalten, von Überlebenden[6] und von anderen Personen und Organisationen. Im Anschluss an die Gedenkfeiern werden Rundgänge über das Gelände und Gespräche zum aktuellen Stand des Gedenkortes angeboten. Die Initiative hat sich im Jahr 2006 als gemeinnütziger Verein eintragen lassen. Es gab lange Zeit den Wunsch von ehemaligen Häftlingen nach einem Gedenkstein. Dieser wurde von befreundeten Personen entworfen und angefertigt und im Jahr 2009 eingeweiht. Der Stein ist aus Basalt und trägt die Inschrift:

> *»In Gedenken an die Gefangenen, Gefolterten und Ermordeten des Jugendkonzentrationslagers für Mädchen und junge Frauen und spätere Vernichtungslager Uckermark 1942–1945. Ihr seid nicht vergessen. Nie wieder Faschismus.«*

Die Initiative hat ca. 40 bis 50 Aktivist_innen. Wir arbeiten alle weitgehend unbezahlt. Wir machen Veranstaltungen, Radiosendungen, Filme und haben auch eine Ausstellung, die ausgeliehen werden kann.

Es gibt seit Anfang 2011 die Uckermark AG. Dort treffen sich die Lagergemeinschaft Ravensbrück/Freundeskreis e. V., die VVN Brandenburg, der Fürstenberger Förderverein Ravensbrück e. V. – gedenken – begegnen – helfen, der Internationale Freundeskreis Ravensbrück, die Stadt Fürstenberg, das Land Brandenburg, außerdem die Mahn- und Gedenkstätte Ravensbrück und unsere Initiative. Diskutiert wird die Zukunft des Gedenkorts Uckermark. Manche Vorstellungen gehen jedoch sehr weit auseinander, was das Zusammenarbeiten nicht einfach macht.[7]

»Offenes Gedenken« und Kritik an staatlicher Gedenkpraxis

Wir stehen selbst immer wieder in regen Diskussionen zur Begrifflichkeit des »Offenen Gedenkens«. Der Entstehung und Idee dieses Konzepts gingen viele Diskussionen zu Gedenkformen und deren Kritik in der Lagergemeinschaft Ravensbrück/Freundeskreis e. V. voraus. Eine Kritik an der staatlichen Gedenkpraxis in der BRD war, dass den ehemaligen Häftlingen immer weniger zugehört wird, ihre (politischen) Forderungen und Wünsche ignoriert werden oder aber sogar das Gegenteil passiert. So gab es im Jahr 2010 von Seiten der Mahn- und Gedenkstätte Ravensbrück (MGR) die Idee, am Ufer des Schwedtsees einen Steg zu bauen, damit Tourist_innen auch über dem Wasserweg die MGR besuchen können. Ehemalige Häftlinge protestierten dagegen – der See ist ein Friedhof und sollte nicht mit Booten befahren werden.

6 Unter anderem sprachen bisher Irma Trksak im Jahr 2006, Stanka Simoneti im Jahr 2011 und Lucija Barwikowska im Jahr 2010.

7 Mehr Informationen über die Arbeit der Initiative gibt es auf der Website: www.gedenkort-kz-uckermark.de.

Ähnliche Auseinandersetzungen hat auch die Uckermark Initiative mit der MGR. So wird von Seiten der MGR nach wie vor das Wort »Jugendschutzlager« benutzt, sei es in Veröffentlichungen oder auf Hinweisschildern. Dieser Begriff ist für ehemalige Häftlinge ein Schlag ins Gesicht, denn er verharmlost alles, was die Mädchen und jungen Frauen im Konzentrationslager erleben mussten.

Durch die konkrete Arbeit auf dem Gelände des ehemaligen Jugendkonzentrationslagers und späteren Vernichtungslagers Uckermark wurde schließlich der Begriff des »Offenen Gedenkens« geprägt. Offenheit bezieht sich hier auf verschiedene Aspekte, also zum einen auf Offenheit in der Arbeit und Forschung zum ehemaligen Jugendkonzentrationslager und späteren Vernichtungsstätte und aber auch auf eine Offenheit auf dem Gelände selbst. Dies bedeutet unter anderem, dass es auf dem Gelände keinen festen Ort gibt, um zu trauern. Der Gedenkstein bietet sich an, aber es kann selbst entschieden werden, wo getrauert und gedacht werden möchte.

Das Gelände soll auch einladen, sich aktiv in die Gestaltung einzubringen, deswegen soll es nie ein »fertiger« Gedenkort werden. Die Uckermark Initiative steht im regen Austausch mit ehemaligen Häftlingen und ihren Angehörigen. Es gibt viele Ideen, die sehr spannend sind und teilweise auch nach und nach auf dem Gelände umgesetzt werden. Aber auch andere Interessierte mischen sich ein, haben Ideen und Vorschläge.

Zunächst stehen dabei im Zentrum des »Offenen Gedenkens« die Stimmen und Wünsche der Überlebenden und ihrer Angehörigen. *Sie* sind die Expert_innen für diesen Ort. Ihre Aussagen zu dokumentieren und Wünsche zur Gestaltung des Ortes umzusetzen, ist uns sehr wichtig.

Die kritische, antifaschistisch und feministisch motivierte Auseinandersetzung mit der Geschichte des Nationalsozialismus ist dafür ein wichtiger Bestandteil. Des Weiteren beinhaltet das Konzept, Kontinuitäten in den Blick zu nehmen, diese zu thematisieren und sich eben auch dafür verantwortlich zu fühlen.

Im Zusammenhang mit diesem Ort ist dies besonders wichtig, da die aktuellen Kämpfe um die Errichtung eines würdigen Gedenkortes unter anderem auch immer noch ein Resultat des Nicht-Gedenkens und Nicht-Aufarbeitens der unter dem Stigma »asozial« Verfolgten sind. »Offenes Gedenken« bedeutet demnach in antifaschistischer Erinnerungskultur auch immer, einen Gegenwartsbezug herzustellen, jedoch ohne die besonderen Bedingungen des Nationalsozialismus dabei aus dem Fokus zu verlieren. Gegenwartsbezug bedeutet dabei auch, die Auseinandersetzung mit dem Nationalsozialismus nicht als abgeschlossenen Teil der Geschichte zu sehen – auch nicht dann, wenn jeder Ort des Unrechts zu einem Gedenkort geworden ist.

Ein anderer wichtiger Pfeiler des Konzepts des »Offenen Gedenkens« besteht für uns daher in der Prozesshaftigkeit der Entstehung des Gedenkortes. Dabei wäre es wünschenswert, wenn dort ein Raum entstehen kann, an dem unterschiedliche Akteur_innen zusammen diskutieren, forschen, Ideen sammeln, Erkenntnisse teilen und lernen können. Da es genau hier immer wieder zu dem Missverständnis kommt, dass »Offenes Gedenken« mit »Beliebigkeit« gleichgesetzt wird, im Sinne von: »Dann stehen da fünf Schilder mit unterschiedlichen Aussagen zu einem Thema nebeneinander«, ist es uns noch einmal wichtig, uns davon zu distanzieren: Möglichst viele Akteur_innen gleichberechtigt in die Gestaltung des Geländes einzubeziehen und an einem demokratischen Prozess zu beteiligen, bedeutet natürlich auch, dass Entscheidungen in einem Gremium gemeinsam getroffen werden – nur soll dieses Gremium eben (möglichst) hierarchiefrei und offen für alle Interessierten sein und Offenheit für verschiedene Arten des Gedenkens und Erinnerns bieten.

Zuletzt beinhaltet ein solches Vorgehen natürlich auch eine Offenheit gegenüber Veränderungen, wenn neue Erkenntnisse entstehen: zum einen durch Forschung, sowie Ausgrabungen oder die geplante Vermessung des Geländes. Zum anderen entstehen solche Erkenntnisse aber eben auch durch Diskussionen miteinander. Aktuelles Beispiel dafür ist die Diskussion innerhalb der Initiative zum Begriff »späteres Vernichtungslager«. Der Begriff wird von einigen kritisiert, weil er hauptsächlich für die deutschen Vernichtungslager im Osten benutzt wird. Nun überlegen wir innerhalb des Netzwerkes sowie mit einigen Opferverbänden (unter anderem dem Zentralrat der Juden in Deutschland, dem Zentralrat Deutscher Sinti und Roma und der Lagergemeinschaft Ravensbrück/Freundeskreis e.V.), ob es einen anderen Begriff geben kann und welcher das wäre. Bisher gab es schon einen Termin mit Vertreter_innen von Opferverbänden und wir sind zuversichtlich, gemeinsam eine Benennung zu finden, die für alle annehmbar sein wird.

Da die Geschichte des Ortes kontinuierlich erforscht und weiter erarbeitet wird, steht eine Musealisierung des Ortes nicht im Interesse des »Offenen Gedenkens«. Der aktive und kontinuierliche Austausch über das Jugendkonzentrationslager und die spätere Vernichtungsstätte soll einen Raum eröffnen, in dem wir gedenken, erinnern, forschen und politische Diskussionen führen können.

***

Dieser Artikel wurde im Jahr 2014 geschrieben, seitdem hat sich einiges getan. Die Initiative hat die Uckermark AG für gescheitert erklärt. Wir haben uns auf unser eigenes Konzept konzentriert und eine finanzielle Förderung vom Land Brandenburg für die Rekonstruktion der ehemaligen Lagerstraße erhalten. Aktuell (Sommer 2017) wird diese mit einer Architektin genau vermessen und im Anschluss von der Forstverwaltung des Landes Brandenburg so gebaut, dass sie gut begeh- und berollbar sein wird.

Auch die Initiative für einen Gedenkort ehemaliges KZ Uckermark befindet sich in einem Jubiläumsjahr – vor 20 Jahren fand das erste Baucamp auf dem ehemaligen KZ Gelände statt, und dies war auch der Beginn unserer Arbeit.

Aktuelle Informationen gibt es auf: http://www.gedenkort-kz-uckermark.de.

Michaela Hohkamp

Geschichtswerkstätten und die Geschichte der Frühen Neuzeit

Reflexionen über eine Beziehungsgeschichte und ihre historiografischen Aspekte

Die Zeitschrift Werkstatt*Geschichte* erschien 1992 zum ersten Mal. In dieser Zeit riefen professionelle Historikerinnen und Historiker auch die Arbeitsgemeinschaft Frühe Neuzeit im Verband der Historiker und Historikerinnen Deutschlands ins Leben. Diese beiden Ereignisse verbindet mehr als die zeitliche Koinzidenz oder gar personelle Überschneidungen. Was sich hier manifestierte war nichts weniger als ein umfassendes gesellschaftliches Umdenken, das zu einer Verabschiedung bis dahin gängiger Narrative über die politischen, sozialen und ökonomischen Veränderungen am Übergang vom 18. zum 19. Jahrhundert im Gefolge der Französischen Revolution führen sollte. Als Stichworte sind hier zu nennen: Nationalstaatsbildung und industrielle Revolution. Im Rahmen seiner Beschäftigung mit dem sogenannten »langen 19. Jahrhundert« (1789–1914) hatte Eric Hobsbawm (1917–2012) diese beiden Geschehnisse, oder besser gesagt: diese beiden Ereigniszusammenhänge mit globaler Langzeitwirkung, als »Doppelrevolution« bezeichnet und ihnen eine prominente Rolle im Transformationsprozess der feudal organisierten Welt Europas auf seinem Weg in die Moderne zugewiesen. Politik und Wirtschaft bezog er dabei aufeinander, auch in globaler Perspektive.[1] Auch persönlich verwickelt in eine Geschichte, in deren Verlauf ein hypernationalisiertes und zugleich koloniales Europa weltweit nach Ressourcen griff,[2] beschrieb der Historiker die Veränderungen zwischen dem Ende des 18. Jahrhunderts und dem Beginn des 20. Jahrhunderts als fundamentalen Wandlungsprozess, der nicht reibungslos verlief, sondern Widerstände erzeugte und erhebliche Kosten jeder Art verursachte – und noch verursacht. In den Forschungen Eric Hobsbawms sowie einiger seiner Fachkollegen, unter ihnen auch E. P. Thompson, die in Zeitschriften wie der *New Left Review* oder *Past and Present* publizierten, kündigte sich eine Abkehr von historistischer, auf Nationalstaaten und deren politische Verhältnisse ausgerichteter Geschichtswissenschaft an, die sich in der Folge durchzusetzen begann. Historistisch geprägte Forschung hatte lange Zeit (nicht nur) die deutschsprachige Historiografie bestimmt und für eine lang andauernde Fokussierung auf Religion, Nation, Staat sowie einzelne Macht- und Herrschaftsträger, unter ihnen übrigens auch Frauen, gesorgt. Der Blick für die Beherrschten, für den Alltag der »Vielen« (Alf Lüdtke) war in den Geschichtswissenschaften dagegen lange Zeit wenig geschärft. In den Geschichtswerkstätten, die seit den achtziger Jahren des 20. Jahrhunderts flächendeckend gegründet wurden, sollten diese nicht privilegierten »Vielen« nun nicht nur untersucht, sondern im Rahmen der historischen Arbeit vor Ort auch gehört werden, sie sollten eine Stimme erhalten. Die geeigneten Instrumente hierzu stellte die Alltagsgeschichte zur Verfügung, indem sie u. a. die Methoden

1 Vgl. Eric Hobsbawm, The Age of Revolution 1789–1848, London 1962; ders., The Age of Capital 1848–1875, London 1975; ders., The Age of Empire 1875–1914, New York 1987.

2 Hobsbawm war Sohn britischer Kolonialbeamter in Ägypten und entstammte einer jüdischen Familie mit Wohnorten in Berlin und später in London.

der Oral History nutzte. Verschwistert mit der Alltagsgeschichte trugen auch mikrohistorische Verfahren zu diesem innovativen Schub bei, indem ihre Vertreter und Vertreterinnen die Bedeutung von Lokalität unterstrichen und sich damit explizit von nationalgeschichtlichen Narrativen verabschiedeten. In außeruniversitären Zusammenhängen hieß zu dieser Zeit das Motto: »Grabe wo Du stehst«. Gabi Teichert, die hessische Geschichtslehrerin, die in dem Film *Die Patriotin* von Alexander Kluge aus den endsiebziger Jahren des 20. Jahrhunderts nachts und heimlich auf einer Baustelle nach Spuren der deutschen Geschichte grub und im heimischen Keller Bücher zersägte, verlieh diesem Imperativ lebendige Gestalt. Mit solch radikaler Abkehr vom akademischen Betrieb einerseits und entschiedener Konzentration auf das vor Ort Aufzuspürende, Auszugrabende andererseits, sollte es möglich werden, die Zeit des Nationalsozialismus als Vergangenheit mit lokaler Verwurzelung zu erforschen; jenseits persönlicher Erinnerung und ohne Möglichkeit, das »Ausgegrabene« zu leugnen. Vielleicht ist hier ein Grund dafür zu sehen, dass in den ersten Jahren der Geschichtswerkstattbewegung politisch engagierte Mitstreiter und Mitstreiterinnen sich mehrheitlich mit solcherlei Themen der jüngeren Vergangenheit befassten. In einigen Fällen sind daraus inzwischen erfolgreich etablierte Forschungseinrichtungen geworden wie etwa die Villa ten Hompel in Münster.[3]

Die Geschichte des 20. Jahrhunderts eignet sich aus vielerlei Gründen, Geschichtsforschung didaktisch umzusetzen und zugleich die alltäglichen Lebensbezüge der »Vielen« herauszuarbeiten. Eine Geschichtsforschung aber, die sich mit frühneuzeitlicher Geschichte befasste, konnte weder einen historischen Lernort mit rasch erkennbaren Bezügen zur Gegenwart konstituieren noch regelhaft Beiträge zu aktuellen politischen Debatten liefern. Dies gilt vor allem für eine Richtung innerhalb der Frühneuzeitforschung, die sich im Kontext der anthropologischen Wende der Geschichtswissenschaft etabliert und dabei an Debatten orientiert hatte, die wesentlich in anglo-amerikanischen, aber auch in französischen Forschungskontexten geführt wurden.[4] Diese Sparte der (Frühneuzeit-)Forschung betrachtete historische Gesellschaften als Formationen, die in ihrer jeweiligen historischen, kulturellen und religiösen Spezifik zu erforschen sein soll(t)en und setzte dem Bestreben, sich mit einer Gesellschaft früherer Zeiten zu identifizieren, oder aus vergangenem Geschehen Lehren für die Gegenwart oder die Zukunft zu ziehen, Grenzen.[5] Eine Ausnahme bilden hier wohl die

3 Die ehemalige Fabrikantenvilla ten Hompel ist heute ein außerschulischer Lernort mit Themen zur Erinnerungskultur und zur Förderung demokratischen Bewusstseins. Während der Zeit des Nationalsozialismus beherbergte das Gebäude die Ordnungspolizei. Anschließend waren Behörden zur Entnazifizierung dort angesiedelt und noch später das Dezernat für Wiedergutmachung.

4 Vgl. Hans Medick, Missionare im Ruderboot? Ethnologische Erkenntnisweisen als Herausforderung an die Sozialgeschichte, in: Geschichte und Gesellschaft 10 (1984) 3, S. 295–319.

5 Parallel hierzu lassen sich auch Forschungsrichtungen ausmachen, die die Frühe Neuzeit lediglich als Vorgeschichte einer (wie auch immer zu definierenden) Moderne auffassten oder als eine vielschichtige Gemengelage des »nicht mehr« und des »noch nicht« – irgendwo und irgendwann zwischen Mittelalter und Neuzeit. Vgl. hierzu Hans Erich Bödeker/Ernst Hinrichs (Hg.), Alteuropa – Ancien Régime – Frühe Neuzeit. Probleme und Methoden der Forschung, Stuttgart 1991; Richard van Dülmen, Formierung der europäischen Gesellschaft in der Frühen Neuzeit. Ein Versuch, in: Geschichte und Gesellschaft 7 (1981) 1, S. 5–41; Jörn Rüsen (Hg.), Zeit deuten. Perspektiven – Epochen – Paradigmen, Bielefeld 2003. Vgl. auch Inken Schmidt-Voges, »Stormaktidens historia« oder »tidigmodern historia«? Frühneuzeitforschung in Schweden, in: Christophe Duhamelle/Bernd Klesmann/Matthias Schnettger (Hg.), Frühneuzeitforschung in Europa – Standorte und Perspektiven. Tagung des DHIP v. 20.–21. Oktober 2011 (discussions; 12), http://

im Kontext von Geschichtswerkstätten kollektiv erarbeiteten »Stadtrundgänge«, die nicht nur Besuchern und Besucherinnen, sondern vor allem auch den Ortsansässigen die Geschichte und Geschichten ihrer »eigenen« Stadt in einem Zeiten übergreifenden Tableau nahe brachten.[6] Die forschende Beschäftigung mit der Geschichte einzelner Gebäude vor Ort (Theater, Geburtskliniken, Rathäuser, Kaufmannsvillen, Bahnhöfe, Kirchen, Schulen, Bibliotheken, Universitäten, Museen, Parkanlagen usw.) trug dazu bei, die Geschichte von Städten über die Zeiten hinweg zu beleuchten und dabei trotzdem einzelne Akteure und Akteurinnen in ihren jeweils spezifischen historischen und kulturellen Kontexten aufzusuchen. Je mehr sich durch das nähere Hinsehen allerdings der Blick für die Details und die Komplexität historischer Lebenswelten schärfte, desto weniger war es schon allein aus praktischen Gründen möglich, die Dinge in einer Perspektive der *longue durée* zu beforschen.

Wie sich spätestens seit dem Beginn der achtziger Jahre zeigte, zogen praktische Erfordernisse der historischen Arbeit vor Ort, ebenso wie (sozial-)anthropologisch inspirierte Geschichtsforschung, eine Schwerpunktsetzung auf zeitlich synchrone Zusammenhänge nach sich.[7] Während die Geschichtswissenschaft im Zeitalter des Historismus und auch in der Ära der historischen Sozialwissenschaften die Erforschung von Langzeitprozessen in den Mittelpunkt stellte und dabei Fragen nach Mechanismen historischen Wandels aufwarf, richtete die (sozial-)anthropologisch formierte historische Forschung ihr Augenmerk eher auf die Entschlüsselung sozialer Handlungslogiken, die in einem zeitlich und räumlich überschaubaren Setting zu untersuchen waren. Das jeweilige Studienobjekt sollte mehrperspektivisch zu analysieren sein, d. h. es war in den lokalen Kontext einzuordnen und konnte nicht zuletzt mit Hilfe mikrohistorischer Verfahren erforscht werden.[8] Mit dem Hinweis, wonach in

www.perspectivia.net/publikationen/discussions/12-2015/schmidt-voges_schweden (letzter Zugriff 6.11.2017). In diesem Beitrag führt Schmidt-Voges die Rede von der Frühen Neuzeit bis ins Schweden des 17. Jahrhunderts zurück. Abseits davon ist hier der Vollständigkeit halber darauf hinzuweisen, dass Frühneuzeitforschung in den siebziger Jahren des 20. Jahrhunderts in manchen Bereichen massiv von politischen Ambitionen der Zeit getragen worden ist. Die Forschungen z. B. zu bäuerlichen Widerstandsbewegungen lassen sich durchaus mit dem politischen Impetus der seinerzeit neuartigen politischen Basisbewegungen in Beziehung sehen.

6 Als Beispiel seien hier die Arbeiten zu Göttingen genannt: Göttingen zu Fuß. 13 Stadtrundgänge, Göttingen 1992; Kornelia Duwe/Carla Gottschalk/Marianne Koerner (Hg.), Göttingen ohne Gänseliesel. Texte und Bilder zur Sozialgeschichte, Gudensberg-Gleichen 1988. Neben Studien zum 20. Jahrhundert zeichnet sich vor allem die letztgenannte Buchpublikation durch ein Miteinander von professionellen Historikern und Historikerinnen und interessierten Fachkennern sowie durch ein gelungenes Nebeneinander von Studien zur frühneuzeitlichen Geschichte und zur Geschichte des 19. und 20. Jahrhunderts aus. Hier finden sich Arbeiten zur Alltagsgeschichte des 19. und frühen 20. Jahrhunderts (Adelheid von Saldern) ebenso wie Beiträge zur Wissens- und Wissenschaftsgeschichte (Martin Gierl), zur Wirtschaftsgeschichte des 18. Jahrhunderts (Peter Kriedte), aber auch zur Frauen- und Geschlechtergeschichte (Ilse Costas) sowie zur Geschichte des Nationalsozialismus (Leopold von Thadden und Autorenkollektiv).

7 Ein anschauliches Beispiel hierfür bietet David Sabean, Power in the Blood. Popular Culture and Village Discourse in Early Modern Europe, Cambridge 1984. Vgl. auch Jason Coy/Benjamin Marschke/Jared Poley/Claudia Verhoeven (Hg.), Kinship, Community and Self. Essays in Honor of David Warren Sabean, New York 2015.

8 Es ist hier nicht der Ort, die unterschiedlichen Varianten der Mikrogeschichte zu diskutieren. Verwiesen sei auf einige Arbeiten in diesem Feld: Hans Medick, Weben und Überleben in Laichingen. 1650–1900, 2. durchges. Aufl., Göttingen 1997; Winfried Schulze (Hg.), Sozialgeschichte, Alltagsgeschichte, Mikro-Historie. Eine Diskussion, Göttingen 1994; Jürgen Schlumbohm (Hg.),

den Geschichtswissenschaften nicht nur »über«, sondern »in« Dörfern geforscht werde, fügte der italienische Mikrohistoriker Giovanni Levi[9] dieser Forschungspraxis einen wesentlichen Aspekt hinzu. Danach war historische Forschung, ebenso wie die (sozial-)anthropologische, auch vor Ort zu betreiben. Spezifika der jeweiligen Lokalität sollten dabei aufgenommen und Vergangenes im Gegenwärtigen aufgesucht und verbunden werden, ohne dabei jedoch das Wissen darüber aufgeben zu müssen bzw. zu sollen, dass historische Akteure und Akteurinnen in ihren jeweiligen Welten ihren ganz eigenen Logiken folgten. Die historischen Narrationen der achtziger und neunziger Jahre des ausgehenden 20. Jahrhunderts führten damit jedoch keineswegs in die »Besenkammer«[10] des Historismus zurück, der, veranschaulicht in dem vielzitierten Dictum Leopold von Rankes, jede Epoche sei gleich weit von Gott entfernt, zeitliche Distanzen explizit transzendierte. Die Fokussierung auf eine Herrschaft, eine Gemeinde, ein Kirchspiel, ein Dorf, eine Person, auf ein spezifisches Gewerbe usw., wie sie nach der methodisch-theoretischen Verschiebung seit den achtziger Jahren des 20. Jahrhunderts zu verzeichnen war, erlaubte es, verschiedene Quellensorten zu verbinden (*record linkage*).[11] Auf diesem Wege konnte eine möglichst große Dichte sich ergänzender oder gegenseitig kommentierender Quellen erreicht werden. Damit war es möglich, Lebensweisen historischer Akteure und Akteurinnen in all ihrer Komplexität zu erfassen, die verschiedenen sozialen, politischen, religiösen, kulturellen und wirtschaftlichen Settings nicht als separate Bereiche zu behandeln, sondern ihre gegenseitige Bedingtheit samt ihren vielfältigen, sich mitunter wohl auch widersprechenden, Handlungslogiken zu erkennen und damit das »Fremde«, das historisch und kulturell Spezifische vergangener Welten herauszuarbeiten. Anders als vor allem von Seiten der klassischen historischen Sozialwissenschaften angemerkt wurde, ging es in diesen Studien aber nicht um das »Kleine«. Im Gegenteil: Es ging ums »Ganze«. Ein Ganzes, das sich in seiner Komplexität und mitunter wohl auch Gebrochenheit weder in nationale Narrative noch in Modernisierungserzählungen einpassen ließ, die beide mit kritischer Distanz beäugt wurden. Vor allem die Frühneuzeitforschung hat in diesem Zusammenhang die Lokalität dieses Ansatzes, die Bedeutung des Lokalen insgesamt, immer wieder hervorgehoben. Sie hat diese Lokalität aber nicht auf der Bühne nationaler Entitäten verortet, die neuerdings und im Kontext einer global ausgerichteten Geschichtswissenschaft mit Hilfe des Konzeptes »Transnationalität« bzw. »Transkontinentalität« wieder neu bespielt wird. Im Wissen darum, dass frühneuzeitliche Welten weder kontinental noch national gestaltet waren,

Mikrogeschichte – Makrogeschichte. Komplementär oder inkommensurabel?, 2. Aufl., Göttingen 2000, sowie auf die ersten Hefte von Werkstatt*Geschichte,* in denen vor allem die italienischen Vertreter der micro-storia zu Wort kamen – wie etwa Carlo Poni, Eduardo Grendi. Nicht zuletzt sei auch an die fast epochemachende Untersuchung über einen Müller (Menocchio) aus dem Friaul um 1600 erinnert: Carlo Ginzburg, Der Käse und die Würmer. Die Welt eines Müllers um 1600, Frankfurt am Main 1976, oder an die Studie zu Machtbeziehungen in einer ländlichen Gesellschaft Italiens von Giovanni Levi, Das immaterielle Erbe. Eine bäuerliche Welt an der Schwelle zur Moderne, Berlin 1986.

9 Vgl. Giovanni Levi, On Microhistory, in: Peter Burke (Hg.), New Perspectives on Historical Writing, Oxford 1991, S. 93–113, hier S. 93.

10 Vgl. Hans Jürgen Teuteberg, Alltägliche Daseinsformen der Menschen als Objekte einer Neuen Kulturgeschichte, in: Andreas Hartmann/Peter Höher/Christiane Cantauw/Uwe Meiners/Silke Meyer (Hg.), Die Macht der Dinge. Symbolische Kommunikation und kulturelles Handeln. Festschrift für Ruth-E. Mohrmann, Münster 2011, S. 45–65, hier S. 50.

11 Vgl. Hans Medick, Turning Global? Microhistory in Extension, in: Historische Anthropologie 24 (2016) 2, S. 241–252, bes. S. 243.

hat die Frühneuzeitforschung diesem Begriffsduo die »Translokalität« entgegengesetzt[12] und damit auf ein Problem reagiert, das die beiden Konzepte »Transnationalität« und »Transkontinentalität« nach sich ziehen. Während sie nämlich Entitäten wie Nation und Kontinent zu überwinden suchen, indem sie Verflechtungen jenseits nationaler und kontinentaler Begrenzungen sichtbar machen helfen, tragen sie schon allein deswegen zu ihrer Zementierung bei, weil die Überschreitung von Grenzen deren Existenz voraussetzt. Das Konzept »Translokalität« mit seiner konsequenten Fokussierung auf das Lokale und seinen Verbindungen zu anderen Lokalitäten – wo und welcher Art sie auch immer seien – stößt dagegen gar nicht erst an Grenzen, die es dann mit Blick auf globale Verflechtungen wieder hinter sich zu lassen oder zu überschreiten gilt.[13]

Mit ihrer Vorsicht gegenüber nationalen und kontinentalen Zuschreibungen widersetzt sich die frühneuzeitliche Geschichte einer Fixierung auf den europäischen Kontinent, wie sie im Kontext einer Verflechtungsgeschichte mitunter anklingt, die das weltweite Ausgreifen europäischer Mächte seit dem ausgehenden 15. Jahrhundert thematisiert und dabei auf die Konzepte von »Transkontinentalität« und »Transnationalität« rekurriert. Gestützt wird diese weithin geläufige Assoziierung von Kontinentaleuropa und der frühneuzeitlichen Geschichte (bis hin zur Etablierung ganzer Studienprogramme) noch durch die scheinbar klassische Einteilung der Geschichte in die Epochen Antike, Mittelalter, Frühe Neuzeit und Neuzeit bzw. Zeitgeschichte. In diesem, einen langen Zeitraum überspannenden Panorama nimmt die Frühe Neuzeit die Zeitspanne zwischen dem ausgehenden 15. und dem beginnenden 19. Jahrhundert ein und wird verbunden mit dem Ausgreifen Europas auf die Welt.[14] So einfach liegen die Dinge indessen nicht. Ist die Einrichtung von historischen Epochen doch das Resultat aufgeklärter Reflexionen über den Gang der Geschichte, der die Vergangenheit in Antike, Mittelalter und Neuzeit unterteilte. Die Platzierung einer Epoche »Frühe Neuzeit« ist aber, wie oben angerissen, ganz wesentlich als Resultat kritischer Geschichtswissenschaft seit der zweiten Hälfte des 20. Jahrhunderts zu sehen, als im Moment gesellschaftlicher Krisen Fortschrittsglaube und teleologische Geschichtsprozesse infrage zu stellen waren. Insofern sollte die Geschichte der Frühen Neuzeit nicht einfach als zeitlich und/oder räumlich definierbares Forschungsfeld, sondern als eine Kollektion von Lokalitäten verstanden werden, deren Erforschung Methoden erfordert, die diesem Sachverhalt angemessen sind. So gesehen ist eine global ausgerichtete Frühneuzeitgeschichte weniger eine Frage der zeitlichen oder

12 Ein anschauliches Beispiel hierfür sind die Arbeiten zum Kolonialismus, vgl. etwa Jürgen Osterhammel, Kolonialismus. Geschichte, Formen, Folgen, München 2002.

13 Vgl. hierzu Margareth Lanzinger, Das Lokale neu positionieren im actor-network-Raum. Globalgeschichtliche Herausforderungen und illyrische Steuerpolitiken, in: Beate Binder/Michaela Fenske (Hg.), Historische Anthropologie. Standortbestimmungen im Feld historischer und europäisch ethnologischer Forschungs- und Wissenspraktiken (Historisches Forum; 14), Berlin 2012, S. 51–63, http://dx.doi.org/10.18452/17813 (letzter Zugriff 6.11.2017); vgl. aus geschlechtergeschichtlicher Perspektive Angelika Epple, Globalgeschichte und Geschlechtergeschichte. Eine Beziehung mit Zukunft, in: L'Homme. Zeitschrift für feministische Geschichtswissenschaft 23 (2012) 2, S. 87–100; dies., Globale Mikrogeschichte. Auf dem Weg zu einer Geschichte der Relationen, in: Ewald Hiebl/Ernst Langthaler (Hg.), Im Kleinen das Große suchen. Mikrogeschichte in Theorie und Praxis, Innsbruck 2012, S. 37–47.

14 Zur Kritik an den bislang bestehenden Epocheneinteilungen vgl. Joan Kelly, Did Women Have a Renaissance?, in: Renate Bridenthal/Claudia Koonz/Susan Stuard (Hg.), Becoming Visible. Women in European History, Boston 1977, S. 137–164; Renate Dürr/Gisela Engel/Johannes Süßmann (Hg.), Eigene und Fremde Frühe Neuzeiten, München 2000.

räumlichen Festlegung als eine Frage praktischer Arbeit. Wie oder ob eine Bestimmung der Frühen Neuzeit aus solcher Perspektive gelingen kann, wäre an anderer Stelle zu überlegen. Bleibt am Ende festzuhalten, dass die Entstehung der Geschichte der Frühen Neuzeit und deren fachliche und institutionelle Etablierung als Epoche mit ihren methodischen und theoretischen, auch handwerklichen Veränderungen auf vielfältige Weise mit der Praxis von Geschichtswerkstätten in Beziehung zu setzen ist. Einer Bewegung, die sich inzwischen verwissenschaftlicht und seit Beginn der neunziger Jahre des 20. Jahrhunderts in der Zeitschrift Werkstatt*Geschichte* ein neues Medium gefunden hat.

Andreas Ludwig

Wo bleibt die Gegenwart?

Jubiläen provozieren, dass man sich mit sich selbst beschäftigt. Der Blick zurück auf 75 Hefte Werkstatt*Geschichte* und mehr als 20 Ausgaben von Geschichts*Werkstatt* fordert die Frage nach Kontinuitäten und Veränderungen, insbesondere nach dem Innovationspotential, nach Impulsen, aber auch danach, was auf dem Weg geblieben ist und wohin es gehen könnte, heraus. Seit die ersten »Infos« der bundesweiten Geschichtswerkstatt erschienen sind, fand eine Art Suchbewegung statt – inhaltlich, theoretisch, methodisch, aber auch bezüglich der Verortung von HistorikerInnen in der Gesellschaft. In diesem Sinne waren Geschichts*Werkstatt* und Werkstatt*Geschichte* dezidiert politisch und eng mit anderen sozialen Bewegungen verbunden. Die Findungsprozesse, die AutorInnen, RedakteurInnen und HerausgeberInnen gemeinsam bestritten und gelegentlich auch erstritten haben, haben das Profil der Zeitschrift geprägt, es aber auch, wie könnte es über einen so langen Zeitraum anders sein, verschoben. Es ist mir deshalb daran gelegen, eingangs auf einen wesentlichen Beweggrund der Arbeit an Werkstatt*Geschichte* zu verweisen, dass nämlich Geschichte etwas zur Erklärung von Gesellschaft und zur Kritik an und Veränderung von Gesellschaft beitragen kann. Dieser, möglicherweise etwas nostalgisch wirkende Aspekt findet sich heute in einem Verständnis der Historizität von Gesellschaft, auch der aktuellen Gesellschaft wieder. Kann es jedoch sein, dass der Blick in die Gesellschaft und der Bezug zur Gegenwart vernachlässigt worden sind? Ist Werkstatt*Geschichte* heute in stärkerem Maße eine, wenn auch breit aufgestellte, geschichtswissenschaftliche Zeitschrift, als dies intendiert war? Dazu in den folgenden Abschnitten einige Anmerkungen.

1. Geschichte

Ein Blick zurück in die 1980er Jahre zeigt Schwerpunkte dieses Gesellschaftsbezugs, ohne Frage zeitgebunden, aber dennoch strukturell deutlich: »Spurensuche vor Ort« als Bündel von Projekten, die die Historizität von lebensweltlich konkreten Orten ins Bewusstsein rücken sollten, Kritik an staatlich implementierter Geschichtsinterpretation, Stadt und »Provinz« als Forschungs- und Aktionsfelder sowie thematische Grauzonen und Unbequemlichkeiten jenseits des common sense sind einige der Felder, die bei der retrospektiven Lektüre auffallen.

Manche Schwerpunkte sind entfallen, wie zum Beispiel die Kritik an einer staatlich implementierten Geschichtsinterpretation, da sie durch die Gründung und Durchsetzung der nationalen Geschichtsmuseen obsolet geworden schien. Werkstatt*Geschichte* besprach zwar seitdem einzelne Ausstellungen, knüpfte aber nicht mehr an die grundsätzlichen Zweifel gegenüber nationalstaatlicher Deutungsproduktion an. Ebenso wenig wurde thematisiert, ob sich das institutionalisierte Geschichtsbild der mittleren Kohl-Jahre zu einer Art *master narrative* verdichtete und in beliebiger Abfolge im allgemeinen Ausstellungsbetrieb mitschwamm. Nachfolgende Projekte, wie zum Beispiel die Wiedererrichtung des Berliner Stadtschlosses und dessen nachträgliche inhaltliche Füllung mit dem Humboldt-Forum, blieben in Werkstatt*Geschichte* außerhalb einer kritischen Betrachtung, mit Ausnahme eines Beitrags zum geplanten Einheitsdenkmal. Auch das Thema Provinz ist nicht weiterverfolgt worden, obwohl es, man denke an Automobilisierung, Infrastrukturen, Binnenmigration, Entleerung von Räumen, an Brisanz nichts eingebüßt hat.

Andere Debatten und Arbeitsschwerpunkte der Anfangszeit der Werkstatt*Geschichte* sind dagegen in der Mitte der Gesellschaft angelangt. »Aufarbeitungen« aller Art beispielsweise sind öffentlicher Diskurs, unverzichtbarer Teil von Selbstrepräsentation und *policy* derjenigen Institutionen geworden, die einstmals Ziel von Kritik waren, mit erheblichen Auswirkungen, von der 750-Jahr-Feier Berlins über die Sicherung der Archive der Staatssicherheit bis zur Gedenkstättenkonzeption des Bundes, die die Bedeutung von Geschichte im öffentlichen Diskurs der letzten drei Jahrzehnte exemplarisch zeigen. Lokale »Geschichte von unten« ist in vielen Heimatmuseen Teil einer *public history* vor Ort geworden und Partizipation (Stichwort: Laien) ein Schlüsselbegriff erfolgreicher institutioneller Selbstdarstellung. Historische Kritik bewirkte eine Auseinandersetzung um die kolonialistische Vergangenheit in Ausstellungen ebenso wie Umbenennungen von Straßennamen. Die Liste der Hefttitel von Werkstatt*Geschichte* liest sich unter diesem Gesichtspunkt wie das Abarbeiten weißer Flecken auf der Landkarte einer kritischen Historisierung. Man könnte also zufrieden sein, wäre da nicht das unklare Gefühl, dass die historische Kritik nicht mehr recht in die gesellschaftliche Gegenwart reicht.

2. Perspektiven

Bezug zur Gegenwart, Blick in die Gesellschaft und Methodenreflexion waren eingangs als wesentliche Perspektiven der Konstituierungsphase von Werkstatt*Geschichte* genannt worden, auch als Impulse eines Verständnisses von Geschichte als kritischer Wissenschaft und Praxis.

Der Bezug zur Gegenwart gehört für mich zum Kern des beruflichen Selbstverständnisses von HistorikerInnen, und zwar nicht als »Vorgeschichte der Gegenwart«, sondern als Suche nach Ursachen, Kontexten und Veränderungspotential. Wird es ein Heft von Werkstatt*Geschichte* zur Wählerschaft eines US-Präsidenten geben (oder eines über NichtwählerInnen), ein Heft über das Argument der Alternativlosigkeit im politischen Diskurs, eines über multipolare Migration als Normalität, eines über die Widersprüche von Denken und Handeln (am Beispiel des Konsumverhaltens und der Ressourcenschonung vielleicht), eines über Passivität, Egoismus und ihre Folgen (strukturelle Gewalt als Strafe), eines über die mögliche (und selektive) Wiederkehr des Sozialstaats oder gar der Allzuständigkeit der Gemeinden? Selbst der Flughafen BER ließe sich unter der realsozialistischen Begriffsbildung der »gleitenden Projektierung« als historische Normalität analysieren. Die Liste ließe sich bei der täglichen Zeitungslektüre mühelos erweitern. Sie liefe, so wurde von den HerausgeberInnen von Werkstatt*Geschichte* 75 kritisch angemerkt, aber doch gerade auf eine »Vorgeschichte der Gegenwart« heraus. Dem lässt sich entgegenhalten: »Vorgeschichte der Gegenwart« sucht nach Gewordenheit und ihren Ursprüngen, sie verbleibt innerhalb von Entwicklungslogiken und behauptet deren Evidenz, sie schaut nach Beispielen für Strukturen. Die hier formulierten Themen könnten ebenso gut unter der Rubrik »Blick in die Gesellschaft« auftauchen, nur die Perspektive wäre eine »von unten«, eine mikrohistorische vielleicht, jedenfalls eine sensibilisierende Gegenwartsbeobachtung von Zuständen und Praxen, und sie würde expliziter machen können, dass der Arbeitsplatz von Werkstatt*Geschichte* in der Gegenwart liegt. Das gab es in Werkstatt*Geschichte* schon (was mir gut gefallen hat) und mein Plädoyer wäre, solche nicht aufs Historische beschränkten Perspektiven systematischer zu verfolgen. Nicht zuletzt, weil sie auch eine erweiterte Ebene von Methodenreflexion bedeuten.

Zur Methodenreflexion gehören unter anderem die Medialität von historischer Quelle und Darstellung sowie die Praxis der Interdisziplinarität. Während erstere durch Film- und Expokritik sowie zahlreiche Beiträge zu Quellenfragen und durch einzelne Schwerpunkthefte in Werkstatt*Geschichte* kontinuierlich reflektiert wird, steht es um die Interdisziplinarität weniger gut: Gut drei Viertel aller AutorInnen seit Heft 50 sind HistorikerInnen, und die Auseinandersetzung mit den Nachbarfächern wie historische Anthropologie, Ethnologie, Soziologie und Politikwissenschaft, deren Sichtweisen, Erklärungsmodellen und Analyseverfahren, scheint mir daher ein echtes Manko. Es wäre vielleicht eine Überlegung wert, solche disziplinären Sichtweisen systematischer zu organisieren. Der Stadtraum als Feld bislang weitgehend unverbundener Aufmerksamkeiten wäre ein Beispiel dafür. Ausgehend von der aktuellen Beobachtung erscheint er als Feld von Praktiken, als historisch geschichtete Komposition von Baustilen, »Stadtmöbeln«, die auf Infrastrukturen oder planerische Eingriffe verweisen, Verkehrskonzepten und -wildwuchs. Man kann die Stadt als differenziertes Ensemble von Orten der Aneignung wie des Konsums, der Kommunikation und des Durchgangs oder als deren materielle Bedingung lesen, ebenso aber als Erinnerungsort, als Palimpsest, Bühne, als Voraussetzung oder Folge. Der Komplexität der Beobachtung entspricht die Komplexität der Annäherung, und es liegt auf der Hand, die unterschiedlichen Perspektiven nicht nur aufeinander zu beziehen, sondern sie auch auszuformulieren. Dies würde den transepochalen Anspruch von Werkstatt*Geschichte* transmedial und interdisziplinär erweitern.

3. HistorikerInnen

Vielleicht würde ich diese Punkte alle nicht benennen, wenn ich mich als Historiker vornehmlich mit dem Investiturstreit befassen würde (obwohl: Vorteil, Legitimation, symbolische und reale Macht ließen sich umstandslos auf die Gegenwart beziehen). Da mein Interesse aber den Städten, den Museen und der materiellen Kultur gilt, sind die oben genannten Perspektiven nicht nur ein *nice to have*, sondern essenziell. Städte sind eben nicht nur Räume eines besonderen Rechts, von Problemlösungen im Urbanisierungsprozess oder des Wiederaufbaus, der sozialräumlichen Verdichtung. Sie (und ihre suburbanen Diffusionen) sind der Lebens- und Arbeitsraum der Mehrheit der Bevölkerung, auch von HistorikerInnen, und aus dieser Perspektive sollten sie uns ebenfalls interessieren, als Akteure eben.

Die Präsentation von Geschichte findet nicht nur in Fachpublikationen statt, sondern auch an (wie auch immer authentischen) historischen Orten, in Filmen und nicht zuletzt in Museen. Sollen wir sie allein als Repräsentationen betrachten oder nicht auch stärker als historische Archive und als Arbeitsplatz für HistorikerInnen? Der Begriff der Repräsentation steht hier für zwei Dinge: den Verweischarakter auf etwas über den engeren Gegenstand Hinausweisendes und das medial wahrgenommene Ergebnis von forschender Aneignung und Interpretation. Der historische Ort verweist auf (eine) Geschichte, der (historische) Film auf die dramaturgische Bearbeitung eines ereignishaften »Stoffs« und seine zeitgemäße Visualisierung (und oftmals attraktive Dramatisierung), das Museum auf seine Ausstellung als Ergebnis einer kuratorischen Anordnung. Da es sich um ästhetisch und medial wirksame Ausdrucksformen einer *public history* handelt, erscheint die Vorstellung von Historiografie als zunehmend divers. Mehr noch als die Begutachtung der Richtigkeit des Inhalts sollte uns daher die (historische, d. h. an Zeit und Ort gebundene) Praxis dieses »Schreibens« von Geschichte interessieren, zugleich aber auch seine Quellen. Hinter einer Geschichte des Orts stehen beispielsweise die Materialsammlungen der Denkmalpflege, hinter dem Film die Expertise volkskundlichen und kunsthistorischen Detailwissens, hinter der Ausstellung die Sammlungen des Museums, deren »Materialarchive« als Forschungs- und Ausbildungsarchive angelegt wurden und nun den Fundus der Narration oder zumindest ihres »authentischen«, Glaubwürdigkeit vermittelnden Settings bilden. Sie alle zeigen das »Geschichte Machen« und deshalb ist eine stärkere Betonung des Werkstattcharakters von Werkstatt*Geschichte* gefordert.

Und schließlich die materielle Kultur. Ohne Dinge geht nichts und ich staune immer noch über die anhaltende Skepsis vieler FachkollegInnen, sich dieser Tatsache auch in ihrer wissenschaftlichen Arbeit zu stellen (als KonsumentInnen sind sie ihrer Faszination schon längst erlegen). Um nicht ins Uferlose zu geraten und eine »Everyday History of Almost Everything« zu fordern oder dem Gedanken nachzuhängen, welche Geschichten sich aus der Dingeliste aus Werkstatt*Geschichte* Heft 50 (Papierwindel, Lippenstift, Telefonzelle, Transistorradio – andernorts schon als Monographie erschienen –, Feinrippunterhemd und Tampon) entwickeln ließen, liste ich auf, was ich beim Schreiben dieses Textes benutzt habe: Bleistift, die Rückseiten herumliegender Zettel und Briefumschläge, Kaffee aus Caffettiera von Gasherd in Tasse plus Milch aus Karton, Schraubverschluss, aus Kühlschrank, Energiestufe A+++, 73 Hefte von Werkstatt*Geschichte* und einige von Geschichts*Werkstatt*, Sofa (für Pause), Terminkalender, Papier, Ringbindung (zur Zeitplanung), Armbanduhr (unter Druck), Tisch und Lampe, Laptop für Text und fernschriftliche Kommunikation mit der Redaktion. Jedes dieser Objekte kann für sich untersucht werden, was beispielsweise in der Technikgeschichte oder in den *material culture studies* geschieht, jedes ist auch in anderen Zusammenhängen vorstellbar und würde eine jeweils andere Bedeutung erhalten. Ist diese Objektzusammenstellung also ein Fall für EthnologInnen, ArbeitswissenschaftlerInnen, MuseologInnen oder eben doch auch für HistorikerInnen? Dies würde bedeuten, die materielle Dimension von individuellem Leben und Gesellschaft nicht als vorausgesetzt zu betrachten, sondern sich näher mit der Materialität, Funktion, Bedeutung, oft auch Faszination von Dingen zu beschäftigen, die als »Sachausstattungen« einerseits als gesellschaftsprägend (Nobert Elias, Sigfried Giedion, Hans Linde) konstatiert, andererseits aber selten historisch analysiert werden. Bei allen historischen Untersuchungen über Wohnverhältnisse war es ein Soziologe, der die kontrollierende Wirkungsmacht des »Berliner Schlüssels« beschrieben hat, allerdings, was verwundert und zugleich herausfordert, ohne Thematisierung der mit ihm verbundenen mikrohistorischen Herrschafts- und Arbeitsverhältnisse. Werkstatt*Geschichte* wäre der Ort dafür, wie meine kleine Objektliste (als Gegenteil der Behauptung, dass Listen sui generis unabgeschlossen sind) zeigen sollte: Der Zusammenhang zwischen Zeit (Anschaffung zwischen 1951 und vorgestern) und Ort (Objektherkunft zwischen China, Barcelona und Mark Brandenburg, aufgefunden in Berlin) ist als Prozess und Ergebnis evident: Der Beitrag ist abgegeben.

■ ALF LÜDTKE

Lebenswelt: verriegelte Welt?

Überlegungen zu einem Konzept und seinen Verwendungen*

Verwendungen: Vielfalt oder Beliebigkeit?

In einer Skizze zum Stand der Debatten in Sozial- und Kulturgeschichte hatte Rudolf Vierhaus 1995 den Begriff der »Lebenswelt« hervorgehoben. »Lebenswelt« sei »geeignet, [...] den Gegenstandsbereich der Sozialgeschichte ›in der Erweiterung‹ zutreffend zu benennen«. Denn damit würde im Unterschied zu den »konkreten sozialen Strukturen« das »Verhalten der Menschen«, zumal ihr »Innestehen« in den bereits genannten Strukturen hervorgehoben. Aber das sei nicht alles, denn zugleich gehe es um das »individuelle und soziale Handeln«.[1] Vierhaus verweist dann auf die Genealogie des Begriffes. Grundlegend sei die neuere Phänomenologie, in der Nachfolge von Edmund Husserl; besonders einschlägig seien Alfred Schütz und Thomas Luckmann. Sie hätten das Terrain sondiert. Danach habe jede reflektierende Vergewisserung der Situation der Menschen einzusetzen mit den »Grundstrukturen der [...] für den Menschen selbstverständlichen Wirklichkeit« – oder bei Schütz: der »alltäglichen Lebenswelt«.[2]

Allerdings – und Vierhaus betont dies – reichen solche Verweise auf Erstverwendungen, darüber hinaus auf ideen- und begriffsgeschichtliche Zusammenhänge nicht aus. In der Tat – sie helfen nicht, Unschärfe zu überwinden und den Umriss des Begriffs Lebenswelt zu präzisieren.[3] Insofern gilt der Blick erneut den Perspektiven und Valeurs, die sich mit der Lebenswelt verbinden. Vierhaus sieht hier die Chance, jenem »Ungenügen an einer Geschichtsschreibung« entgegenzuarbeiten, bei der »die handelnden Individuen und sozialen Gruppen im Netzwerk von Strukturen und Prozessen nicht mehr zu identifizieren sind.«[4]

Es sei das Ereignishafte, das in der Lebenswelt erkennbar bleibe. Vor allem aber erlaube der Begriff Lebenswelt das Ereignis »als Knotenpunkt von Umständen, Handlungsmotiven, Zufällen und Folgewirkungen zu rekonstruieren«.[5] Denn Ereignisse erschlössen sich in ihrer konkreten Wirklichkeit, aber auch in ihren Bedeutungen oder (so Vierhaus) in ihrer »Faktizität« nicht von selbst. Es sei lebensweltliche Analyse, die das hinzufüge, was dafür unerlässlich sei, die »Wahrnehmung und Erfahrung durch diejenigen, die in das Ereignis und seine Folgen involviert waren«.[6]

Entscheidend für Lebenswelt ist also in dieser Sicht die Wirklichkeit als eine »wahrgenommene Wirklichkeit [...], in der soziale Gruppen und Individuen sich verhalten und durch ihr

* Für vielfältige Unterstützung danke ich herzlich Jan Wernicke (stud. phil. Universität Göttingen).

1 Rudolf Vierhaus, Wege zu einer neuen Kulturgeschichte, Göttingen 1995, S. 9.

2 Vgl. dazu auch direkt die von Vierhaus herangezogenen Autoren Alfred Schütz/Thomas Luckmann, Strukturen der Lebenswelt, Konstanz 2003 [Frankfurt a. M. 1979], S. 29.

3 Vierhaus, Kulturgeschichte, S. 9.

4 Ebd., S. 11.

5 Ebd.

6 Ebd., S. 12.

Denken und Handeln wiederum Wirklichkeit produzieren«.[7] Lebenswelt erweise sich also als »gesellschaftlich konstituierte, [...] kulturell ausgeformte [...] und symbolisch gedeutete Wirklichkeit«. Dabei gehe es nicht um eine statische Größe. Denn »der Mensch, der in eine bestimmte Lebenswelt hineingeboren und von ihr geprägt wurde [...], [kann] sie verlassen oder aus ihr vertrieben werden, [er kann] aber auch in verschiedenen Lebenswelten gleichzeitig leben: in der Welt der Familie und des Ortes, in der Bildungs- und Arbeitswelt«[8] – so mit deutlichem Bezug auf moderne, arbeitsteilig organisierte Gesellschaften.

Zum historischen Arbeiten gehört in aller Regel ein gewisses Maß an skeptischer Nüchternheit und Distanznahme. Vierhaus macht hier keine Ausnahme. Denn er resümiert die Perspektiven und Ansprüche eines Vorgehens, das sich auf Lebenswelt zu konzentrieren sucht: »Damit tut der Historiker nichts grundsätzlich anderes als das, was er immer schon getan hat, oder tun sollte«. Immerhin sei das keine Kleinigkeit, denn auf diesem Wege werde die »Sensibilität« für menschliches Verhalten geschärft und zugleich das Bewusstsein für den interkulturellen Vergleich gestärkt.[9]

Mir bleiben freilich Zweifel. In mehreren Schritten möchte ich sie skizzieren.

Grenzen des Totalitätsanspruches: Wie »selbstverständlich« ist die Lebenswelt?

Zunächst bleibt bei Vierhaus selbst, aber auch bei anderen ein Moment unberücksichtigt, das Vierhaus zwar zitiert, aber nicht weiter aufnimmt. Er erwähnt mit Bezug auf Alfred Schütz und Thomas Luckmann, die Erkundung von Lebenswelt ziele auf die »Beschreibung der Grundstrukturen der für den Menschen selbstverständlichen Wirklichkeit«. Diese »selbstverständliche Wirklichkeit« aber sei die »alltägliche Lebenswelt«.[10]

Zu Beginn der Darlegungen, die Alfred Schütz über die *Strukturen der Lebenswelt* seit den 1950er Jahren mehrfach vorgelegt hatte (nach ersten Arbeiten zum Thema in den frühen 1930er Jahren), ist genau dies der prägende Grundzug: Die alltägliche Lebenswelt sei der »Wirklichkeitsbereich, an dem der Mensch in unausweichlicher, regelmäßiger Wiederkehr teilnimmt«. Zwar könne er hier eingreifend und auch verändernd wirken, mit Einsatz von Körper und Leib – stets aber bleibe er eingegrenzt und beschränkt. Genau dies sei der »Bereich, den der wache und normale Erwachsene in der Einstellung des gesunden Menschenverstandes als schlicht gegeben vorfindet«.[11]

Mit dem »schlicht gegeben« sei alles bezeichnet, »was wir als fraglos erleben, jeden Sachverhalt, der uns bis auf Weiteres unproblematisch ist«.[12] Die Welt erscheine dem Einzelnen »in zusammenhängenden Gliederungen wohl umschriebener Objekte mit bestimmten Eigenschaften«. Es gehöre auch zu dieser Welt, dass hier »andere Menschen existieren«; sie seien nicht nur »leiblich« vorhanden, insofern also nicht nur vergleichbar anderen Gegenständen. Vielmehr seien diese Anderen »im Wesentlichen der eigenen Person, dem eigenen Bewusstsein gleich«. Entscheidend ist hier, dass diese Perspektive die Erfahrung eines je schon vorhandenen Sinnes, einer schon gegebenen Sinnhaftigkeit unterstellt. Sie ist nicht erst her-

7 Ebd., S. 13.
8 Ebd., S. 14.
9 Ebd., S. 25.
10 Ebd., S. 9.
11 Ebd.
12 Ebd.

zustellen, in womöglich mühsamen, stets riskanten und eventuell auch nur bruchstückhaft möglichen Operationen.

Schütz betont (mit Bezug auf Husserl), dass die »Weltstruktur als konstant hingenommen und erfahren« werde. Von da aus sei die »Gültigkeit meiner Vorerfahrung wie meines Vermögens [gegeben], auf die Welt zu wirken«. Insofern ist es konsequent, wenn Schütz sich im Weiteren fragt, was geschehe, wenn dieses scheinbar »fraglos Gegebene« dennoch zweifelhaft und fragwürdig wird.[13] Setzen nicht aber Historikerinnen und Historiker genau an diesem Punkt an, wenn sie Materialien suchen, erschließen und auswerten? Und zeigen sie nicht vielfältige Gemengelagen von Transformationen und Brüchen in ebenso wie zwischen historischen Prozessen? Bei historiografischen Rekonstruktionen geht es doch gerade nicht um eine konsistent-homogene – um eine eigentlich ahistorische »Weltstruktur«. Vielmehr zeigen genauer Blick und sorgsame Beschreibung vielfache Kaskaden unerwarteter Ereignisse und rascher Umbrüche ebenso wie »schleichende« Veränderungen »längerer Dauer« (in Anlehnung an F. Braudels Zeitlichkeitskonzept). Mit Wandel und (Um-)Brüchen sehen sich historische Akteure ebenso wie Historiografen immer erneut konfrontiert – umzugehen ist mit Kontingenzen.

Hier ist es unabdingbar, den konkreten und nicht zuletzt alltagsgeschichtlichen Kontext der Arbeiten von Schütz einzubeziehen. Dabei zeigt sich zweierlei: Zum einen sind in den späten 1920er und frühen 1930er Jahren bei Vielen Signale von Unsicherheit über die Lage, wenn nicht Angst vor der Zukunft zu beobachten, jedenfalls bei den Gebildeten. Martin Heidegger, der Philosoph, wäre eine Gewährsperson – mit seiner Analyse des *Geworfenseins in die Existenz* und seinen Untersuchungen zur Bedeutung von »Angst« als Grundbefindlichkeit (Angst vor der Freiheit wie Angst vor der Zeitlichkeit und deren Endlichkeit).[14] Zu nennen wäre (in vielerlei Hinsicht natürlich ganz anders angelegt und verortet!) auch Sigmund Freud, etwa seine Schrift über das *Unbehagen in der Kultur* (1930). Hier unterstrich der Autor, dass er gerade nicht als »Prophet« auftrete und »keinen Trost« zu spenden suche.[15]

Parallel (und zweitens) ist zu beachten, dass Schütz durch seine Exilierungs- und Emigrationserfahrung einen geschärften Sinn für das »fraglos Gegebene«, aber auch für dessen Fragilität haben konnte. Dabei geht es gewiss nicht darum, einen einheitlichen »Typus« von Migrationserfahrung zu unterstellen.[16] Vielmehr soll dieser Versuch, die Rede von der Lebenswelt zu kontextualisieren, ihre spezifische historische Signatur unterstreichen. Dabei zeigt sich,

13 Alfred Schütz, Der sinnhafte Aufbau der sozialen Welt. Eine Einleitung in die verstehende Soziologie, Frankfurt a. M. 1974, S. 29ff.

14 Vgl. dazu Martin Heidegger, Sein und Zeit, 10. Aufl., Tübingen 1963, S. 184–191, S. 342–346.

15 Sigmund Freud, Das Unbehagen in der Kultur, Wien 1930, S. 136. Hier gibt es natürlich starke Resonanzen mit Max Webers Insistieren darauf, dass die Rolle des Wissenschaftlers nicht die des »Führers«, nicht die des Erlösers sein könne und dürfe, vgl. Max Weber, Wissenschaft als Beruf (1917/1919), in: ders., Gesamtausgabe, Bd. I/17, Tübingen 1994, S. 1–23, hier S. 18; vgl. auch Karl Jaspers, Die geistige Situation der Zeit, Berlin 1931.

16 Vgl. als in vielerlei Hinsicht völlig anderen »Fall« Hannah Arendt oder auch einige Mitglieder des Frankfurter »Instituts für Sozialforschung«, wie beispielsweise Herbert Marcuse oder Leo Löwental. Siehe dazu Claus-Dieter Krohn, Wissenschaft im Exil. Deutsche Sozial- und Wirtschaftswissenschaftler in den USA und die New School for Social Research, Frankfurt a. M. 1987; Mathias Greffrath (Hg.), Die Zerstörung einer Zukunft. Gespräche mit emigrierten Sozialwissenschaftlern, Reinbek 1979.

dass Schütz das jeweilige »Herstellen« des Gegebenen nicht thematisiert. Das »Wirklich-Machen« des offenbar »fraglos Gegebenen« gilt ihm nicht als Problem.[17]

Beispiele aus historischen Darstellungen: Von der »Lebenswelt« zum »Milieu«?

Wie wird Lebenswelt verwendet, in welchen Zusammenhängen findet sich das Wort? Hier sind konkrete Beispiele notwendig – im Folgenden: eine Längsschnittstudie zum Bürgertum, eine Regionalstudie zu frühneuzeitlichen Deichgesellschaften und Untersuchung zum zentralen Herrschaftsapparat in der ehemaligen DDR. Diese Beispiele werden wiederum nur beispielhaft behandelt.

Am Anfang steht ein Projekt, das unter der Leitung von Lothar Gall ab 1987 an der Universität Frankfurt am Main betrieben wurde. Es ging hier um »Stadt und Bürgertum im 19. Jahrhundert«; und mehrere der Publikationen nennen in ihren Titeln die »Lebenswelt« als eines der zentralen Themen. Zunächst hat der Projektleiter in einem Überblick eine Reihe von Studien zu einzelnen Städten, aber auch Städtevergleichen für den Untersuchungszeitraum versammelt und damit 1991 ein umfängliches Beiheft der *Historischen Zeitschrift* gefüllt.[18]

Darin unterstreicht der Initiator, Gall, dass es hier um Mentalitäten und zumal um politische wie gesellschaftliche Erwartungshaltungen gehe, bezogen auf die »Spezifika der jeweiligen lokalen und der regionalen politischen Kultur«, nicht zuletzt »einzelne[r] herausragende[r] Persönlichkeiten«. Dabei sei die Vielzahl der einzelnen Momente auf »Übergreifendes […], Generalisierbares, auf das Typische« zu beziehen. Für diese Typisierung verweist Gall beispielhaft auf den Begriff des Bürgers. Er sei im 19. Jahrhundert ein zentraler Orientierungspunkt geworden. Vor allem habe es dieser Bürgerbegriff vermocht, die wirtschaftlichen und sozialen Unterschiede, die innerhalb des städtischen Bürgertums durchaus verstärkt worden seien, zu »überwölben und weniger fühlbar zu machen«. Entstanden sei ein »gemeinsames Bürgerbewusstsein«, nicht zuletzt gespeist von der Vorstellung einer künftigen »klassenlosen Bürgergesellschaft«.[19]

In einem weiteren von Gall herausgegebenen Beiheft der *Historischen Zeitschrift* unterstrichen die Autorinnen und Autoren Dieter Hein, Susanne Kill, Michael Sobania und Ralf Zerback: Es lasse sich ein »innerer Zusammenhalt des Bürgertums« ungeachtet der Unterscheidungen zwischen einzelnen Bürgerbegriffen zeigen, und zwar »konkret in der Lebenswelt«.[20]

17 Schütz/Luckmann, Strukturen der Lebenswelt, Kapitel I B. Das fraglos Gegebene und das Problematische, S. 35ff. Ähnlich hat auch Jürgen Habermas argumentiert, vgl. ders., Theorie des kommunikativen Handelns, Bd. 2, 4. Aufl., Frankfurt a. M. 1987 (zuerst 1981), Kapitel VI »System und Lebenswelt«, S. 171–293.

18 Vgl. Lothar Gall, Vom alten zum neuen Bürgertum. Die mitteleuropäische Stadt im Umbruch, 1780–1820, in: ders. (Hg.), Vom alten zum neuen Bürgertum. Die mitteleuropäische Stadt im Umbruch, 1780–1820 (Historische Zeitschrift, Beiheft 14), München 1991, S. 1–18.

19 Ebd., S. 17.

20 Dieter Hein/Susanne Kill/Michael Sobania/Ralf Zerback, Einleitung. Konstituierung des Bürgertums, in: Lothar Gall (Hg.), Stadt und Bürgertum im Übergang von der traditionellen zur modernen Gesellschaft (Historische Zeitschrift, Beiheft 16), München 1993, S. 127–130, hier 128; vgl. aber auch den Kommentar von Dieter Langewiesche, Kommentar, in: ebd., S. 229–236, der sich insbesondere skeptisch zeigt zur Gallschen These der relativen Homogenität des Bürgertums, und dabei Fragen nach Situation und Rolle von Frauen stellt, aber auch die bei Gall sehr stark hervorgehobene integrative Rolle der Vereine für zum Teil überzogen hält.

Erneut drei Jahre später hat Gall in einem zusammenfassenden Sammelband die Bedeutung dieses überwölbenden Bürgerbegriffs freilich wieder eingeschränkt: Der homogenisierende Bürgerbegriff sei in hohem Maße Projektion geblieben, habe »keine reale gesellschaftliche Kraft gewinnen« können und »blieb [...] eine bloße Ideologie«.[21] Ganz offenbar wurde die »bloße Ideologie« alltagspraktisch nicht so präsent, wie es der eher partikulare, ältere Bürgerbegriff war. Zu fragen wäre freilich auch, ob nicht auch Ideologie ihrerseits alltäglich produziert, aber auch abgewiesen oder ignoriert wurde – ob sie nicht lebensweltlich (in dem von Gall selbst benannten Sinne) sehr wohl »präsent« war oder wurde.

Andreas Schulz, einer der maßgeblichen Mitarbeiter des Projektes, verwendet in einem Projektresümee »Lebenswelt« mit Nachdruck.[22] Er verweist darauf, dass »Lebenswelt [...] zum einen die soziale Umwelt von Haus, Nachbarschaft, Kirchengemeinde, Verein und kommunaler Öffentlichkeit« bezeichne. Parallel und zweitens werde damit aber auch »kulturelle Deutung und sinnstiftende Gestaltung dieser Welt durch das Individuum einbezogen«. Diese beiden Ebenen oder: »objektive Umwelt und subjektive Wahrnehmung«, seien in diesem Projekt in »Institutionen, Diskursen und Lebensformen« untersucht worden. Im Vordergrund hätten »neue bürgerliche Lebenswelten« gestanden, letztere als Übergangsformen von korporativen Strukturen und Klientelsystemen zu »neuen Assoziationsformen und sozialen Netzwerken«.

Ein zweites Beispiel führt in die Marschregion an der Schleswig-Holsteinischen Westküste im 17. und 18. Jahrhundert. Der Autorin, Marie-Luisa Allemeyer, ging es darum, »gesellschaftliche, politische und religiöse Facetten der Küstengesellschaft zu beleuchten«. In diesem Zusammenhang verwendet sie die Formulierung von der »küstennahen Lebenswelt«.[23] Dabei gehe es um die »gegenseitige Beeinflussung von Mensch und Meer« – oder um die »spezifischen Gesellschaft- und Herrschaftsformen sowie die nicht minder spezifischen mentalen Prägungen, Deutungs- und Wahrnehmungsweisen der Küstenbevölkerung«.[24]

Die Autorin nimmt ausdrücklich die Frage auf, die Rudolf Vierhaus als eine zentrale Problemstelle, wenn nicht als Grenze des Konzeptes benannt hatte: Unterstelle nicht »Lebenswelt« ein hohes Maß an Homogenität der Lebenssituationen und Verhaltensweisen? Allemeyer unterstreicht hingegen, wie vielfältig und weitreichend Streit in dieser Küstengesellschaft war, vor allem »Streit um den Deich«. Wer war verantwortlich, wer hatte mitzuarbeiten, wer blieb hingegen ausgeschlossen, von den beabsichtigten Schutzwirkungen wie von den Mitleistungen und der kooperativen Produktion? Welche Vor- bzw. Nachteile hatten Besitzende, Besitzarme oder Besitzlose zu tragen wie zu erleiden? Wie versuchten diese Personen oder Personengruppen, Vorteile zu gewinnen und Nachteile zu vermeiden?

Auch bei den Deutungen zeigt sie Differenz und partiellen Widerspruch, etwa zwischen der vorherrschenden religiösen Deutung (»alles liegt in Gottes Hand«)[25] und einer religiösskeptischen Variante (»Gott verhindert womöglich einen umfassenden Schutz durch den

21 Lothar Gall, »... ich wünschte ein Bürger zu sein.« Zum Selbstverständnis des deutschen Bürgertums im 19. Jahrhundert, in: Dieter Hein/Andreas Schulz/Eckardt Treichel (Hg.), Bürgertum, liberale Bewegung und Nation, München 1996, S. 3–21, hier S. 6, S. 17.

22 Andreas Schulz, Kultur und Lebenswelt des Bürgertums im 18. und 19. Jahrhundert – Bilanz und Perspektiven, in: Blätter für deutsche Landesgeschichte 139/140 (2003/04), S. 73–88, S. 79.

23 Marie Luisa Allemeyer, »Kein Land ohne Deich ...!« Lebenswelten einer Küstengesellschaft in der Frühen Neuzeit, Göttingen 2006, S. 12.

24 Ebd., S. 13.

25 Ebd., S. 345ff.

Deich«)[26]. Dabei rekonstriuert Allemeyer auch eine entschieden säkulare Sinngebung: Der Deich schütze vor Naturgewalten.[27] In dieser Sicht, die Geschichte als »man-made« unterstellt, hänge alles davon ab, inwieweit die Menschen sich bemühten – dann könne der »Deich gegen alles schützen«.[28] Die Verfasserin sucht die Gesamtheit konkreter Umstände und Lebensbedingungen mit den (heterogenen!) Wahrnehmungs-, Deutungs- und Verhaltens- bzw. Handlungsweisen zu verknüpfen. So vielfältig die Resonanzen wie die Widerspüche in der »Küstengesellschaft« offenbar waren – Allemeyer fasst dieses Ensemble gleichwohl als »Lebenswelt«.[29]

Ein drittes Beispiel gilt zeitgeschichtlichen Fragen und Zusammenhängen. Konkret geht es um die Menschen, die ein zentrales Herrschaftsorgan der DDR in den vielfältigen Situationen des Alltags verkörperten – die das Ministerium für Staatssicherheit (MfS) betrieben und damit auch prägten. Es ist Jens Giesekes intensive und ungemein materialreiche Studie zu den hauptamtlichen Mitarbeitern der Staatssicherheit.[30] Ausdrücklich ins Zentrum rückt der Verfasser die »Lebenswelt«[31] am Ende des argumentativen Teils der Einleitung.[32] Sie ist hier also Ziel- wie vielleicht auch Gipfelpunkt der verschiedenen forschungsgeschichtlichen Rahmungen, die der Verfasser in den ersten Teilen der Einleitung skizziert.

Auffallend ist, dass Gieseke das Wort »Lebenswelt« sehr sparsam verwendet. Er betont in der soeben erwähnten Passage aus der Einleitung die »subjektive Lebens- und Wertewelt«, zugleich die »Alltagspraxis«, in der »Lebenswelt« erlebt, aber auch immer wieder hergestellt werde. Allerdings bleibt es bei diesen eher abstrakten Bemerkungen. Dabei setzt er interessanterweise hier mit einem Verweis auf eine westliche bzw. westdeutsche polizeiliche Alltagskultur ein.[33] Rafael Behr hat diese »cop culture« als zentrales Problemfeld der westdeutschen Polizeien markiert.[34] Gieseke betont zugleich zentrale Differenzen zwischen DDR und BRD, etwa die gesetzlichen Bindungen und Beschränkungen der westdeutschen Institutionen. Sie kontrastiert er mit der »Opportunität und Allmacht«, die die MfS-Angehörigen zumindest voraussetzen konnten, faktisch aber auch als selbstverständlich zur Absicherung ihres Verhal-

26 Ebd., S. 352f.
27 Ebd., S. 357ff.
28 Ebd., S. 372ff.
29 Siehe dazu auch die Arbeit von Frank Fätkenheuer, Lebenswelt und Religion. Mikro-historische Untersuchungen an Beispielen aus Franken um 1600, Göttingen 2004. Für seine frühneuzeitlichen Fälle bzw. Selbstzeugnisse bemühe er sich, die »Gesamtheit der jeweiligen Lebenswelten aufsuchen«. Vgl. ebd., S. 39.
30 Jens Gieseke, Die hauptamtlichen Mitarbeiter der Staatssicherheit. Personalstruktur und Lebenswelt 1950–1989/90, Berlin 2000.
31 Vgl. dazu jetzt auch das Projekt »Die lange Geschichte der ›Wende‹. Lebenswelt und Systemwechsel in Ostdeutschland vor, während und nach 1989« am Zentrum für Zeithistorische Forschung (ZZF) in Potsdam, das Kerstin Brückweh leitet. Die Projektbeschreibung (https://zzf-potsdam.de/sites/default/files/forschung/Abteilung1/2016_06_06_brueckweh_projektbeschreibung_lange_geschichte_der_wende_lf_1.pdf, zuletzt eingesehen am 19.7.2017) nennt »Lebenswelt« mehrfach und verweist dabei auf »teils subkutane, teils offenkundige gesellschaftliche Dynamiken«. Betont werden »klein dimensionierte, lebensweltliche Kommunikationsräume« (Anja Schröter) als mögliche Basis für Neuorientierung. Der Akzent auf teils untergründigen, in jedem Fall vielfältigen »Lebenswelt«-Praktiken führt deutlich über flächige Lesarten von »Lebenswelt« hinaus.
32 Giesecke, Die hauptamtlichen Mitarbeiter der Staatssicherheit, S. 33–38.
33 Ebd., S. 33.
34 Rafael Behr, Cop culture. Der Alltag des Gewaltmonopols: Männlichkeit, Handlungsmuster und Kultur in der Polizei, 2. Aufl., Wiesbaden 2008.

tens in Anspruch nahmen. Bemerkenswert bleibt dabei, dass Gieseke die materiale Nähe von »cop culture« und MfS-Lebenswelt ausblendet.

Gieseke hat jedoch wenige Seiten zuvor wichtige Aspekte einer vielschichtigen Herrschaftsanalyse dargelegt. Herrschaftsansprüche und -durchsetzungen prägen ein Feld, in dem Mitglieder der Herrschaftsapparate, aber auch die Menschen jenseits der »Kommandohöhen« mitmachen und zustimmen, sich ab und an, wenn nicht häufig (Wochenende!) entziehen, sich auf »ihre« Datsche, auf »ihr« Hobby, auf ihre Klein-, aber nicht selten auch Groß-Familie konzentrieren. Dabei konnte kräftig-widerborstiger »Eigen-Sinn« sehr wohl mit den Gesten und Aktionen des Mitmachens, des Gehorchens und Unterstützens staatlicher wie parteilicher Anforderungen parallel gehen.[35]

Gieseke geht es zwar in erster Linie um die Mitarbeiter des MfS. Er macht jedoch wiederholt klar, dass die MfS-Angehörigen sich als Teil der »sozialistischen Dienstklasse« sahen oder doch sehen sollten. Die verschiedenen Institutionen bzw. Bürokratien, vor allem die bewaffneten Organe Armee, Polizei und Zoll, waren für das MfS offenbar auf allen Ebenen in erster Linie Rivalen. Giesecke erläutert die Formen und Intensitäten dieser Rivalitäten in großen Teilen seines Buches. Sie sind für ihn tragende Pfeiler der »Lebenswelt« der MfS-Angehörigen. Vor allem betont er die Dauerkonflikte um Besoldungsabstufungen und -verbesserungen, um zusätzliche Prämien für MfS-Zugehörigkeit und steigendes Dienstalter, parallel immer wieder Steigerungen der bereits weit überdurchschnittlichen Renten, Tauziehen um Dienstgebäude und deren Ausstattung, aber auch preiswerte und moderne Wohnungen, vielfach in speziellen Neubauvierteln.[36] Zu den kaum je erwähnten Privilegien gehörte nicht zuletzt ein ganz außergewöhnlicher Stellenkegel: Für die 1980er Jahre zeigt Gieseke, dass nicht die üblichen 10–20 Prozent, sondern 60–65 Prozent der insgesamt vorhandenen Stellen für Offiziere vom Unterleutnant bis Oberst reserviert waren – eine exorbitante Vorzugsbehandlung![37]

Angesichts einer solch einzigartigen Sonderstellung überrascht es umso mehr, dass Giesecke die »Lebenswelt« als interpretierendes oder zusammenfassendes Wort nicht zumindest hier einsetzt. Das zeigt sich auch in einem Quantifizierungsversuch des Textes (allerdings auf den von Google Books nur selektiv freigegebenen Seiten des Buches).[38] Auf den ca. 560 Textseiten wird »Lebenswelt« oder das adjektivische »lebensweltlich« ca. anderthalb Dutzend Mal gebraucht. Allerdings findet sich in dem Band eine bemerkenswerte Erweiterung, vielleicht besser: Auflockerung dieses Fokus'. Denn Giesecke verwendet, zunächst sehr sporadisch, im letzten Drittel des Buches zunehmend, aber nicht ausschließlich, »Milieu« anstelle von »Lebenswelt«. Insgesamt ändert diese Verschiebung aber nichts an dem zurückhaltenden Wortgebrauch. Das »Milieu« kommt wie die »Lebenswelt« in dem Band ebenfalls ca. anderthalb Dutzend Mal vor. Für die 1960er und 1970er Jahre werden zunächst beide Begriffe austauschbar und zum Teil neben- oder hintereinander eingesetzt.[39] Für die 1980er Jahre bevorzugt Gieseke fast ausschließlich das »tschekistische« oder das »MfS-Milieu« (nach dieser notgedrungen lückenhaften Auszählung).[40] Die abschließende Erwähnung und Diskussion

35 Giesecke, Die hauptamtlichen Mitarbeiter der Staatssicherheit, S. 23f., S. 29.
36 Ebd., S. 291f., siehe auch S. 353–368.
37 Ebd., S. 431f.
38 Für diese Erkundung danke ich sehr Jan Wernicke (Universität Göttingen); er hat sie am 30./31. Mai 2017 über Google Books durchgeführt.
39 Giesecke, Die hauptamtlichen Mitarbeiter der Staatssicherheit, S. 291f.
40 Siehe ebd., ab S. 382.

im Kapitel IX »Resümee« konzentriert sich auf das »tschekistische Milieu«, aber auch hier gibt es noch einen Moment von Parallelität, wenn an einer Stelle von »lebensweltlicher Homogenität« und der ihr offenbar vorausgehenden »Durchdringung aller Lebenssphären« die Rede ist.[41]

Ansätze zur Verschiebung auf »Milieu« werden in einem Abschnitt zu den frühen 1970er Jahren deutlich, wobei die Überschrift noch auf die »Homogenisierung der tschekistischen Lebenswelt« verweist.[42]

Der starke quantitative Zuwachs der »Organe« seit den 1960er und vermehrt den frühen 1970er Jahren führte bei den Vorgesetzten zu immer wieder erneuten Anstrengungen zur »Homogenisierung«, also des Einpassens der Neuen in die bestehenden Verhältnisse und Praktiken. Hierfür galt intern die Vorstellung einer »Generationensymbiose«,[43] die alle Differenzen der Alters- wie der Rangstufen überdecken sollte. Im Einzelnen ging es bei diesen auf Homogenisierung gerichteten Maßnahmen um die rigorose Disziplinierung der MfS-Angehörigen. Zugleich intensivierten die Vorgesetzten die Versuche, auch die Familien und die gesamte Privatsphäre permanent zu kontrollieren. Dabei beobachteten Vorgesetzte ein steigendes materielles Interesse auf fast allen Ebenen, auch bei den höheren Rängen (dazu auch die obigen Hinweise zu Besoldung und Rente). Gleichzeitig zeigen nachträgliche Erinnerungen – die Giesecke ausgewertet hat –, wie sehr gerade die unteren MfS-Angehörigen Allmachtsvisionen für den Umgang mit den eigenen »Bürgern« auch konkret zum Element ihrer Alltagspraxis machten.

Hier, d. h. in Giesekes Studie, zeigen die umfänglichen und konkreten Schilderungen und Analysen, dass eine allumfassende und in vielem statische »Lebenswelt« die Praktiken und Situationen der Akteure zu schnell reduziert, in vielem übergeht oder gleich ganz übersieht. Die jeweiligen offenen Flanken, unklaren Situationen, die Gleichzeitigkeiten von Interessen mit Ängsten wie Hoffnungen, Verzweiflungen wie Sehnsüchten werden bestenfalls summarisch benannt, aber nicht konkret erschlossen. Hier aber ist ein Terminus wie der des »Milieus« tauglicher. Das »Milieu« ist eben ein anderes, es bewegt sich oder wird bewegt, es schließt nicht ein, sondern erlaubt, mehr noch: ermuntert Ausflüchte, aber auch Ausflüge. Die inneren wie äußeren Landschaften, die es zu früheren Zeiten gab und vielleicht immer noch gibt, die Perspektiven, die das Heute mit einem möglichen, einem erhofften, aber vielleicht auch gefürchteten Morgen verbinden –, sie sind Teil dessen, was mit »Milieu« angetippt, aber nicht vollständig erfasst wird.

Mehr noch: Das Milieu ist eigentlich immer ein Ensemble vieler Milieus, vieler Wahrnehmungen und Deutungen je eigener Verhaltensweisen und Praktiken. Und die vielen Segmente und Nuancen, die offenbar auch das »tschekistische Milieu« zeigte, waren gegen ein Scheitern der eigenen Vorsätze, der institutionellen Anforderungen nicht immun. Die »Lebenswelt« hingegen setzt ein Innen wie ein Außen voraus. Eben dies gehört aber nicht zum Horizont von Milieus. Gezieltes wie ungezieltes Verhalten, das keine eindeutigen Vorgaben kennt, dennoch aus individuellen Äußerungen oder Wünschen auch die Verbindung und Verpflichtung anderen gegenüber zulässt – diese unscharfe und mehr gefühlte als präzise bestimmte Antriebsenergie verknüpft sich mit dem Milieu, eigentlich besser: mit den Milieus.[44]

41 Ebd., S. 546f.

42 Ebd., S. 353–368.

43 Ebd., S. 288.

44 Vgl. auch Gilles Deleuze/Félix Guattari, A Thousand Plateaus. Capitalism and Schizophrenia, Minneapolis 1987, S. 313.

Was tun?

Vereinzelte – und offenbar nur punktuelle – Schwenks von der »Lebenswelt« zum »Milieu« lassen sich als Spur einer Öffnung lesen. Um diese Öffnung voranzubringen, folgen hier knappe Vorschläge.

Erstens: Angesichts der Anmutung von Geschlossenheit oder doch Homogenität, die mit dem Konzept der »Lebenswelt« ausdrücklich oder implizit immer wieder verbunden werden, sollte methodisch nach Brüchen, Erschütterungen, zumindest nach Wandel und Umwälzung gefragt werden. Wenn ›unegale Entwicklungen‹ (in Anlehnung an Karl Marx)[45] entscheidend für historische Konfigurationen wie Prozesse sind – zu suspendieren wäre dann die fundamentale Annahme einer prinzipiellen Vermittlung zwischen den Momenten eines Handlungsfeldes und den Akteuren. Vielmehr wären zu erkunden die Brüche, Distanzen und Differenzen zwischen diesen Akteuren wie zwischen ihren Praktiken, zugleich deren Berührung, Reibung oder Kollision.[46]

Zweitens: Aufzuheben wäre die für die Lebenswelt grundlegende Annahme des »Selbstverständlichen«. Hinweise, wie sie etwa Michel de Certeau gegeben hat, führen weiter: Er zeigt in *Gehen in der Stadt*, dass selbst die offenbar selbstverständlichsten Routinen alles andere als ›selbstverständlich‹ oder bloß routiniert betrieben werden. Denn auch das »Gehen in der Stadt« ist nicht nur schematische Wiederkehr des immer Gleichen. Vielmehr zeigt genaueres Hinsehen nicht nur höchst unterschiedliche Tempi und Rhythmen; deutlich wird vor allem ein Spektrum unendlicher Vielfalt der Gehbewegungen. Es sind je spezifische Praktiken, mit denen jede und jeder »geht«. Auch dieses »Gehen« ereignet sich nicht »von selbst«.[47]

Drittens: Zu fragen ist ebenso nach Profil und Vielfalt unterhalb der Schwelle spektakulärer Proteste und rebellischer Aktionen. Zum Beispiel: Wie haben industrielle Arbeiterinnen und Arbeiter auf ihre Weise Arbeitszeiten und -pausen, Arbeitstempi und Arbeitsweisen modifiziert, nuanciert – und damit »angeeignet«? Welcher individuelle (womöglich auch kollektive) »Eigen-Sinn« lässt sich erkennen, nicht zuletzt hinter dem Rücken der Vorgesetzten?

Viertens: Mehrstimmige Darstellung – das Aufbrechen des Musters homogener Texte, zumal das Suspendieren der Ordnung von Ober- und Untertext (also von Haupttext und Fußnoten). Dies könnte ein Weg sein, die Fokussierung auf eine Sprecherin oder einen Schreiber bzw. seine oder ihre Texte zu relativieren – wenn man so will: ein Hypertext *avant la lettre*, der jedoch auch danach nicht erledigt ist. Gemeint ist eine Buchveröffentlichung von 1983. Der Kultur-Anthropologe und Historiker Richard Price hat in *First-Time* seine Forschungen der 1970er Jahre mit den und über die Saramaka dargelegt, einer afro-amerikanischen Bevöl-

45 Diese Formulierung versucht die Pointe in Marx' Text in seiner Einleitung zur *Kritik der politischen Ökonomie* zuzuspitzen. Bei Marx heißt die Formulierung »Das unegale Verhältnis der Entwicklung der materiellen Produktion z. B. zur künstlerischen«, siehe: Karl Marx, Einleitung zu: Grundrisse der Kritik der politischen Ökonomie (Rohentwurf) 1857–1858, Frankfurt a. M. ca. 1972, S. 29.

46 Hierzu anregend Fernand Braudel, der in seiner Auseinandersetzung mit der strukturalistischen Sozialgeschichte Otto Brunners 1959 auf die Vielfalt, in die sich Geschichte auseinanderlege und zu »unbegrenzten Formen der Interaktion« führe, mit Nachdruck aufmerksam gemacht hat. Vgl. Fernand Braudel, Sur une conception de la histoire sociale (1959), in: ders., Écrits sur l'histoire, Paris 1969, S. 175–191, hier S. 191.

47 Michel de Certeau, Die Kunst des Handelns, Berlin 1988, S. 179–208 (Kap. 7 Gehen in der Stadt).

kerungsgruppe entlaufener Sklaven (als Sklaven gehalten in Brasilien).[48] Price hat jahrelang als teilnehmender Beobachter bei deren Nachfahren im früher niederländischen Surinam gelebt. In seinem Buch ist es das Seiten-Layout, das auffällt – und spätestens beim zweiten Blick seine Anregungskraft entfaltet.

Price hat die Seiten zunächst horizontal geteilt. In der oberen Hälfte findet man jeweils die Transkription mündlicher Geschichten über das Entkommen von den Plantagen im 18. und 19. Jahrhundert, das ebenso mühsame wie gefährdete Überleben, aber auch das Weiterleben von Kindern und Kindeskindern. Diese Erzählungen hat Price in den 1970er Jahren gesammelt. Es sind immer auch Überlieferungsgeschichten. Überwiegend reichen sie zurück in die Jahre vor 1800 oder 1850 – als die Saramaka sich der Sklaverei entzogen und sich in einem, lange Zeit völlig isolierten Gemeinwesen zusammenfanden. Die untere Hälfte jeder der Druckseiten bietet hingegen ein konventionelles historisches Narrativ zur Kolonialisierung Surinams, gegründet auf Prices Lektüre niederländischer Kolonialakten. Seine Lesart der Aktenlage präsentiert Price in aller gebotenen Genauigkeit.

Diesen beiden Stimmen, die im Wort- wie übertragenen Sinne korrespondieren, aber auch kontrastieren, sind auf jeder zweiten oder dritten Seite weitere Stimmen beigegeben: mündlich überlieferte Liedtexte und Notentranskriptionen von Melodien; aktuelle Fotos der Gesprächspartner der mündlichen Erzählungen (zwölf Männer, eine Frau); Reproduktionen von Bildern einzelner Alltags-Szenen wie Landschaften des 17. und 18. Jahrhunderts in der Kolonie, d. h. von grafischen Blättern, die niederländische Kupferstecher und Maler seinerzeit gefertigt haben.

Mehrstimmigkeit ist die typografische Botschaft dieses Textensembles. Sie signalisiert keinen Zusammenhang, der sich als eine bestimmte Lebensweise bestimmen ließe. Vielmehr verweist diese Assemblage auf eine kaum überschaubare Vielfalt von Verhaltensweisen und Ausdruckspraktiken der historischen Akteure. Sie finden sich verbunden wie unverbunden; sie operieren nebeneinander, zugleich »über-/untereinander«, sie stehen in Resonanz und erzeugen »Echo«-Effekte (Joan W. Scott)[49] mit allen ihren Verzerrungen: Die Präsentation von Price lädt zur genauen Betrachtung ein. Gewiss, es ist der Autor, der die Elemente ausgewählt und arrangiert hat. In diesem Rahmen gibt es aber weder Vorrang noch Nachrang einer Spur oder Erzählung vor der anderen. Diese Offenheit ist zentral, sollen historische Konfigurationen und Prozesse in ihren Kontingenzen erschlossen werden. Die Rede von der »Lebenswelt« führt hier nicht weiter.

48 Richard Price, First-Time. The Historical Vision of an African American People, 2. Aufl., Chicago 2002.

49 Joan W. Scott, Fantasy Echo: History and the Construction of Identity, in: Critical Inquiry 27 (2001) 2, S. 284–304; siehe auch deutsch: Phantasie und Erfahrung, in: Feministische Studien 19 (2001) 2, S. 74–88.

■ Stefan Krankenhagen

»Das andere, eigene Kap.« In Brüssel hat das House of European History eröffnet

Dauerausstellung

Eine herrschaftliche Treppe führt zum Haupteingang des Eastman-Gebäudes im Parc Leopold, der unweit des Europäischen Parlaments in Brüssel liegt. Das wuchtige Gebäude verdankt sich dem amerikanischen Mäzen George Eastman, der in den 1930er Jahren mehrere Zahnkliniken für Kinder stiftete, unter anderem diese in der belgischen Hauptstadt. Seit Mai 2017 ist es der Sitz des House of European History, initiiert und finanziert durch das Europäische Parlament. Der Haupteingang aber bleibt unbenutzt, die Besucher müssen sich ihren Weg durch eine neu geschaffene Sicherheitsschleuse bahnen; ich zähle zehn Mitarbeiterinnen allein in diesem Bereich. So empfangen mich im Inneren des Gebäudes nicht die holzvertäfelten Wände der historischen Eingangshalle, sondern die funktionale Armada aus Sitzgelegenheiten und Schließfächern, ihnen gegenüber die Information (der Eintritt in das Museum ist frei) und dahinter der offene Museumshop und das Café Europa. Unübersichtlich und wenig einladend ist dieser Beginn, über den auch die Museumsdirektorin Taja Vok van Gaal nicht glücklich ist, wie sie im persönlichen Gespräch erzählt: »But you know: security«.

Dafür haben sie und ihr Team, um meine Einschätzung vorwegzunehmen, etwas Besonderes geleistet: Eine museale Erzählung von Europa zu entwerfen, die eigene Standpunkte formuliert, ohne dabei eurozentristisch oder gar teleologisch aufzutreten. Dazu gleich mehr. Zuerst hat mich noch der Museumsshop interessiert, dieser Ort, der räumlich innerhalb und symbolisch außerhalb des *exhibitionary complex* (Tony Bennett) des Museums angesiedelt ist. Was verkauft man wohl in einem explizit europäischen Museum? Europäische Flaggen? Tatsächlich. Und dazu noch blaue Baseball-Caps, Krawatten und Sonnenbrillen mit dem Kreis der goldenen Sterne. Außerdem Automodelle zwischen VW-Bulli und Citroën-Ente, eine *European Sticker Collection* mit prominenten Gebäuden der Nationalstaaten und *Xenophobes Guides to the Italiens, Poles, Germans*, etc. Nationalstaatliche Klischees waren schon immer ein Verkaufsschlager, ob ideologisch verbrämt oder ironisch gebrochen.

Das Projekt eines europäischen Museums hat eine spezifische Geschichte. Sie beginnt mit einem Museum, das kein Museum wurde: mit dem Musée de l'Europe nämlich, einer gemeinnützigen Gesellschaft, die 1997 von ausgewählten Mitgliedern der politischen und gesellschaftlichen Eliten Belgiens und der EU initiiert wurde und dessen wissenschaftlicher Beirat von dem Historiker Krzysztof Pomian und der Kuratorin Marie-Louise von Plessen geleitet wurde. Gemeinsam mit dem belgischen Ausstellungsbüro »tempora« hat das Musée de l'Europe mehrere Ausstellungen erarbeitet, unter anderem »C'est notre histoire!«, die 2007 in Brüssel und 2009 in Wrocław zu sehen war. Dass dieses Museumsprojekt nie Wirklichkeit wurde, lag wohl auch an seiner offen instrumentellen Haltung der europäischen Einigungsgeschichte gegenüber. Das Museum wollte ausdrücklich zu einem europäischen »place of memory« werden, wie es in der Ausstellung »C'est notre histoire!« hieß, die zum fünfzigjährigen Bestehen der Römischen Verträge gezeigt wurde. Diese Ausstellung sollte das Kernstück des zukünftigen Museums werden. Sie thematisierte die Geschichte Europas als einen übergreifenden Integrationsprozess, der sowohl durch »Perioden der Einheit« (Jahrhunderte des gemeinsamen Glaubens, Epoche des Humanismus und der Aufklärung, politische Integration nach 1945) als auch durch »Perioden der Brüche« (Reformation und Glaubenskriege, Nationalismus, Totalitarismus und Weltkriege) charakterisiert sei. Beides aber, so die Sicht der Kuratoren, hätte zur

Ausbildung einer gemeinsamen Kultur Europas beigetragen.

Die Idee eines Musée de l'Europe präsentierte die Geschichte Europas damit als eine teleologische Erzählung. Nicht nur die Ideengeschichte und die humanistische Tradition Europas, auch die Kriege und Auseinandersetzungen würden die Wurzeln einer gemeinsamen kulturellen Herkunft bilden, die in dem ökonomischen und politischen Integrationsprozess nach 1945 gleichsam ihre Vollendung findet: *Unity in Diversity*. Man entwarf somit sukzessive eine Meistererzählung europäischer Geschichte, die als solche seit langem einer fundierten Kritik in Geschichtswissenschaft und Philosophie unterlag. Etwa durch Jacques Derrida, der in seinem Buch *Das andere Kap* von 1992 einen Weg vorgezeichnet hat, der ermöglichen sollte, dass sich Europa »nicht in seiner eigenen Identität verschließt und dass es sich beispielhaft auf jenes zubewegt, was nicht es selber ist«.

Zugleich ist das unvollendete Musée de l'Europe ein Beispiel für die Dynamik politischer Prozesse. Nachdem es zehn Jahre lang – vergeblich – um eine langfristige Förderung und Institutionalisierung gekämpft hatte, initiierte das Europäische Parlament im Jahr 2007 ein eigenes europäisches Museumsprojekt, das nun, zehn Jahre später, als House of European History eröffnet wurde. Es geht auf eine Initiative des Christdemokraten und damaligen Präsidenten des Europäischen Parlaments Hans-Gert Pöttering zurück. Als Vorbild diente dem europäischen House ein deutsches Haus: das Haus der Geschichte für die Bundesrepublik Deutschland in Bonn, das ebenfalls aus politischem Willen entstanden war. Es war Helmut Kohl, der die Gründung des Museums seit seinem Regierungsantritt 1982 vorangetrieben hatte und der es schließlich 1994 eröffnen konnte. Die enge Verbindung zwischen House und Haus wird auch darin deutlich, dass der erste Leiter der wissenschaftlichen Expertengruppe für das europäische Museum der deutsche Historiker und damalige Direktor des Hauses der Geschichte Hans Walter Hütter war. Die großen Jungs hatten das Projekt übernommen – und das war zugleich das Ende für das Musée de l'Europe.

Die politischen Akteure haben aber nicht, das kann man zumindest heute sagen, die inhaltliche Ausrichtung des House of European History dominiert. Das betont die Museumsdirektorin van Gaal verständlicherweise; es ist aber auch an der Differenz zwischen der nun existierenden Ausstellung und den ersten Konzeptpapieren abzulesen. Letztere hatten ausdrücklich auf die demokratische Leerstelle des Integrationsprozesses reagiert: »While European integration is praised world-wide as an example of exceptionally successful economic and political advancement […] scepticism spreads in all Member States«, hieß es in einer internen Notiz in der Planungsphase von 2008: »the historical narrative is missing from the current political discussion«. Der Schwerpunkt der Ausstellung sollte entsprechend »die europäische Geschichte vom Ersten Weltkrieg bis in die Gegenwart präsentieren. […] Die Friedensphase seit Ende des Zweiten Weltkrieges soll hierbei eine herausgehobene Rolle spielen«. Die von einem Sachverständigenausschuss 2008 vorgestellten inhaltlichen Grundlinien der Dauerausstellung waren derart vielfältig und disparat, dass sich der Eindruck einer bloßen additiven Geschichtsschreibung ergab. Zwischen den Einflüssen der altägyptischen Kultur bis zum Beitritt Bulgariens und Rumäniens zur EU im Jahr 2007 fand alles einen Platz, was im weitesten Sinne von Europa ausging oder auf Europa einwirkte. Anders die nun eröffnete Dauerausstellung: sie schafft es, Europa als Ideengeschichte zu konturieren und gleichzeitig offen zu halten für vielfältige Entdeckungen anhand der ausgestellten Dingwelten. Dabei ist sie im besten Sinne eine Raumkunst, durch die ich mich habe treiben lassen.

»In einer Ausstellung geht man ringsherum«, wie El Lissitzy in den 1930er Jahren bemerkte. Und so gehe ich als Besucher im ersten Stock des Eastman-Gebäudes zwischen bürgerlichem Salon und einem Fernsehsessel, zwischen Computer-Arbeitsplatz und einer Bibliothek herum. Das hat etwas von einer Theaterdekoration und ist doch gleichzeitig die Möglichkeit, den Ausstellungsobjekten und -inhalten nahe zu kommen. Denn im House of European History kann ich mich auf das Sofa setzen (das im 17. Jahrhundert aus Arabien nach Frankreich kam) und am Spieletisch Schach spielen (ebenfalls ein Import aus der arabischen Welt); ich kann Dinge anfassen und an dem alten IBM Computer, dessen Bildschirm nun Touch-Screen ist, Gemeinsamkeiten und Differenzen der drei Hauptalphabete in Europa entdecken. Der Kulturkontakt mit dem »anderen Kap«, steht offensichtlich im Vordergrund der Erzählung vom Anfang, und also das Wissen darum, dass die Imagination Europa erst durch den kulturellen, ökonomischen und symbolischen Austausch mit dem Anderen real geworden ist. Hier ist die kulturethnologische Perspektive stärker als die historische, und so erinnert der Einstieg nicht zufällig an das Museum Europäischer Kulturen in Berlin, das einen vergleichbaren Ansatz verfolgt. Aber in Berlin kann man sich nicht, wie in Brüssel selbst ausprobiert, auf ein Himmelbett legen, um sich von digitalisierten Kissen Märchen und Legenden erzählen zu lassen. Klug auch die Entscheidung, zum Einstieg auf Objektkarten zu verzichten und gänzlich unprätentiöse Papptafeln zu den ausgestellten Dingen zu hängen. Auch hier gilt: der Besucher muss auf eine unaufdringliche Art mit den Objekten in Beziehung treten, die Ausstellung will buchstäblich zur Hand sein.

Museen leiden ja seit ihrer modernen Inthronisierung im 18. Jahrhundert an einer Ästhetik der Distanz. Manifeste sind geschrieben worden, *turns* ausgerufen und partizipative Praktiken eingeführt worden. All das hat an den meisten Stellen nicht viel geändert. Das Museum bleibt der Ort, an dem man in sinnlicher Distanz mit Dingen, Räumen und Menschen in Beziehung treten kann; wenn man denn möchte. Das House of European History hat einen mir hochsympathischen Weg gewählt, die – natürlich ambivalente – bürgerliche Matrix des Museums zwischen individueller Subjektautonomie, historischem Geschichtswillen und gesellschaftlichem Bildungsanspruch nicht zu leugnen und gleichzeitig Möglichkeiten für eher unkomplizierte Erfahrungen von Nähe und Teilhabe zu schaffen.

Eine davon ist die Einladung, die historischen Inhalte zu benutzen, zu berühren, zu erfassen, eine andere das – tatsächlich funktionierende – Tablet, das alle Besucher kostenlos erhalten. Es reagiert auf die Vielsprachigkeit der anvisierten Besucher aus den 28 Mitgliedsstaaten der Europäischen Union, aber auch darüber hinaus, indem es alle Informationen in den 24 Amtssprachen der Union anbietet. (Hier ist es doch ein EUropäisches Museum: in Europa gesprochene Sprachen wie norwegisch, baskisch oder russisch sind nicht zu hören.) Das Tablet kann aber mehr, als die Objekttexte an den Wänden zu ersetzen. Es bietet weiterführende Informationen zu vielen Objekten und es liest mir einführende Zusammenfassungen zu den Ausstellungssequenzen oder ausgewählten Objekten vor – ist also gleichzeitig ein Audioguide. Es übersetzt automatisch und synchronisiert die Audiospuren der in der Ausstellung gezeigten Filme. Als ich etwa im fünften Stock an einen Monitor herantrete, auf dem Zaharia Muhamed Ali auf Lampedusa über seine Flucht und die Erfahrungen des Ankommens berichtet, höre ich ihn, der französisch spricht, auf meinem Tablet sagen: »Ich hoffe, dass unser Kommen einen Sinn hat. Dass es nicht nur lästig ist.« Direkt neben seiner Geschichte, die die Geschichte von Millionen Menschen ist, zeigt die Ausstellung die Errungenschaften des Schengen-Abkommens: offene und geschlossene Grenzen. Auf diese Weise, ganz altmodisch dialektisch und gerade deshalb so erhellend, funktioniert das gesamte Narrativ der Ausstellungsmacher. Keine Leistung Europas, die nicht missbraucht wurde, kein technischer Fortschritt ohne Kolonialismus, keine Gewaltenteilung ohne staatlichen Terror.

Dieses Konzept und diese inhaltliche Überzeugung werden, wie angesprochen, auch räumlich und sinnlich in vielen Momenten eingelöst. Mit dem musikalischen Satz »An die Freude« im Hintergrund beginnt der dritte Stock, in dem der Aufstieg Europas zu einer Weltmacht des 19. Jahrhunderts gezeigt wird. Die Ausstellung blickt hier nicht nur auf die großen Mächte Zentraleuropas, sondern erinnert daran, dass die modernste Verfassung eines europäischen Landes zu dieser Zeit das norwegische Grundgesetz von 1814 war, oder dass die demokratischen Bewegungen von 1848 auch Rumänien erfasst haben, wie eine Gipsfigur zeigt. Dass das Manifest der Kommunistischen Partei unter dem Replikat eines englischen Dampfhammers liegt, ist dann wieder ›große Geschichte‹ und der Auftakt für den Eintritt in eine Glaspassage. Hier werden gleichzeitig Industrielle Revolution und europäischer Kolonialismus als ungebrochener Glauben an Fortschritt und Macht im 19. und frühen 20. Jahrhunderts gezeigt.

Getrennt durch eine Glastür – verbunden mit der Geschichte und solitär zugleich – beginnen dann das 20. Jahrhundert und die beiden Weltkriege. Zurückhaltend inszeniert, zeigt das Museum die Abfolge der Entmenschlichungen, die im Holocaust kulminieren. Die Ausstellung ist hier nicht auf Überwältigungseffekte aus, sondern überrascht mich mit ihren musealen Bildern: Wenn die Feldpostkarten aus dem ersten Weltkrieg an einem Drehkreuz befestigt sind, daneben ein hanggesticktes Kissen: MOTHER, oder wenn vor der großformatigen Abbildung einer Werkhalle zur Herstellung von Artilleriegranaten tatsächlich Granatenköpfe aufgestellt sind. Alle tragen eine besondere Gravur, Rosen sind hier eingearbeitet, dort Jugendstilmuster. Irritierend schön. Eine Frage für Historiker ist dann die Entscheidung der Kuratoren, Nationalsozialismus und Stalinismus als parallele Geschichte zu behandeln: Führerkult, Wirtschaftssysteme und Vernichtungsideologie werden den Besuchern zum Vergleich angeboten. Die Ausstellungseinheit endet im Dunkeln und mit Einzelschicksalen. Danach tritt man wieder durch eine Tür und ist zurück am Anfang: Beethovens »Freude schöner Götterfunken« dröhnt im Ohr und erinnert daran, dass die Barbarei nicht das Gegenteil der Kultur, sondern deren immanenter Anteil ist.

Der vierte Stock ist letztlich der Interessanteste, weil Problematischste für das House. Denn wie ist der Übergang darzustellen von der mörderischen Ausgrenzung anderer Nationen, anderer Ethnien, anderer Religionen und dem, was rückblickend als das neue Europa der Gemeinsamkeiten gelten soll? Hier ist die Sicht des HEH schwach und stark zugleich. Schwach, weil dem dominierenden Einfluss einer neo-funktionalistischen Perspektive auf Europa – und damit die fortschreitende wirtschaftliche, politische und kulturelle Europäisierung der Nationalstaaten – zu wenig Beachtung geschenkt wird. Prominent vertreten durch Jean Monnet etwa, geht der Neo-Funktionalismus nach dem Zweiten Weltkrieg davon aus, dass kompetente Experten möglichst frei von nationalem innenpolitischem Druck gemeinsam Lösungen für transnationale, primär sozioökonomische Probleme finden. Dafür sollten neue supranationale Institutionen mit eigenen Entscheidungskompetenzen geschaffen werden; diese Institutionen würden dann die transnationale Organisation politischer und gesellschaftlicher Akteure fördern und diese wiederum die weitere Europäisierung antreiben. Europäische Integration, so dieser Ansatz, greift von einem Wirtschaftssektor beginnend auf andere Sektoren über und zieht eine immer stärkere politische Integration nach sich: ein »Prozess«, an dessen Ende eine europäische Föderation stehen würde.

Erst der Neo-Funktionalismus als Leitidee erklärt die Entwicklung der europäischen Institutionen – und ihre Probleme – ansatzweise. Eine Idee und ihre

Konsequenzen museal darzustellen, ist sicherlich nicht einfach; aber der hier gewählte Ansatz, die europäische Einigung als einen primär durch äußere Faktoren katalysierten Prozess zu zeichnen (Nachkriegselend, die Teilung Deutschlands, Kalter Krieg, Gründungsväter) erzählt höchstens die halbe Geschichte. So wie in den Jahrhunderten davor, gab es auch nach 1945 ganz unterschiedliche Perspektiven auf die Idee Europa. Es wäre wert gewesen, diese Auseinandersetzungen zu zeigen, um deutlich zu machen, dass die konkrete Ausgestaltung der europäischen Institutionen keine natürliche Schöpfung, sondern Ergebnis einer politischen Konkurrenz um die Idee Europa war und ist.

Stark ist dieser Teil der Ausstellung dennoch, weil die Raumordnung im vierten Stock ein Argument macht, das ich hier etwas zuspitzen möchte. Denn auf die so genannten Gründungsväter der Römischen Verträge von 1957 folgt: Werbung. Nein, nicht wirklich Werbung, aber eben doch die Darstellung von Wohlstand und Konsum in ganz Europa. Als Scharnier dient die großartige ›Küchendebatte‹ zwischen Richard Nixon und Nikita Khrushchev, die 1959 in der *American National Exhibition* in Moskau stattfand. In einer Modellküche stehend, diskutieren die beiden Politiker launig die Vor- und Nachzüge des jeweiligen Systems. Großartig ist das Dokument deshalb, weil wir es hier mit der Etablierung eines neuen Mediums zu tun haben – dem Farbvideo – das als Medium erlernt und gezeigt werden muss. So wird Khrushchev von einem Mitarbeiter mehrmals ins Bild geschoben und Nixon preist lieber das Fernsehen als die Ausstellung: »It's one of the best means of communication that has been developed.« Nachdem klar geworden ist, dass der Wettkampf der politischen Systeme in den 1960er Jahren (auch) zu einem Wettkampf der Konsumkulturen geworden ist, wechselt die Ausstellung wieder zur Perspektive Europa. Hier ist es üblich, die Unterlegenheit des sozialistischen Wirtschaftssystems zu betonen. Anders in der Ausstellung: sie zeigt, an Objekten aus dem ehemaligen Jugoslawien etwa, wie sich in ganz Europa eine Überflussgesellschaft etablierte, die die Bindekraft des Politischen nach und nach ersetzte.

Über drei Stunden hat mein Besuch gedauert und doch musste mich van Gaal in unserem anschließenden Gespräch auf viele Objekte aufmerksam machen, die ich übersehen hatte oder für die schlicht die Aufnahmekapazitäten erschöpft waren. Auf den zerschossenen Pullover eines Demonstranten aus Bukarest im fünften Stock etwa und die daneben liegende Auszeichnung, die einzelne DDR-Soldaten 1990 erhielten: Für den »vollständigen Abbau der Sperranlage der ehemaligen innerdeutschen Grenze«. Nicht zu übersehen dagegen sind in diesem letzten Abschnitt der Ausstellung die 80.000 Seiten Gesetzestexte der Europäischen Institutionen sowie die Regalwand voll mit Wörterbüchern. Das sind abschließende Schlaglichter auf einige der etwa 1.700 Objekte, die im House ausgestellt sind, inbegriffen der 1.200 Leihgaben von über 300 Institutionen weltweit. Ohne im Ästhetizismus zu erstarren hat das House of European History ungewohnte oder zumindest multiple Formen gefunden, seine Objekte zu präsentieren. Mal hochgradig zum Bild gemacht – wie die Pistole aus Sarajewo von 1914, die auf Filmausschnitte der 1910er Jahre gerichtet ist –, mal serialisiert – wie die Dosen mit Babynahrung aus dem Finnland der 1960er Jahre – oder exemplarisch aufbereitet – wie die Klassenfotos aus europäischen Ländern, anhand derer die verschiedenen Bildungssysteme beleuchtet werden. Möchte ich darüber nichts wissen, kann ich mich am Bild einer Grundschulklasse freuen, die Brezeln auf dem Schoss haben, die beinahe größer sind als die Kinder selbst. Ich kann die Fotos dieser Schulklassen aus Europa hinsichtlich ihrer Differenz beobachten, ich kann sie auf ihre Gemeinsamkeiten hin betrachten. Aus welchem Land sie sind, ist dann irrelevant.

Denn so funktioniert das House of European History. Es verleugnet nicht, dass Europa eine Differenz-Maschine ist. Erst in der Abgrenzung nach innen wie nach außen ist der Kontinent zu einem kulturellen Etwas geworden, das sich auch in seinen Gemeinsamkeiten beschreiben lässt. Es ist die Leistung der Ausstellung, dass sie in der Dialektik von Eigenem und Fremdem tatsächlich europäisch denkt und sich nicht in die Einzelstränge der Nationalstaaten aufspalten lässt. Dabei argumentiert sie, in der sinnlichen Distanz einer musealen Erzählung, nie teleologisch. Schließlich ist nicht ausgemacht, was aus Europa wird.

■ Fiasko – Scheitern in der Frühen Neuzeit

Stefan Brakensiek/Claudia Claridge (Hg.), Fiasko – Scheitern in der Frühen Neuzeit. Beiträge zur Kulturgeschichte des Misserfolgs (Histoire; 64), Bielefeld (transcript) 2015, 224 S., 29,99 €

Der vorliegende Band dokumentiert überarbeitete Vorträge einer interdisziplinären Ringvorlesung von Mitgliedern der Fakultät Geisteswissenschaften der Universität Duisburg-Essen vom Sommersemester 2013. Die Autor_innen stammen aus der Anglistik, der Geschichtswissenschaft, der Germanistik und der Theologie. Der Klappentext wirft Fragen von überragender Bedeutung für historische und gegenwärtige Gesellschaften auf und markiert die Relevanz des Themas deutlich: »Wie stellen sich Menschen ihre Zukunft vor und wie gehen sie damit um, wenn sie keinen Erfolg haben?« In ihrem knappen Editorial erklären die beiden Herausgeber_innen, dass ein solches Ausbleiben von Erfolg eklatant sein müsse, um als Scheitern zu gelten. Ein bloßer Misserfolg sei demnach noch kein Scheitern; gleichwohl bleibt die Frage nach ausbleibendem Erfolg maßgeblich für alle Beiträge – und auch für den Untertitel – des Bandes.

Damit ist bereits angezeigt, was dieser Sammelband nicht leistet und zugegeben wohl auch nicht zu leisten beabsichtigte, nämlich eine systematische Vermessung des Wortfeldes und seiner historischen Variationen. Mehrfach deuten die für sich genommen jeweils überaus lesenswerten Einzelbeiträge (teils in englischer, teils in deutscher Sprache verfasst) an, dass die analytische Problemstellung des Bandes, Prozesse historischen Wandels anhand von Variationen sicht- und wenn möglich beschreibbar zu machen, deutlich über die knappen Bemerkungen des Editorials hinausweist. Im Editorial erfährt man im Übrigen auch nichts über die Etymologie und historischen Verwendungsweisen des titelgebenden Begriffs Fiasko. Auch zeigt sich, dass die Übergänge zu anderen, in der Forschung teils intensiv beackerten Themen – wie jenes der Geschichte von Katastrophen und Unglücksfällen – fließend sind, ohne dass diesem Umstand immer hinreichend Rechnung getragen wird. Dies ist zunächst einmal mit Bedauern festzustellen. Aber gut, die Lektüreerwartungen an einen Sammelband sind recht heterogen und ich mag hier auch nicht einfach in das derzeit beliebte Klagelied über Sammelbände einstimmen (die Argumente pro und contra sind längst ausgetauscht), denn mit Gewinn gelesen habe ich *Fiasko* allemal.

Blickt man nach diesem kritischen Einstieg auf die einzelnen Beiträge, würde ich eine andere Reihenfolge der Lektüre vorschlagen, ohne dass meine Reihung etwas über die Güte der Beiträge aussagen soll. Als Einstieg würde ich Jörg Wesches Aufsatz (eigentlich der abschließende Beitrag des Bandes) empfehlen. Wesche umreißt unterschiedliche Narrativierungen des Scheiterns (Kleist, Herder, Iversen, Happel, Olearius), öffnet so das Begriffsfeld für das 17. und 18. Jahrhundert und arbeitet unterschiedliche Formen des Scheiterns (biografisch, partiell, projektbezogen) heraus. Hilfreich für den Einstieg in den Band ist dieser Aufsatz auch deshalb, weil er die in verschiedenen begriffshistorischen Verweisen im Band anklingende Schiffbruchmetapher genauer untersucht und seine eigenen Überlegungen systematisch mit den anderen Beiträgen des Bandes verknüpft (wohl aus dem gleichen Grund kann er aber zurecht auch am Ende des Bandes stehen). Zudem tritt die Frage nach historischem Wandel in diesem Beitrag besonders deutlich hervor, etwa in frühneuzeitlichen Anverwandlungen mythischer Motive, in den sich wandelnden Bedeutungszuschreibungen von Erfahrungswissens (hier vor allem der aus Fehlschlägen zu ziehenden Schlussfolgerungen) und in einer schleichenden Ökonomisierung des Scheiterns in sensationsheischenden Geschichten.

Danach würde ich Jens Martin Gurrs Beitrag lesen, der die Textfragmente von Thomas Morus' *History of King Richard III* und Percy Bysshe Shelleys *A Philosophical View of Reform* untersucht. Beide Texte blieben in ihrer Zeit aufgrund schwerwiegender konzeptioneller Widersprüche Fragmente. Beide unabgeschlossenen Werke könnten also als gescheiterte Texte oder Schreibversuche (bei denen Gurr seinen historischen Akteuren auf inspirierende Art ›über die Schulter schaut‹) gedeutet werden, avancierten jedoch jeweils in der Rezeption zu großartigen Erfolgen. Völlig zurecht wirft Gurr daher die Fragen auf, was eigentlich Scheitern (›failure‹) konstituiert, und wer und zu welcher Zeit Scheitern diagnostiziert. Damit verweist Gurr auf einen Umstand, der wie eine rote Linie alle Beiträge des Bandes durchzieht – Scheitern ist ohne relationale Bezugnahmen nicht zu denken.

Eine zentrale Relation war im 17. und 18. Jahrhundert die Ökonomie, und völlig zurecht rückt Stefan Brakensiek daher in seinem Beitrag die Figur des ›Projectemachers‹ in den Fokus. Die lexikalischen Untersuchungen anhand von Zedlers *Universallexikon* und Krünitz' Ökonomischer Enzyklopädie zeichnen zunächst die negativen Vorstellungen nach, die über ›Projectemacher‹ verbreitet wurden beziehungsweise waren. Häufig soziale Aufsteiger, die sich aufgrund der ökonomischen Gegebenheiten im Alten Reich an den Schnittstellen zwischen den Höfen und Staatsbehörden bewegen mussten, wurden ihre Pläne kritisch beäugt. Den Fürsten riet man geradezu zur Vorsicht, um den Betrügereien dieser Personen nicht auf den Leim zu gehen, die versprachen, das ökonomische Nullsummenspiel des Merkantilismus aufzuheben und das Außeralltägliche Realität werden zu lassen. Allzu deutlich hallt hier wieder, was viele Beiträge des Bandes zeigen: Große Erwartungen führen im Falle des Scheiterns zu heftigen Enttäuschungen und Reaktionen. Am Beispiel des Kameralisten Johann Heinrich Gottlob von Justi deuten sich in Brakensieks Beitrag die unsteten Lebensumstände solcher ›Projectemacher‹ an. Letzteres gilt ebenso für Sir Walter Ralegh (auch Raleigh), dessen fast schon verzweifelte und letztlich vergebliche Versuche, als Entdecker und Schriftsteller die verlorene Gunst Elisabeths I. zurückzugewinnen, Frank Erik Pointner untersucht. Pointner zeigt in seinem Beitrag sehr anschaulich, wie stark Raleghs Versuche, das Scheitern seiner Guayana-Mission als eine nach wie vor mögliche Erfolgsgeschichte zu verkaufen, an die Lesererwartungen zu Berichten über die ›Neue Welt‹ (und deren Genrekonventionen) gebunden waren.

Von widerstreitenden, politisch hoch aufgeladenen Deutungen des Scheiterns handelt Claudia Claridges Aufsatz, die das ›Fiasko‹ der schottischen Unternehmung, eine Kolonie im heutigen Panama zu gründen (Darién-Projekt) und dessen publizistischen Nachhall in Schottland und England (»pamphlet war«), untersucht. In ihren Invektiven, deren lexikalischen und semantischen Gehalt Claridge äußerst detailreich vor Augen führt, ergingen sich die Konfliktparteien in wechselseitigen Schuldzuweisungen – und spitzten so die Dramatik des Scheiterns weiter zu.

Ebenso dramatisch und politisch aufgeladen wurde das Scheitern der Brandbekämpfung während des *Great Fire* in London 1666 verhandelt. Christoph Heyl geht in seinem Beitrag unter anderem auf die jeweiligen politischen Dilemma-Situationen für den König und den Bürgermeister während des Brandes ein und fokussiert, nachdem er das an den Gegebenheiten fast zwangsläufige Scheitern der Brandbekämpfungsmethoden umrissen hat, ebenso wie die meisten anderen Beiträge auf die retrospektiven Deutungen der Katastrophe – genauer auf den Kampf um die Deutung des Scheiterns bestimmter Anweisungen und Maßnahmen in der Katastrophe. Der Hof selbst beeilte sich, die enormen Verwüstungen als Chance zu propagieren, ein neues prosperierendes London aufbauen zu können. Zudem debattierten die Zeitgenossen die Fragen, wer und wessen Verhalten den göttlichen Feuer-Zorn heraufbeschworen, oder ob möglicherweise katholische Brandstifter als Werkzeuge Gottes gedient hatten, um die rechtgläubigen Puritaner durch Strafe zu Buße und Einkehr zu bewegen.

Mit Blick auf die konfessionellen Auseinandersetzungen im 16. Jahrhundert untersucht schließlich Marcel Nieden, warum jene Religionsgespräche, die von Fürsten und vom Kaiser zum Ziele der ›Vergleichung‹ zwischen den Konfessionslagern anberaumt wurden, allesamt scheiterten. Nieden benennt fünf strukturelle Ursachen, die gleichsam als heuristische Vergleichsmatrix für interkulturelle und historische Vergleichsstudien dienen können. Von diesen seien hier die divergenten Zielvorstellungen und die Befangenheit in eigenen Wahrnehmungs- und Sprachmustern genannt. Insbesondere letztere führten im Falle von Äquivokationen ironischerweise dazu, dass das Scheitern von Gesprächen nicht immer sofort augenscheinlich wurde, weil die jeweiligen Gesprächspartner ihre eigenen Sprachmuster selten überschritten und reflektierten.

Im ersten Beitrag des Bandes, und hier abschließend genannt, analysiert Birte Bös, wie englische Zeitungsmacher im frühen 18. Jahrhundert publizistisch auf das Scheitern beziehungsweise auf die Unbeständigkeit eigener Zeitungsprojekte reagierten. Bös erkennt in der Selbstzuschreibung des passiven Erduldens unkontrollierbarer externer Umstände und in der Selbstviktimisierung ähnliche Strategien wie in modernen Versuchen, das Scheitern ökonomischer Projekte nach außen zu kommunizieren.

Die thematische Vielfalt der Beiträge belegt die unzähligen Anschlussmöglichkeiten für weitere Forschungen, vertiefter über die Bedeutung einer Grundkategorie menschlichen Handelns für die vormoderne Gesellschaft und zeitlich darüber hinaus nachzudenken. Eine systematische Vermessung des Begriffsfeldes steht jedoch noch aus – weitere Publikationen zum Thema sollten daher dringend folgen.

ALEXANDER KÄSTNER (DRESDEN)

■ Schulden und Vollstreckung im liberalen Kapitalismus

Mischa Suter, Rechtstrieb. Schulden und Vollstreckung im liberalen Kapitalismus 1800–1900, Konstanz (Konstanz University Press) 2016, 328 S., 32,90 €

Am 10. Oktober 1810 veröffentlichte die Nürnberger Polizeidirektion eine *Erklärung der Kreditlosigkeit von Polizeidienern*. Darin wurde festgestellt, dass Polizeidiener bei ihrem Gehalt in der Lage seien, »ohne Schulden machen zu müssen, ihre Bedürfnisse bar zu bezahlen«. Aus diesem Grund wurde »jedermann erinnert«, keinem Polizeidiener »ohne Vorwissen und Genehmigung des Unterzeichneten etwas zu borgen, weil weder auf den Sold des Polizeidieners Beschlag gelegt, noch an dessen Montierungs-Stücke sich gehalten werden kann«. Die Polizeidirektion wollte so verhindern, dass Gläubiger von Polizeidienern (mit Hilfe des Stadtgerichts) in gleicher Weise eine Gehaltspfändung zwecks Begleichung offener Schulden erwirkten, wie das bei anderen Schuldnern üblich war. Gegenüber dem Stadtgericht erklärte die Polizeidirektion angesichts eines Pfändungsfalls im Mai 1813: Entziehe man einem Polizeidiener »einen Theil seines unentbehrlichen Einkommens, so wird er gezwungen auf unredliche Weise sich zu entschädigen, wozu ihm seine Funktionen so mancherlei verführerische Gelegenheiten darbieten«. Eindringlich warnte die Polizeidirektion vor den Folgen, »welche entstehen müssen, wenn die Polizei-Soldaten Schuldner der Bürger werden«. Polizeidirektion und Stadtgericht konnten sich nicht einigen. Klarheit schuf erst eine *Königliche Verordnung*, die Sold und Montur von Pfändungen ausnahm und festlegte, »daß bei den gegen Polizei-Soldaten eingeklagten Privat-Forderungen« die »Kläger lediglich an das allenfallsige übrige Vermögen der Beklagten gewiesen werden«.

In Mischa Suters *Rechtstrieb. Schulden und Vollstreckung im liberalen Kapitalismus 1800–1900* geht es nicht um Nürnberger Polizeidiener als säumige Schuldner. Die Studie beschäftigt sich mit der Praxis der Schuldenabwicklung in der Schweiz, trägt dabei aber erheblich zum Verständnis von Problemzusammenhängen bei, die über diese Fallstudie hinausweisen und – unter anderem – auch in der Anekdote zur Kreditlosigkeit von Polizeidienern stecken. Es geht um Reichweite und Funktionsmechanismen von Schulden und Kredit gerade unter denjenigen, die sich sozialgeschichtlich als prekäre Grenzexistenzen beschreiben lassen. Schulden und Kredit treten dabei als Möglichkeit hervor, mit den »Zufällen der Gewerbelotterie« (Jacques Rancière) umzugehen.

Rechtstrieb geht explizit und systematisch den ökonomischen, moralischen und politischen Registern nach, die im neunzehnten Jahrhundert zusammenwirkten, »wenn Schulden und ihre Vollstreckung auf dem Spiel standen«. Die sechs Kapitel folgen keiner strikten Chronologie, sondern widmen sich bestimmten symptomatischen Verdichtungen und greifen dabei verschiedene Forschungskontexte auf. Mischa Suter rekonstruiert zunächst die Entstehung des modernen Konkursrechts in der Schweiz (1889) und bettet diese in die Diskussionen um Rechtsangleichung und Rechtsvereinheitlichung als Basisprozesse der Geschichte der bürgerlichen Gesellschaft des neunzehnten Jahrhunderts ein. Vor diesem Hintergrund begreift er, zweitens, Recht als eine lokale Praxis, die er mittels einer Analyse der Rolle von Verwaltung und Gerichtsbarkeit vor Ort zu fassen sucht. *Rechtstrieb* verbindet nun diese rechts- und wissensgeschichtliche Perspektive mit einem anthropologischen Zugriff auf die in verschiedenen Quellengattungen greifbaren Subjektivierungseffekte von Schulden (Suter widmet der problemorientierten Lektüre der Memoiren eines Gläubigers, Gottfried Kellers Novellenzyklus *Die Leute von Seldwyla* und Wilhelm Weitlings Pauperismustheorie das vierte Kapitel). Auch wenn die einzelnen Kapitel nicht hierarchisch angeordnet sind, sondern bestimmte Problemkonstellationen nebeneinanderstellen, zeigen die beiden letzten Kapitel in besonderer Weise den Fluchtpunkt der Arbeit an: Die Analyse des »Falliten« (zahlungsunfähiger Schuldner) als sozialer Figur im und durch den Rechtstrieb greift wissenschaftsgeschichtliche Ansätze – das »Leute erfinden« (Ian Hacking) durch Statistiken, soziale Erhebungen usw. – auf; die Diskussion des Verhältnisses von Körpern und Dingen als Pfand wird als neuer Zugang zur Geschichte von ›Eigentum‹ als fundamentaler Kategorie der bürgerlichen Gesellschaft genutzt (als ein Spielfeld, auf dem die Grenzen des Ökonomischen verhandelt werden).

Mischa Suter nimmt mit der Zwangsvollstreckung von Geldschulden – dem »Rechtstrieb« – jenen Moment in den Blick, an dem die »Borgwirtschaft« ihre Belastungsprobe zu bestehen hatte. Die Besonderheit des Rechtstriebs, die ihn in Suters Lesart zu einem idealen Test liberaler Regierungstechniken machte, bestand darin, dass sich dieses Verfahren ohne richterliche Prüfung einleiten ließ. »Der iterative Ablauf des Verfahrens erlaubte es, auf obrigkeitliche Einwirkung fast ganz zu verzichten. Ausführende Beamte, aber kaum richterliche Entscheidungen trugen dieses Verfahren. Zeitgenössische Juristen zeigten sich fasziniert vom beinahe administrativen Charakter des Rechtstriebs.« Der Rechtstrieb fügte sich in die Vorstellungen des politischen Liberalismus im neunzehnten Jahrhundert ein: ihm eignete eine »behördliche Schlankheit«, er bevorzugte die – administrativ begleitete – Selbstorganisation der bürgerlichen Gesellschaft, er verband inneren und äußeren Zwang, internalisierte Normen und äußerliche Sanktionsgewalt. »Dieses Recht geringer Staatlichkeit war nicht denkbar ohne eine Fächerung, die routinemäßige Abläufe, weit geteilte Normen, exakte Notierungsweisen ebenso wie abmildernde Vermittlungsmomente umfasste.« Während sich bisherige Forschungen zur sozialen Praxis von Kredit und Schulden (etwa von Carola Lipp, Craig Muldrew, Melanie Tebbutt und anderen) stärker auf die Einbettung der »Borgwirtschaft« in unterschichtliche Subsistenzweisen oder ihre Beziehungen zu marktvermittelten Transaktionen konzentrieren, folgt Suter der sich daraus ergebenden Frage ihrer Bedeutung für die Genese des liberalen Staats und der kapitalistischen Wirtschaft – eine Frage, deren Beantwortung in anderen Arbeiten allzu oft in ideengeschichtlicher Klassikerexegese steckenbleibt.

Schuldenerfahrungen, das arbeitet Mischa Suter entlang einer Analyse der polizeilichen Verhöre von »Falliten« eindringlich heraus, lassen sich nicht homogenisieren. »Wichtig ist schließlich zu sehen, wie die Wissensgewinnung der Gerichts- und Polizeibeamten immer wieder frustriert wurde. Die Feststellungsarbeit verlief lückenhaft, die Verständnisraster bauten sich aus unsicherem Wissen aus.« Die Behörden klagten regelmäßig, dass man die »Falliten« nie dazu bringen könne, auch nur die materielle Richtigkeit der Forderungen zu begreifen, hätten sie doch für alles Ausflüchte. 1857 wurde zum Beispiel ein Baseler Schuhmacher zu seiner Lage befragt – und dieser Fall (die Fragen, die sich daraus ergeben und die Interpretation, die Suter entfaltet) bringt Anlage und Stoßrichtung von *Rechtstrieb* gut auf den Punkt. Auf die Feststellung, dass er sich im Konkurs befinde, entgegnete der besagte Schuhmacher: »Das ist nicht mehr; da sind sie im Irrtum«. Der Polizeidiener insistierte: »Wenn nun von einem Rudolf Vest, Schuhmacher, die Rede ist, so handelt es sich um niemanden Anders, als um Sie, der da sitzt; denn es *gibt* sonst keinen Rudolf Vest, Schuhmacher. Geben Sie an, woher kommt es, daß Sie fallit sind?« Vest bestritt nun das Ausmaß der Schulden mit dem Hinweis, dass sich in einem früheren Verfahren lediglich der Herr Deputat Laroche als Gläubiger gemeldet habe. Der so provozierte Polizeibeamte provozierte nun seinerseits mit dem Einwurf: »Weil man genau wußte, daß man doch nichts bekommt«. Aber auch das blieb nicht ohne Widerrede des »Falliten«, der nicht einsah, einer zu sein: »Das kann man nicht sagen, die Aussichten sind schon so, daß der H. Deputat zu seiner Sache kommt«.

Mischa Suters Studie zeigt, und allein dafür ist sie bereits lesenswert, dass Fälle wie der soeben nur skizzierte ein erhebliches Erklärungspotential für unser Verständnis von Kapitalismus haben. Die Erkenntnis, dass es sich beim modernen Kapitalismus um ein kredit- und schuldenbasiertes System handelt, das in der liberalen Fiktion eines Eigentümersubjekts gründet, findet so eine Verankerung auf der Ebene sozialer Praktiken und lokaler Wissensformationen. Suters Fallitengeschichten zeigen, wie fragil, fluide und dynamisch dieses Fundament ist. Was das Buch zu einer außerordentlich anregenden Lektüre macht, ist der Umstand, dass das Thema in verschiedene Richtungen ausbuchstabiert wird: als Alltagsgeschichte von Schulden und Kredit, die deren soziale Voraussetzungen und Effekte ebenso thematisiert wie die Eigensinnigkeiten der Beteiligten; als historische Anthropologie des verschuldeten Menschen samt der Verfahren der Erzeugung bestimmter Sozialfiguren; als Analyse des liberal-kapitalistischen Staats und seiner gouvernementalen Verfahren; schließlich als Wissensgeschichte des Ökonomischen. *Rechtstrieb* verbindet, und das ist eine unbedingt zu betonende Stärke, durchgängig Fallschilderung und dichte Lektüre mit theoretischen, oft kulturanthropologischen Reflexionen, die konsequent in die jeweiligen Interpretationen eingebaut oder als reflektierende Zwischenpassagen eingebracht werden.

Timo Luks (Giessen)

■ Die Serbisch-Orthodoxen in der habsburgischen Herzegowina

Heiner Grunert, Glauben im Hinterland. Die Serbisch-Orthodoxen in der habsburgischen Herzegowina 1878–1918 (Religiöse Kulturen im Europa der Neuzeit; Bd. 8), Göttingen (Vandenhoeck & Ruprecht) 2016, 588 S., 90,00 €

The 1878 Treaty of Berlin reshaped the political map of the Balkans – but to what extent did it affect the lived experience of the populations that were the objects of this transformation? Heiner Grunert's *Glauben im Hinterland*, the published version of his 2015 dissertation, takes up this important question for one particular group of people (Orthodox Serbs in Herzegovina) from one particular angle (confessional practice). During the forty years Grunert's work examines, Herzegovina was under Austro-Hungarian rule: from 1878 through 1908, the Habsburgs occupied and administered the still-officially-Ottoman territory, and in 1908 they annexed it outright and ruled it until the empire's collapse in 1918. The region's population was mostly Orthodox, with Catholic and Muslim minorities, making it somewhat of an outlier in the majority-Catholic Austro-Hungarian Empire.

Grunert divides his work between two distinct subjects. The first half of the book considers everyday religious practice: how the average Orthodox Serb experienced religious life under Habsburg rule. In the second half of the book, Grunert turns to the question of organization and leadership: how the church was reorganized and how the clergy worked within this new situation. Both halves are meticulously researched and plentifully illustrated, drawing on extensive source material from archives across the Balkans. Grunert relies on a combination of ecclesiastical and Habsburg administrative records, together with contemporary ethnographic and journalistic accounts of the region – which, as he rightly asserts, had their own ideological agenda but are rich descriptive sources, especially when it comes to reconstructing the ordinary lived experience of religion in the region.

As far as that religious *Alltag* is concerned, Grunert highlights three aspects of particular significance: holidays and festivals; family relationships, including mixed marriages; and interactions with religious Others. He argues that at the outset of Habsburg administration, all three of these areas were characterized by a conspicuously low level of official ecclesiastical involvement or instruction; religious life centered on the extended family, rather than the parish. Over time, however, concerted efforts on the part of local priests and the church hierarchy – with Habsburg support – brought many rituals into the fold of the church. This was often not welcomed by the faithful and was also understandably accompanied by a sharpening of the boundaries between Orthodoxy and other local religious communities.

The first half of this book leaves the reader with the impression that the changes that were wrought to Serbian Orthodox life in Herzegovina after 1878 could plausibly have occurred even without the Habsburgs' arrival, and the impact that the Austro-Hungarian administration did have was indirect: only insofar as they hastened the arrival of »modernity« to the region. When it came to organizational structures, however, the Habsburgs' contribution was much more immediate.

This, then, is the story of the book's second half: the fundamental changes made after 1878 to the structure of the Orthodox Church in Herzegovina, from the highest levels of church hierarchy to individual parishes. Here we find chapters on the relationship between bishops and the Habsburg administration; the changing role of parishes in city and rural life; and the transformation of parish clergy into »religious experts«. By juxtaposing the gradual (though accelerating) changes to everyday religious life and the top-down imposition of structural change, Grunert's study reveals the complex interactions between these forces.

Indeed, he changes wrought by the arrival of Habsburg rule bore certain consequences that were not necessarily what officials had intended. Grunert suggests that Austro-Hungarian officials sought to standardize and professionalize the Orthodox Church as a counterweight to nationalism; accordingly, the first major push towards strengthening the church hierarchy followed on the heels of a popular uprising in 1882. But, as Grunert argues, »der Wandel religiösen Lebens der Orthodoxen der Herzegowina zwischen 1878 und 1918 zeigt anschaulich, wie imperiale Religionspolitik, eparchiale Kirchenreformen als auch politisierte städtische Laien mit oft gegensätzlichen Intentionen einen starken Ausbau von Kirchenstrukturen bedingten«. Eventually, as in several cases across the Austro-Hungarian realm, this strategy on the part of the Habsburg authorities largely backfired, as the clergy became an important driving force behind the national movement. In 1905, tensions between the clergy and the Habsburg administration on this point had grown so severe that the administration felt compelled to grant an *Autonomiestatut*, freeing the church from much close government oversight. These tensions grew even more acute, however, during the First World War, when the Habsburg government resorted to harsh repressive measures against the church and its faithful; Grunert devotes the final chapter of his book to these wartime developments.

The juxtaposition of the evolution of everyday religious life and changes to church structures and leadership that Grunert presents elucidates the greatest shift brought about the arrival of the Habsburgs in 1878: »Eine solche wechselseitige Stärkung der kirchlichen und staatlichen Verwaltung, die mit der Vereinheitlichung und Rationalisierung von Religion einherging, beschleunigte Konfessionalisierungsprozesse.« What makes Grunert's case study particularly well-chosen and useful for any scholar of religious history is that it is highly illustrative of the general trends in confessional practice in 19th century Europe – condensed into a tighter time frame thanks to the Habsburgs' presence in the century's final two decades. The codification and standardization of religious structures and practice is central to the history of Christianity in its many forms in 19th century. The concept of confessionalization that was first applied to the early modern era has fruitfully been adopted by scholars of 19th century religious history, and Grunert here helps identify what confessionalization might mean when the ruling government was in many ways uncomfortable with the confession they were attempting to regulate.

This case study of Herzegovina also speaks to the value of a complex understanding of the processes of secularization: »Laisierung und Profanisierung in weiten Bereichen« went hand in hand with the strengthening of the church as an institution. This meant a significant change in the role religion played in individuals' daily lives: as the role of the parish priest grew and he sought to bring traditional rituals under church control, the faithful's level of commitment to these rituals decreased. But that did not mean that the parish priest ceased to be an important figure in the community: it was just that now his importance stemmed as much from his involvement in education and family matters as from his more traditional religious functions.

Glauben im Hinterland is a valuable contribution to the burgeoning body of literature that reconsiders the realities of religious life in the Austro-Hungarian Empire at the turn of the 20th century, especially as the Habsburgs struggled to integrate the Balkans. Grunert admirably demonstrates the challenges and contradictions of Habsburg policy towards non-Catholic populations; beyond this contribution to the field of Habsburg history broadly conceived, his rich descriptions of religious and social life in newly-Habsburg Herzegovina will be of interest to any scholar of the history of the Balkans.

Katherine Younger
(Vienna/New Haven)

■ Geräusche, Töne, Stimmen – 1889 bis heute

Gerhard Paul/Ralph Schock (Hg.), Sound der Zeit. Geräusche, Töne, Stimmen – 1889 bis heute, Göttingen (Wallstein) 2014, 607 S., 77 Abb., 51,30 €

Klang, Geräusch, Ton, Sound scheinen die Bestandteile der neuen, in sich heterogenen (Wollmilch)Sau zu sein, die durch das kulturhistorische Dorf getrieben wird: Seit programmatischen Beiträgen von Murray Schafer (1977), Holger Schulze, Thomas

Lindenberger und anderen wird eine akustische Wende (*acoustic turn*) beschworen, in der der lautlichen Dimension der Geschichte der letzten etwa 125 Jahre der ihr zustehende Platz eingeräumt werden soll. Dem Problem, was dabei genau historiographisch erfasst, beschrieben, analysiert oder zum Verständnis von Geschichte verwendet werden soll, scheint man dadurch entgehen zu wollen, dass – wie schon häufiger in den kulturwissenschaftlichen »Wenden« – einfach die amerikanisch-englische Bezeichnung Sound bzw. *sound history* übernommen wird, was aber denjenigen, die sich mit der klanglichen Seite etwa der Popgeschichte befassen – dem *Sound* einzelner Bands oder Stile etwa in ihrer spezifischen klanglich-rhythmischen und melodischen Gestalt – als unzureichende Verknappung erscheinen muss. Akustische Phänomene wie Sprachbeiträge im aufkommenden Radio, mechanische und elektrische Geräusche im Alltag sind nicht ohne weiteres unter dem Begriff des »Sounds«, allerdings auch nicht ohne weiteres unter dem des »Klangs« zu subsumieren. Der hier zu besprechende Sammelband will dieses Feld in seiner Gänze dokumentieren: In eher kurz gehaltenen Texten werden die unterschiedlichsten auditiven und sonoren historischen Phänomene in ihren sozialen, ökonomischen, technologischen und kulturellen Kontexten beispielhaft dargestellt.

Nun ist der Hinweis, dass Geschichte eine akustische Dimension hat, sicherlich weder falsch noch vollständig neu: Die Verwendung des Rundfunks zu politischen Zwecken von der ersten Proklamation des russischen Rats der Volksbeauftragten im Jahre 1917 über die Dichotomie von bürgerlichem Rundfunk und Arbeiterradiobewegung bis hin zum Volksempfänger ist durchaus nicht unbekannt; ähnlich gut erforscht wurden in den letzten Jahren akustische, architektonische und soziokulturell-identitäre Dimensionen des Baus von Konzert- und Opernhäusern in Europa. Hinzu kommen nun weitere, bis in das 19. Jahrhundert hinein unerhörte, bald als eine Art Grundrauschen kaum noch wahrgenommene akustische Ereignisse: Mechanische Geräusche von Eisenbahn, später Autos, Fabriken usw.

Die potentielle Ufer- und Formlosigkeit des Akustischen in der Geschichte ist in gewissem Sinne das Thema oder das Ordnungsprinzip des von Gerhard Paul und Ralph Schock herausgegebenen Sammelbandes – oder vielleicht besser: Kompendiums – *Sound der Zeit*. Der Band ist bereits 2013 unter dem Haupttitel *Sound des Jahrhunderts* bei der Bundeszentrale für politische Bildung (bpb) erschienen. Für den »ordentlichen« Druck wurde das Bildmaterial reduziert und auf Schwarzweißabbildungen beschränkt, einige Beiträge fielen heraus und vor allem wurde auf die der bpb-Ausgabe beigegebene DVD mit Hörbeispielen verzichtet. Angesichts des sehr hohen Ladenpreises und der reduzierten Ausstattung sind also diejenigen, die sich für das Thema interessieren, aber keinen festen Einband benötigen, mit dem bpb-Exemplar besser bedient.

Der Band hat nicht den Anspruch, Klanggeschichte – *sound history* – abschließend darzustellen, sondern dokumentiert »ein Arbeits- und Forschungsfeld, das es weiterhin zu bestellen gilt«. Diese Aufgabe erfüllt der Band sicherlich: Er bildet ab, was sich in den Rahmen einer Kultur- und Gesellschaftsgeschichte einordnen lässt, die akustische Ereignisse systematisch in den Blick nimmt.

Es ist hier nicht der Ort, auf die Qualitäten und Mängel aller Beiträge einzugehen; vielmehr soll das Anliegen des Bandes ernst genommen und das Konzept der *sound history* an einigen Beispielen daraufhin abgeklopft werden, in welchem Maße es *sound history* – nämlich gut fundierte, tragfähige Geschichtsschreibung – hervorbringt und ob es gelingt, akustische Aspekte sozialer Phänomene tatsächlich als relevant zu vermitteln.

Der Band ordnet sein umfängliches Material – 70 Beiträge von jeweils wenigen Seiten Länge und ohne jegliche Fußnoten plus (meist sehr lesenswerte) Einleitungen – chronologisch nach Einschnitten, die teilweise gängigen Zäsuren folgen, diese aber auch verschieben. Diese Verschiebungen überzeugen nicht immer: So wird nicht klar, wieso die Zwischenkriegszeit erst 1919 beginnt und wieso der Zeitraum von 1945 bis 1949 für eine Klanggeschichte eine eigene Epoche darstellen soll. Ordnet man die Beiträge nach ihren Themenstellungen, so lassen sie sich klanggeschichtlich in mehrere Kategorien einordnen: Es gibt zahlreiche Beiträge zur Aufzeichnung, Übertragung und Rezeption von Musik, die aber eigenartigerweise nicht immer die klangliche Dimension – den je spezifischen Sound im Sinne von Klangcharakter – in den Blick nehmen und teilweise eher bereits lange Bekanntes oder Strittiges repetieren. Eine weitere Gruppe behandelt Sprache als akustisches Phänomen, entweder in technischer Reproduktion oder als Ausdrucksform von Kollektiven. Die dritte Gruppe diskutiert akustische Phänomene vom Klang der Eisenbahn über den Sound des modernen Krieges bis hin zum Geräusch von Pfennigabsätzen.

Nicht thematisiert wird, wie denn eine Klanggeschichte im eigentlichen Sinne beschaffen sein könnte oder müsste: etwa nach den technologischen Neuerungen im Bereich der Klangwiedergabe, die für das Thema entscheidende Bedeutung haben müssten. Zwar befassen sich einzelne Beiträge vor allem im ersten Abschnitt mit diesem Thema. So beschreibt Stefan Gauss die Technik- und Kulturgeschichte des Phonographen und Grammophons, Heinz Hiebler fügt am Beispiel des Opernsängers Enrico Caruso eine Geschichte mechanischer und elektromechanischer Tonträger hinzu. Hier wird zwar deutlich, wie und teilweise warum (nämlich Marktgesetzen folgend) die Aufzeichnung und Wiedergabe von Ton vom Phonographen bis zum Kassettenrekorder immer weiter perfektioniert wurde. Es wird aber nicht einmal die Frage gestellt, welchen Einfluss die im Text betonte Erweiterung des aufnehmbaren Frequenzspektrums denn auf das Hören des Aufgenommenen gehabt haben mag. Sie ist jedoch mindestens für eine Kulturgeschichte der Rezeption von Musik relevant, weil sie unter Umständen Aussagen über das Verhältnis zwischen Produzenten und Rezipienten von Musik und über die je unterschiedliche Funktion von Musikrezeption von der Bühne oder von elektrischen beziehungsweise elektronischen Wiedergabemedien erlaubte. Sie wäre ebenfalls relevant für das im Band unzureichend ausgelotete Verhältnis zwischen Beherrschten und Herrschenden im Zeitalter der technischen Wiedergabe von Sprache: Immerhin haben wir es im 19. Jahrhundert mit einer gleichzeitigen Abstraktion und Intensivierung politischer Macht und Ordnung zu tun, in der ein persönlicher Kontakt zwischen Herrschern und Beherrschten unwahrscheinlicher wird, die räumliche Distanz zwischen Beiden sich also vergrößert. Auf der anderen Seite bieten aber die elektromechanischen Aufzeichnungs- und Übertragungsmedien in bestimmten Situationen den Subjekten den Eindruck eines unmittelbaren Hörerlebens. Wie hängt diese – natürlich eindimensionale – vermittelte Unmittelbarkeit und ihre Steigerung in späteren Zeiten, in denen Radiointerviews mit Höreranrufen ergänzt werden, zusammen mit der Akzeptanz von Herrschaft? Welchen Einfluss auf die Wirksamkeit hat es, dass akustische Übertragungen im Radio und über Lautsprecher sich klanglich zuerst deutlich vom Original unterscheiden, mit der Entwicklung zur High Fidelity aber eine akustische Präsenz erreichen, die realer und intensiver erscheint als die Wirklichkeit?

Den Beiträgen, die sich mit der Aufzeichnung und Wiedergabe herrscherlichen Klanges befassen (Martin Kohlrausch über Kaiser Wilhelm II., Cornelia Epping-Jäger über Hitler; Karl-Heinz Göttert über Goebbels' Sportpalastrede; Andreas W. Daum über Kennedy) gelingt es nicht immer, die Relevanz des Akustischen aufzuzeigen. So erwähnt Kohlrausch zwar, dass die Vermittlung spontaner Reden Wilhelms II. nicht selten zu Gelächter Anlass gab, dessen Wirkung nur durch vorher notierte Reden wett gemacht werden konnte; die Vermittlung beider erfolgte aber, wie er selbst betont, über Zeitungen und nicht unmittelbar über Aufnahmen oder Rundfunk. Klanggeschichtlich überzeugender argumentiert Epping-Jäger. Sie zeigt, dass der Übergang von der Kneipe über die Massenveranstaltung zum Radio die »Rednerpartei« NSDAP durchaus insofern vor Probleme stellte, als Stimme für das Radio völlig anders inszeniert werden musste als auf der Tribüne – und zwar sowohl wegen technischer Probleme als auch wegen der dann völlig anderen Wirkung der Stimme. Auch die »Selbsterregung [des Redners] durch Publikumsresonanz« ließ sich nicht ohne weiteres übertragen. Göttert beschränkt sich – in geringerer Differenzierungstiefe und ohne Berücksichtigung von Hörerreaktionen – hinsichtlich Goebbels' Sportpalastrede auf die Feststellung, die NS-Redner hätten die Chance, die die elektromechanische Verstärkung bot, nämlich Lautstärke ohne Gebrüll zu erreichen und die öffentliche Stimme zur privaten werden zu lassen, im Gegensatz zu den demokratischen Gesellschaften verpasst. Dabei übersieht Göttert aber, dass hochpathetisch-ekstatische Sprechweisen auch mit elektrischer Verstärkung bis in die 1950er Jahre durchaus üblich blieben und wirksam waren – erwähnt seien die im Band verhandelte Reportage über den Absturz der »Hindenburg« (Martina Hessler) oder Radioübertragungen von Fußballspielen (Olaf Stieglitz), deren Intensität sich älteren Zeitgenossen bis heute vermittelt. Umso bedauerlicher ist, dass Daum in seinem Beitrag über die Rede Kennedys in Berlin 1963 Verweise auf klangliche Ähnlichkeiten in den Reaktionen des Publikums als böswillige Unterstellungen innenpolitischer Gegner abtut, anstatt sie systematisch zu untersuchen. Wie sich dies besser lösen lässt, zeigt Sibylle Machats Beitrag über Martin Luther Kings Rede beim Marsch auf Washington, die auch die performativ-akustische Seite – wenn auch knapp – mit einbezieht. Unerwähnt und unbetrachtet bleibt die akustische Rahmung der Rede mit Liedern von Mahalia Jackson, Joan Baez und Bob Dylan, die den Eindruck eines Gottesdienstes mit Liedern und Predigt noch verstärkten. Wolfgang Biederstädts Beitrag über Baez und Dylan erwähnt diesen Auftritt, analysiert ihn aber nicht. Eigenartig ist, dass Machat bei ihrer Feststellung, die Rede sei ins »auditive kollektive Gedächtnis« übergegangen, vor allem *optische* Anspielungen erwähnt, wie in Graffiti, auf Briefmarken und Unterwäsche, nicht aber die zahlreichen Samples im Reggae und HipHop. Interessant wäre sicherlich auch – so viel deuten die einzelnen Beiträge an – eine vergleichende Untersuchung von öffentlichen Sprechweisen und ihres Wandels über das 20. Jahrhundert und seine Kontextualisierung mit den jeweiligen Begriffen des Politischen. Die Möglichkeiten einer Klanggeschichte politischer Rede werden also angedeutet, jedoch noch nicht ausgeführt. Dies wäre aber für eine Etablierung der akustischen Wende erforderlich. Dass die erwähnten Reden – und einige weitere – historisch bedeutsam und gesellschaftlich wirksam waren, ist hingegen nicht neu.

Zahlreiche Beiträge befassen sich mit Musik: Es geht um die Verwendung von Musik für staatliche Propaganda, in der Werbung oder – als Muzak – im öffentlichen Raum. Nicht ganz überzeugend ist allerdings, dass die Skandalisierung bestimmter Musikformen – etwa Swing und Rock 'n' Roll – an ihre klangliche Dimension, an ihren Sound und ihre Rhythmik geknüpft wird: Zwar wurden auch diese von zeitgenössischen Musikkritikern in den Blick genommen. Das eigentliche Skandalon waren aber immer die dazu gehörenden Tänze – und damit ihre optische und performative Dimension, über die sich Sexualisierung, Aufweichen der Geschlechterdifferenz und/oder der Rassenschranken vermittelten. Genau diese Frage stellt Melanie Unseld zwar in ihrer Besprechung der Uraufführung des *Sacre du Printemps*, erklärt den Skandal dann aber ausschließlich durch den Bruch mit den Hörgewohnheiten eines hochbürgerlich-aristokratischen Publikums. Dabei deutet sich an, dass der Umfang des

Skandals vor allem dadurch entstand, dass in der Uraufführung schockierte, pfeifende Kritiker auf rasch handgreiflich werdende Modernisten stießen. Auch in weiteren Beiträgen spielt die europäisch-nordamerikanische Avantgarde – Dada, »entartete« Musik, Neue Musik, John Cage – eine zentrale Rolle, wobei die Ausführungen wenig über das hinausgehen, was eine werkimmanente Musikwissenschaft bereits vorgelegt hat.

In anderen Beiträgen deuten sich die Möglichkeiten einer Kulturgeschichte an, die akustische Dimensionen ihres Gegenstandes systematisch einbezieht. So zeigt Hans-Joachim Erwes Text über *Je t'aime* von Serge Gainsbourg und Jane Birkin das Stück nicht nur als Vertonung einer »sexuellen Revolution« an, sondern erklärt seine im weltweiten Erfolg bewiesene Wirksamkeit durch die klanglichen, melodischen und rhythmischen Eigenschaften der Aufnahme. An solchen Stellen zeigt sich, wo eine Klanggeschichte sicherlich sinnvoll und weiterführend ist: Beispielsweise im Bereich der Popgeschichte und der Geschichte der musikvermittelten Jugendkulturen des 20. Jahrhunderts, wo die musikalisch-klangliche Seite in den meisten Arbeiten bislang unterbelichtet bleibt. Die Skandalisierung von Klangformen käme auch an dieser Stelle zu ihrem geschichtsmächtigen Recht: Als Auseinandersetzung nämlich zwischen einem an Bach, Mozart und Beethoven geschulten und von der »Allgemeinen Musikalischen Zeitschrift« ab dem frühen 19. Jahrhundert durchgesetzten rationalistischen, pädagogischen Verständnis von Musik als Disziplinierung der Gefühlswelt des Einzelwesens und dem Wunsch nach ekstatischer Entäußerung im musikalisch-tänzerischen, vermittelt sexuellen Erlebnis. Die Bedeutung des klanglichen Charakters dürfte sich zumindest in diesem Bereich erst dann erschließen, wenn die performative Seite einschließlich des Verhaltens des Publikums mit einbezogen wird.

Vollständig neu im Sinne der herbeibeschworenen akustischen Wende ist die Untersuchung von Geräuschen, die ebenfalls in zahlreichen Beiträgen vorgeführt wird. Sicherlich ist die Feststellung überzeugend, dass sowohl nichtnatürliche Geräusche als auch die technische Wiedergabe von Musik insbesondere im städtischen Raum in den letzten 150 Jahren stetig und in einem Maße zugenommen hat, dass »Lärm« und »Soundmüll« in unregelmäßigen Abständen zum Problem erklärt und mitunter in ihren psychischen Folgen untersucht worden sind. Die Feststellung einer Veränderung der klanglichen Gestalt der Welt ist aber historiographisch wenig ergiebig, wenn nicht gezeigt wird, welche Wirkungen diese Gestalt auf soziale Phänomene hatte. In anderen Fällen erscheint die Aufnahme in eine »akustische Wende« eher künstlich, etwa bei dem durchaus lesenswerten Beitrag Karin Hartewigs über Stöckelschuhe: Auch die Erwähnung von schützenden Holzschuhen im Mittelalter täuscht nicht darüber hinweg, dass der Stöckelschuh – ebenso wie die Plateausohle – in erster Linie einen *optischen* Eindruck, nämlich durch sich selbst und durch die Verlängerung des Beins, hervorbringt und als solcher wirkt.

Insgesamt bietet der Band also ein vielschichtiges, in sich ambivalentes Bild einer neuen, teilweise durchaus vielversprechenden historiographischen Subdisziplin. Der Band zeigt sowohl die Möglichkeiten einer Einbeziehung akustischer Phänomene als auch die Gefahren einer unzureichenden Kontextualisierung, bei der die Relevanz des Akustischen für den Gang der Geschichte nicht recht deutlich wird. In manchen Fällen dagegen – wo es mehr um textuelle oder optische Eindrücke geht – erscheint die Einordnung in eine »akustische Wende« eher künstlich. Dem grundsätzlichen Wert einer Einbeziehung des Akustischen, wie sie im Band vorgeführt wird, tut dies keinen Abbruch. Es macht aber deutlich, dass diese Einbeziehung sinnvoll ist, insbesondere wenn sie interdisziplinär betrieben, hinsichtlich Performanz kontextualisiert und in Bereiche wie die Geschichte der Emotionen erweitert wird.

MICHAEL G. ESCH (LEIPZIG)

■ Nazism as Fascism

Geoff Eley, Nazism as Fascism. Violence, Ideology, and the Ground of Consent in Germany 1930–1945, London/New York (Routledge) 2013, 246 S., 31,44 €

Geoff Eley, Professor für Geschichte an der University of Ann Arbor in Michigan/USA, ist seit vielen Jahren ein Kenner der deutschen Geschichte im 19. und 20. Jahrhundert. Er hat zu den rechten Massenbewegungen im Kaiserreich sowie zur Geschichte der Linken in Europa publiziert und 1980 zusammen mit David Blackbourn eine fulminante Kritik an dem damals dominanten Konzept des deutschen Sonderwegs verfasst. In seinem neuen Buch zum Nationalsozialismus erweist er sich erneut als kluger Beobachter der historiographischen Diskussionen.

Die sieben Kapitel gründen sich auf Vorträge, Rezensionen, Konferenzpapiere, die Eley für dieses Buch noch einmal gründlich überarbeitet, ergänzt, aufeinander bezogen hat. Man kann das Buch auch als einen großen Literaturbericht über die deutschen und angelsächsischen Forschungen zur Geschichte des Nationalsozialismus lesen, bei dem manches bekannt, vieles andere wiederum zu entdecken ist.

So stellt das erste Kapitel eine Auseinandersetzung mit Thomas Rohkrämers Buch über die deutsche Rechte vom Kaiserreich zum Nationalsozialismus dar, dessen zentraler These es ist, dass es in der deutschen Geschichte »the desire for a single communal nationalist faith« gebe. Eley stellt dem die gründlichen Forschungen von Stefan Breuer entgegen, der auf der Vielfalt rechter Ideologien in Deutschland beharrt. In einem anderen Kapitel schildert Eley die Debatte um die Rolle von Frauen im Nationalsozialismus, auch als »Historikerinnenstreit« bekannt, und erläutert anhand der Studien von Elizabeth Harvey, Dagmar Reese, Kathleen Canning, Carola Sachse und anderen, dass die damalige Frage, ob Frauen Opfer oder Mittäterinnen waren, inzwischen durch produktive Forschungen zu *agency*, Teilhabe und Karrierewegen abgelöst worden ist.

An anderer Stelle beschäftigt sich Eley mit dem *spatial turn* in der NS-Historiographie und erläutert mit den Büchern von Mark Mazower und Shelley Baranowski, dass das NS-Regime mit seiner Eroberung von »Lebensraum« bestrebt war, ein rassistisch strukturiertes Imperium zu errichten. Allerdings fügt Eley überraschend die Studie von Gerhard Wolf zur »Germanisierungs«-Politik in den annektierten westpolnischen Gebieten hinzu. Wolf beleuchtet darin die Auseinandersetzungen zwischen der SS als Verfechterin einer strikt rassistischen Diskriminierungspolitik gegenüber der polnischen Bevölkerung und der Besatzungsverwaltung, die im Sinne einer möglichst reibungslosen Herrschaft auf Loyalität und Integration oder zumindest Neutralität der Polen setzte. Für Eley ist Wolfs Studie ein Beleg für den »return of ideology« in die Historiographie zum Nationalsozialismus.

Vielleicht stellt dies eine der interessantesten Beobachtungen Eleys dar, denn in der derzeitigen Selbstbetrachtung von NS-Forscherinnen und -forschern wäre sicher eher von Praxeologie, Akteurszentriertheit, *cultural turn* und Performativität als von Weltanschauung die Rede. Man könnte Eleys Topos auch mit der Rückkehr des Politischen übersetzen, da er zum Beispiel in den Passagen zur Täterforschung die Aussagen zur rassistischen Intentionalität besonders hervorhebt. »Return of ideology« meint aber auch die Analyse der Bereitwilligkeit vieler Deutscher, die Möglichkeiten zur Partizipation und Bereicherung, die das NS-Regime bot, zu ergreifen, selbst um den Preis, damit den Massenmord mitzutragen.

Eley lässt noch einmal den Streit zwischen Intentionalisten und Strukturalisten um Hitlers Stellung im NS-Herrschaftsgefüge Revue passieren. Er zeigt auf, wie es der Alltagsgeschichte gelang, neue Einblicke in die Grenzbereiche von Sich-Fügen in Herrschaft sowie Teilhabe an Macht zu ermöglichen. Damit wurde auch die bis dahin in der NS-Forschung vorherrschende »binary of coercion and consent« aufgebrochen und nunmehr als vielschichtiger, durchaus widersprüchlicher Aneignungsprozess interpretiert. In diesem Sinn erfasst Eley die Debatte um die »Volksgemeinschaft« klarer als manche der Kontrahenten, geht es doch weniger um das Problem, ob ein nationalsozialistischer Propagandabegriff als analytisches Werkzeug taugt, als vielmehr um einen Perspektivenwechsel auf die nationalsozialistische Gesellschaft jenseits der Polarität von Terror und Zustimmung.

Als Leser wünschte man sich an dieser Stelle ein ausführliches Kapitel zum Antisemitismus, denn »return of ideology« adressiert in jedem Fall auch die verschiedenen Formen, Legitimationen wie Praxen des Antijudaismus. Mit dem Begriff des Antisemitismus werden diese zwar von anderen Modi der Judenfeindschaft abgegrenzt, aber zugleich wird die Komplexität von Begründungen und Handlungsweisen mit der Homogenität des Begriffs verdeckt. Im Kapitel »Putting the Holocaust into History« kritisiert Eley zwar das allzu enge Verständnis des Antisemitismus als handlungsleitende Ideologie beispielsweise bei Daniel Goldhagen und plädiert für eine Erweiterung, die auch Sozialdarwinismus und Eugenik einbezieht. Doch bestünde hier nicht die Chance, Foucaults Konzept der Biopolitik aufzugreifen und damit nicht allein den Rassismus neu zu untersuchen, sondern auch antisemitisches Regieren und rassistische Alltagspraxis als nationalsozialistische Gouvernementalität zu begreifen?

Den Schluss des Buches bildet ein Kapitel zur Theorie des Faschismus, das Eley ein wenig als Resümee seiner eigenen Forschungen sieht und in dem er sich nicht scheut, auch aktuelle Politik im Licht des Faschismuskonzeptes zu prüfen. Die Kritik an der These vom deutschen Sonderweg aufgreifend hält er fest, dass der Erste Weltkrieg Bedingung für die Entstehung faschistischer Bewegungen war, es einer spezifischen Staatskrise und eines »popular appeal« bedurfte, um Faschismus mächtig werden zu lassen, und dass entgrenzte Gewalt den deutschen Faschismus kennzeichnete. Darüber hinaus aber seien Forschungen zur Verbindung von Bio- und Sozialpolitik sowie zur Kolonisierung der privaten Ökonomie des Begehrens und des Körpers, ebenso zum imperialistischen Expansionsstreben des Faschismus nötig. Und heute? Nimmt man, nach Eley, die aktuelle Neustrukturierung des Kapitalismus sowie die Restrukturierung der Klassengesellschaft, insbesondere die Re-Proletarisierung von Arbeit, ebenso in den Blick wie die zunehmende Delegitimierung demokratischer Verfahren und die globale Umweltbedrohung, dann wird rasch deutlich, dass wir es gegenwärtig mit grundsätzlich anderen Krisen zu tun haben als in den 1930er Jahren. Auch dieser letzte Aufsatz weist deutlich über den Titel des Bandes hinaus, dessen Beiträge insgesamt vielschichtiger und anregender sind, als die Überschrift »Nazism as Fascism« nahelegt.

MICHAEL WILDT (BERLIN)

■ Der Psychoboom in den 1970er Jahren

Maik Tändler, Das therapeutische Jahrzehnt. Der Psychoboom in den 1970er Jahren (Veröffentlichungen des Zeitgeschichtlichen Arbeitskreises Niedersachsen; Bd. 30), Göttingen (Wallstein) 2016, 504 S., 49,90 €

Dass die 1970er Jahre ein »therapeutisches Jahrzehnt« waren, wird man nach der Lektüre von Maik Tändlers Dissertation über den »Psychoboom« in den 1970er Jahren, so der wesentlich präzisere Untertitel, genauso mit Fug und Recht bezweifeln können, wie die Charakterisierung als ein »rotes«, ein »sozialdemokratisches« oder ein »ökologisches« Jahrzehnt. Jenseits dieses prinzipiell kaum einlösbaren Anspruchs, eine einheitliche Epochensignatur bestimmt zu haben, hat Maik Tändler jedoch eine überzeugende und lesenswerte Untersuchung über den Aufstieg der Psychowissenschaften in Deutschland während der zweiten Hälfte des 20. Jahrhunderts und die Diffusion des Psychowissens nach 1967 geschrieben. 1967 dient ihm aus drei Gründen als Stichjahr: Die analytisch-tiefenpsychologische Psychotherapie wurde in den Leistungskatalog der gesetzlichen Krankenkassen aufgenommen, Alexander und Margarete Mitscherlich publizierten »Die Unfähigkeit zu trauern« und in West-Berlin gründeten sich die Kommune 1 sowie die auch als Psychokommune bekannte Kommune 2.

Tändler verfolgt das Ziel, die »Geschichte einer therapeutischen Diskurs- und Praxiskonstellation zu schreiben«, und fragt vor allem danach, welche neuartigen »Subjektivierungsformen« durch sie hervorgebracht wurden. Dabei führt er den »eruptiven Durchbruch« der Therapeutisierung sowohl auf die sogenannte »Verwissenschaftlichung des Sozialen« als auch auf die im weiteren Sinne mit dem Jahr 1968 verbundenen Veränderungen zurück. Nachdem in der Zeitgeschichtsforschung der vergangenen Jahre die Bedeutung von 1968 zugunsten der ökonomisch-sozialen Veränderungen der 1970er Jahre in den Hintergrund getreten ist, betont Tändler also wieder die Relevanz der vorangegangenen politischen Demokratisierungs- und Emanzipationsbestrebungen für die gesellschaftliche Entwicklung der Bundesrepublik Deutschland, auf die er seine Untersuchung – abgesehen von kurzen Seitenblicken auf die USA – beschränkt.

Maik Tändlers Arbeit gliedert sich in drei ungleiche Teile. Auf 140 Seiten schildert er zunächst den Aufstieg der Psychowissenschaften als »Verwissenschaftlichung des Selbst«, um anschließend auf knapp 200 Seiten der »Befreiung des Selbst« nachzugehen, also der Bedeutung psychologischer Denkmuster für die politische Linke in den 1960er und 1970er Jahren. Der dritte Teil umfasst dann nur noch 75 Seiten, auf denen unter dem Titel »Demokratisierung des Selbst« der Aufstieg der Gruppendynamik und andeutungsweise auch des Coaching untersucht wird. Im ersten Teil analysiert Tändler im Anschluss an Volker Roelcke also zunächst differenziert die »rivalisierende Verwissenschaftlichung« der Psyche zwischen Psychiatrie, Psychologie und Psychotherapie, die um Deutungsansprüche und Ressourcen konkurrierten. Als die Psychotherapie 1922 in die ärztliche Gebührenordnung aufgenommen wurde, wurde sie vor allem von niedergelassenen Ärzten angeboten. Die Psychologie erlebte in der Zwischenkriegszeit demgegenüber ihren Aufschwung durch die Anwendungsfelder der Psychotechnik und der Eignungsdiagnostik. Auch nach dem Zweiten Weltkrieg blieben zunächst Werbung und Verkehrssicherheit wichtige Berufsfelder für Psychologen. Erst in den 1960er Jahren kam es für Tändler zum Aufstieg der Psychologie als »Leitwissenschaft«, als die zunehmende Psychiatriekritik den Dualismus »gesund/krank« aufzuweichen begann, indem psychische Erkrankungen normalisiert und Normalität pathologisiert wurde. Gleichzeitig beklagte eine Denkschrift der DFG die fehlende Verankerung der Psychotherapie im Medizinstudium sowie die psychiatrische Unterversorgung der Bundesrepublik, während das Fach Psychologie im Rahmen der Bildungsexpansion überproportional stark expandierte. Die Klinische Psychologie wurde seit dem Ende der 1960er Jahre zu einem immer wichtigeren Betätigungsfeld für Psychologen, die ihre Professionalisierung mit einer weitgehenden Medizinalisierung erkauften, so Tändler: »Die Psychologie trat als Wissenschaft und als Beruf in eine therapeutische Phase ein. Statt der Selektion von Menschen durch Tests rückte die Modifikation menschlichen Verhaltens durch Therapie und Beratung in den Mittelpunkt psychologischer Expertise.«

Nach dieser konzisen und differenzierten Verwissenschaftlichungsgeschichte der Psyche wird Tändlers Gegenstand diffuser, wenn er sich im zweiten Teil der Aneignung psychologischen Wissens unter emanzipatorischen Vorzeichen in der 68er-Bewegung im weiteren Sinne zuwendet. Nach einer Analyse der psychologischen Gesellschaftsdeutungen von Alexander Mitscherlich und Helmut Schelsky widmet er sich ausführlich dem Freudomarxismus der Frankfurter Schule und ihres Umfeldes. Bei der Untersuchung dieser Schriften zur Notwendigkeit der Selbstbefreiung und Überwindung der angeblich durch den Kapitalismus zugefügten Deformationen ist nicht immer klar, was Tändlers Analyse den oft hochgradig selbstreflexiven zeitgenössischen Deutungen hinzufügt. Auch zu den Kommunen und Kinderläden findet sich viel, was man auch schon in deren Selbstexplikationen lesen kann, wenn auch nicht im Modus der von Tändler gewählten ironischen Distanzierung. Verdienstvoller ist demgegenüber seine Untersuchung der Ausbreitung psychologischen Wissens und therapeutischer Praktiken an den Rändern der Bewegung, wobei er der Gruppentherapie von Günter Ammon und Josef Rattner sowie Otto Muehls Aktionsanalytischer Organisation und der Humanistischen Psychologie besondere Aufmerksamkeit schenkt. Dabei zeigt Tändler überzeugend, wie gerade die Emanzipationsbestrebungen der politischen Linken zu einer Pathologisierung des Normalen und einer Expansion der Therapiebedürftigkeitsdiagnose führten.

Im dritten Teil untersucht Tändler dann abschließend die Übertragung der von Kurt Lewin als »democratic social engineering« am Center for Group Dynamics der Harvard University entwickelten gruppendynamischen Theorien in die Bundesrepublik Deutschland. In einer archivgestützten Tiefenbohrung konzentriert er sich dabei auf die gruppendynamischen Seminare, die von der Hessischen Landeszentrale für politische Bildung in den 1970er Jahren zur Lehrerfortbildung angeboten wurden und dem Abbau autoritärer Verhaltensweisen dienen sollten. Jenseits der eigentlichen Ziele sei es vor allem das psycho-soziale Intensitätserlebnis der Seminare gewesen, dem die Teilnehmer eine selbstverbessernde oder persönlichkeitsoptimierende Wirkung zuschrieben. Eine ähnliche Selbstoptimierungsstrategie kennzeichnete auch den zunehmenden Einsatz des Coaching, den schon Ulrich Bröckling in seinen Arbeiten zur Entstehung des »unternehmerischen Selbst« diagnostizierte. Insgesamt gelangt Tändler abschließend zu der interessanten und plausiblen These, dass zwar die Politisierung des Psychowissens in der 68er-Bewegung entscheidend für seinen ersten Ausbau war, die weitere Expansion aber erst durch seine erneute Entpolitisierung etwa im Rahmen des Coaching möglich wurde.

Insgesamt besticht Maik Tändlers Arbeit durch die systematisierende Ordnung eines heterogenen Wissensfeldes auf der Basis einer beeindruckend breiten Quellenlektüre. Trotz des hohen theoretischen Anspruchs, einen Beitrag zur Subjektivierungsgeschichte zu leisten, bleibt die Studie insgesamt gut lesbar und gleitet nur an wenigen Stellen ins Jargonhafte ab. Nichtsdestoweniger resultiert aber genau aus diesem Anspruch eine Schwierigkeit, insofern Tändler schon in der Einleitung erklärt, seine Arbeit folge grundsätzlich der These, »dass der in den siebziger Jahren einsetzende Psychologisierungs- und Therapeutisierungsprozess eine nachhaltige Veränderung von Selbst- und Sozialverhältnissen bewirkte« und so voraussetzt, was eigentlich erst in der Analyse zu zeigen wäre. Dass die historische Wirklichkeit komplexer und vielfältiger war, als die philosophisch-sozialwissenschaftliche Trennung und Abfolge verschiedener Subjektivierungsregimes behauptet, wird dabei weitgehend ausgeblendet. Weil weder nach den Grenzen des Psychobooms noch nach Gegenbewegungen gefragt wird, entsteht das zu monolithische Bild eines therapeutischen Selbst. Dass Tändler die Reichweite seiner Untersuchung kaum reflektiert, soll aber nicht die große Leistung mindern, mit der Psychologisierung und Therapeutisierung einen wichtigen Prozess der 1960er und 1970er Jahre genauer konturiert und ausgewiesen zu haben, der in viele andere Bereiche ausstrahlte und dies bis heute tut.

Rüdiger Graf (Potsdam)

■ Reel Socialism

Sune Bechmann Pedersen, Reel Socialism. Making sense of history in Czech and German cinema since 1989, Lund (Lund University, Department of History) 2015, 328 S.

Der Titel des besprochenen Buches ist ein geglücktes Wortspiel mit den Begriffen »Realsozialismus« und »reel history« (filmische Geschichte). Denn der Ausdruck gibt treffend das Thema der Arbeit wider. Der Untertitel erklärt präziser, dass es um Sinnstiftung im deutschen und tschechischen Kino nach 1989 geht, wobei die einzelnen Kapitel oft darüber hinaus führen. Das Buch besteht aus vier Teilen, einer Einführung und einem Fazit. Im ersten Teil präsentiert der Autor die Geschichten des tschechoslowakischen und ostdeutschen Films von 1945 bis 1989 im historischen Kontext. Außerdem bietet er hier eine kompetente Darstellung beider Filmindustrien nach 1989 in Hinblick auf das Erbe der sozialistischen Staaten in der Tschechischen Republik und in der Bundesrepublik. Der zweite Teil konzentriert sich auf filmische Bilder des Mauerfalls und der sogenannten »samtenen« Revolution. Im Zentrum des dritten Teils stehen »(n)ostalgische« Filmnarrative über den Alltag im Sozialismus. Der letzte, vierte Teil des Buches wurde der Auseinandersetzung mit den kommunistischen Verbrechen gewidmet. Das siebenseitige Fazit begrenzt sich leider auf eine Übersicht der vorangehenden Kapitel und bezieht sich kaum auf die Forschungsfragen und theoretischen Überlegungen, die in der Einführung präsentiert wurden.

Die umfangreiche Einführung ist ohne Zweifel der lohnendste Teil des Buches – nicht zuletzt, weil die theoretischen und methodologischen Überlegungen in andere Arbeiten, die sich mit dem Themenkomplex »Film und Geschichte« befassen, übernommen werden könnten. Pedersen präsentiert den film- und geschichtswissenschaftlichen Forschungsstand zum Umgang mit der Vergangenheit in Filmen und setzt sich kritisch mit gängigen Definitionen von Erinnerungskulturen und von Geschichtsbewusstsein auseinander. In Anlehnung an Jan Werner Müller und Wulf Kansteiner kritisiert er, dass die Mehrheit der Forschungen zu Erinnerungskulturen sich mit »free-floating representations of the past« befasst, ohne auf deren institutionelle, politische oder wirtschaftliche Hintergründe einzugehen. Der Autor hebt hervor, dass Filme als Material zur Erforschung von Geschichtspolitik und gesellschaftlichen Stimmungen genutzt werden können. Dafür sei aber die genaue Untersuchung der Produktions- und Rezeptionsbedingungen nicht weniger relevant als die Analyse der Filmwerke.

Es muss zunächst angemerkt werden, dass der Autor (bis auf wenige selbst durchgeführte Interviews mit Regisseuren) nur auf publizierte Quellen zurückgreift, das heißt auf Rezensionen in Print- und Onlinemedien. Obgleich dies im Falle von älteren Filmen die wohl einzige Möglichkeit ist (die Quellenlage zur Filmrezeption in der DDR und in der Tschechoslowakei ist tatsächlich spärlich), könnten gegenwärtige Zuschauerreaktionen mit anderen – grundsätzlich sozialwissenschaftlichen – Methoden gut untersucht werden. Auch manche Filmproduktionsunternehmen gewähren für wissenschaftliche Untersuchungen Zugang zu ihren Archiven, so dass eine genaue Erforschung der Entstehungsbedingungen mittlerweile möglich ist. Selbstverständlich kann eine derart komplexe Untersuchung kaum in einer Arbeit erreicht werden, die rund fünfzig Filme analysiert. Bei der großen Zahl an (ost)deutschen und tschechoslowakischen/tschechischen Werken, die den Sozialismus und seinen Untergang in Europa darstellen, musste eine Entscheidung getroffen werden – entweder wird die vollständige Titelliste erläutert und jeder Film besprochen, oder man konzentriert sich auf ausgewählte Werke. Pedersen hat sich für ersteres entschieden, wodurch er ein volles Panorama der filmischen Auseinandersetzung mit der jüngsten Vergangenheit präsentiert.

Überzeugend sind Pedersens Überlegungen zur Dominanz des nationalen Paradigmas in der Filmhistoriographie, das heutzutage – da die meisten europäischen Filme als internationale Koproduktionen entstehen – tatsächlich anachronistisch erscheint. Es ist sein Anliegen das Paradigma der »national isolation« zu überwinden. Sein komparatistischer Zugang und die parallele Analyse des (ost)deutschen und tschechoslowakischen/tschechischen Kinos sind Versuche, dies zu erreichen. Allerdings untersucht Pedersen die Filme aus den zwei bzw. vier Ländern nicht zusammen, sondern jeweils in unterschiedlichen Kapiteln. Auf diese Weise werden seine scharfsinnigen Bemerkungen über die Notwendigkeit, Filmgeschichte aus einer regionalen anstatt nationalen Perspektive zu betreiben, nicht vollständig in die Tat umgesetzt. Zudem erschienen in Deutschland bereits Studien zu deutsch-polnischen Filmgeschichte (herausgegeben von Konrad Klejsa und Schamma Schahadat sowie Brigitte Braun, Andrzej Dębski und Andrzej Gwóźdź), so dass alternative Modelle eines komparatistischen, transnationalen Zugangs zum Kino in Mittel- und Osteuropa durchaus vorhanden sind.

Obwohl dem Vergleich der tschechischen und deutschen Strategien des Umgangs mit jüngster Geschichte wenig Platz gewidmet wird, liefert Pedersens Buch dem Leser genug Informationen für eigenständige Schlussfolgerungen über Ähnlichkeiten und Unterschiede. Die Filme der letzten 25 Jahre, die sich mit dem Leben in sozialistischen Staaten, dem Mauerfall und der »samtenen« Revolution befassen, haben eines gemeinsam: Sie konkurrieren mit individuellen Erinnerungen an die jeweiligen Ereignisse. In beiden Untersuchungsregionen sind mehrere Filme entstanden, die positiv auf die sozialistische Vergangenheit blicken: Im Tschechien der neunziger Jahre wurden sie als »Retro«-Filme bezeichnet, in Deutschland erreichte die sogenannte »Ostalgie«-Welle kurz vor der Jahrtausendwende ihren Höhepunkt. Die Entwicklung beider Tendenzen wird im Buch umfangreich erläutert und anhand zahlreicher Titel dargestellt. Während in Deutschland viele Werke die westliche Perspektive repräsentieren (Margarethe von Trottas *Das Versprechen*, Wolfgang Beckers *Good Bye, Lenin*, oder Leander Haussmanns *Sonnenallee*), stammen die Autoren der tschechischen »Retro«-Filme aus einer Generation, die bereits in der späten Tschechoslowakei erfolgreich war. Dies erklärt auch, wieso die tschechischen Filme öfter Geschichten erzählen, die in den individuellen Erfahrungen der Filmemacher verankert sind (z. B. Jan Svěráks *Kolja* oder Jan Hřebejks *Kawasakiho růže*), deutsche Filme hingegen ihre Helden mit mehr Ironie betrachten.

Bis vor kurzem dominierten in beiden Filmlandschaften gänzlich oder teils positive Bilder des Sozialismus. Wohlgemerkt muss diese Schlussfolgerung auf Spielfilme begrenzt werden, denn nur diese werden von Pedersen untersucht. Die Dominanz des unkritischen Umgangs mit Geschichte im kommerziellen Kino zeigt Pedersen am Beispiel der Proteste der Opfer des kommunistischen Regimes gegen die »Ostalgie«- bzw. »Retro«-Welle in Deutschland und Tschechien. Die Protestierenden argumentierten, die Filme würden einer »normalising agenda« folgen und die Verbrechen der beiden Regimes unter den Teppich kehren. Der Autor nimmt keine direkte Stellung dazu, zeigt allerdings in seinem Buch, dass die Proteste kaum den kommerziellen Erfolg der Filme stoppen konnten. Eine kritische Auseinandersetzung mit der sozialistischen Vergangenheit wurde erst in den letzten Jahren zu einem wichtigen Thema des tschechischen und deutschen Kinos und scheint noch nicht abgeschlossen zu sein, weswegen Pederson dem Thema vergleichsweise weniger Platz widmet.

Leider bleibt den potentiellen Leserinnen und Lesern der Zugang zu diesem Buch erschwert. Es handelt sich nämlich um eine vom Department of History der Universität Lund in Schweden gedruckte Dissertation, die im Handel so gut wie nicht erhältlich und nur in vier deutschen Bibliothek auffindbar ist: in Berlin, Potsdam, München und Greifswald. Auch die Gliederung und der Inhalt dieses Buches sind davon geprägt, dass es eine Dissertation ist. Der Autor musste wohl vorweisen, die gesamte Forschungsliteratur und alle Filme zu seinem Thema gelesen bzw. gesehen zu haben – auch wenn sich manche von ihnen am Ende als nicht sehr relevant herausstellten. Da dies allerdings auf Forderungen zurückgeführt werden kann, die an vielen Universitäten an das Genre der Qualifikationsarbeit gestellt werden, sollten die daraus resultierenden Schwächen nicht zu stark kritisiert werden. Denn insgesamt hat Pedersen ein informatives Buch vorgelegt, das reichlich Details über das tschechoslowakische/tschechische sowie (ost)deutsche Kino liefert. Schon die Anzahl der analysierten Filme ist beeindruckend und die methodologischen Bemerkungen verdienen es, in breiteren Kreisen diskutiert zu werden

Magdalena Saryusz-Wolska
(Warschau/Łódź)

Abstracts

Adelheid von Saldern
On the Move. Looking back on the Journal WerkstattGeschichte since 1992

Asking what happened to the 1980s slogans of *Alltagsgeschichte*, the paper firstly examines the former request to »dig where you stand«. To be sure, research on a local level has not lost its relevance, but the topics have expanded due to globalization and transnational historiography. Also regarding the second slogan, »history from below«, such an expansion has been necessary, e. g. in the context of (post)colonialism. Moreover, the inclusion of hitherto often neglected actors instead of anonymous structures as well as the emphasis on everyday lives – the third and fourth challenges – have led to more insights into the self-determined actions of individuals. This includes new perspectives on intersecting categories such as class, gender, race, religion etc. Finally, oral history has stimulated many inspiring studies, despite its inherent methodological problems. In sum, the journal reflects the expansion of topics, theoretical accesses, and methods until today and in doing so has demonstrated not least the fertility of historico-empirical experiments.

Etta Grotrian
Prehistory, Model or Impasse? – Historicizing the »new German history movement« of the late 1970s and 1980s

During the 1980s, so-called »Geschichtswerkstätten« (history workshops in Germany) aimed at contributing a critical perspective on how history was dealt with in universities, local heritage (»Heimatvereine«) and historical societies, as well as in politics. They complied with a growing public interest in history during the 1980s and intended to question prevailing paradigms through a perspective »from below«. As an historical movement the »Geschichtswerkstätten« contributed to an enrichment of today's museum landscape and commemoration culture. The aspiration and reality of an equal cooperation with historically interested laypersons that established an historical research with an emancipatory approach would often differ in practise. Problems related to this were critically reflected and they accentuated the differences between the involved parties' interests. An opening up of academic historical research towards the challenges arising from the great significance of historical topics in the eyes of the public is still limited in today's research and teaching in Germany.

Marianne Bechhaus-Gerst
Decolonize Germany? A (post) colonial search for evidence at home including local history, politics, academic studies, and the »general public«

Since 2005 numerous initiatives have been established throughout Germany which study the significance and impact of colonialism locally. From an early stage the focus on »colonialism at home« was influenced by political and civil rights objectives. Today, the location of colonialism at a regional level has also reached parts of academia, because colonial discourse, colonial mentalities and practices of the actual colonial period, of the Weimar Republic and of NS-Germany as well as their significance and impact can best be studied locally. This article focuses on three leading questions with regard to local studies of colonialisms: What are the civil and political goals and objectives? Does the local study of colonialism lead to a new understanding of colonialism in academia? Do the different initiatives actually reach the »general public« and what is the »general public's« attitude towards these initiatives? Trying to answer these questions, it becomes evident that there are conflicting priorities, and attitudes concerning political and civic goals on the one hand and the perception of colonialism and its consequences by the »general public« on the other hand.

Dorothee Wierling
Twenty-five Years: Oral History

The essay reflects on Oral History's changing environment and the technological and methodological developments in the course of the last 25 years. What was the impact of the breakdown of European state socialism? How did the format of »Witness TV« change its standing among historians in general? How did digitisation influence the ways we deal with our oral sources? And finally: what are the new challenges oral historians face in the future?

Michaela Hohkamp
Historiographical ties between the History of the Early Modern Period and the »Geschichtswerkstätten« movement

The contribution explores possible relations between the anthropological turn in historiography at the end of the 20th century and the simultaneous so called »Geschichtswerkstätten« movement in Germany.

Andreas Ludwig
The contemporary, where is it gone?

The journal Werkstatt*Geschichte*, which sees *Alltagsgeschichte* as contributing to the historical analysis of society, continues to be a central forum for historians to reflect on their work and explore themes and methods. This article draws on the context of the formation and development of Werkstatt*Geschichte* and enquires anew about the possibilities of linking to society the work of historians.

Alf Lüdtke
Lifeworld: Closed World? Reflections on a Concept and its Usage

The philosophical concept of lifeworld (»Lebenswelt«) has seen a considerable career and is used frequently in historiographical works since the 1990s in order to grasp the practical, everyday experiences and the self-evident in order to explain social coherence and governance in various political systems. The article discusses the intellectual development of the concept by Alfred Schütz within the context of prominent philosophical debates of the interwar years, not least Heideggers existentialism, and Schütz' personal history of emigration. The author argues that the lifeworld concept singles out social realities »beyond question«. Thus, these entities become fixated as if they would be frozen in time. Processes of doing and making »Lebenswelten« get out of sight, as is everything that might be discerned or at least imagined beyond their respective horizon. After discussing several historiographical works which use »lifeworld« in their analysis, the conclusion proposes four ways of opening up the »closed lifeworld« for a multiplicity of voices and the brittleness of historical developments.

Autorinnen und Autoren

Manuela Bauche
ist promovierte Historikerin mit Schwerpunkten in Medizin-, Kolonial- und Globalgeschichte. Sie war als wissenschaftliche Mitarbeiterin an der Universität Leipzig und als Referentin für politische Bildung am August Bebel Institut Berlin tätig. Derzeit forscht sie am Museum für Naturkunde Berlin. Sie war und ist an mehreren Bildungsprojekten beteiligt, die sich mit öffentlicher Erinnerung am deutschen Kolonialismus beschäftigen, u. a. an www.kolonialismusimkasten.de.

Marianne Bechhaus-Gerst
ist Apl. Professorin für Afrikanistik an der Universität zu Köln. Sie forscht und schreibt zur Geschichte von Menschen afrikanischer Herkunft in Deutschland, zur deutschen Kolonialgeschichte, zum Kolonialismus im Rheinland und zur deutsch-afrikanischen Begegnungsgeschichte. Als Kuratorin hat sie Ausstellungen zur kolonialen Vergangenheit Kölns und Aachens, zu Klischees und Vorurteilen in unserer Gesellschaft und zu Konstruktionen von Afrika in unserer Alltagskultur eingerichtet und betreut. Sie ist Initiatorin und Vorsitzende des Vereins KopfWelten – gegen Rassismus und Intoleranz e.V., der seit rund 10 Jahren das Projekt »Köln Postkolonial« bearbeitet.

E-Mail: ama23@uni-koeln.de

Birgit Bosold
ist seit 2006 (erstes weibliches*) Mitglied des Vorstands des Schwulen Museums* Berlin. Sie war Projektleiterin und Co-Kuratorin der Ausstellung »Homosexualität_en«, die vom Schwulen Museum* initiiert in Zusammenarbeit mit dem Deutschen Historischen Museum 2015 in beiden Häusern gezeigt wurde. Aktuell betreut sie die Projekte »Ein anderer Blick. Postkoloniale Perspektiven im Schwulen Museum*« und »Queering Holocaust History« (in Kooperation mit dem Maxim Gorki Theater) sowie ein Forschungs- und Ausstellungsprojekt zur Verfolgung und Diskriminierung von lesbischen Frauen und schwulen Männern in Hessen (1948–1980).

Etta Grotrian
ist Historikerin und wissenschaftliche Mitarbeiterin im digitalen Fachbereich des Jüdischen Museums Berlin, Lehrbeauftragte im Fachbereich Geschichts- und Kulturwissenschaften der Freien Universität Berlin für Public History. Ihre Forschungsthemen sind Museumsgeschichte und Geschichtskultur in den 1980er Jahren sowie Methoden digitaler Geschichtsvermittlung und -forschung.

E-Mail: etta.grotrian@lemmata.de

Michaela Hohkamp
ist Professorin für Geschichte der Frühen Neuzeit an der Leibniz Universität Hannover mit Schwerpunkten in den Forschungsbereichen zu Gewalt, Herrschaft und Verwandtschaft unter Berücksichtigung geschlechter- und historiografiegeschichtlicher Perspektiven.

E-Mail: michaela.hohkamp@hist.uni-hannover.de

Roman Aaron Klarfeld
ist Historiker und wissenschaftlicher Dokumentar. Seit 2011 arbeitet er im FFBIZ, und seit 2012 ist er dort als Projektleiter tätig. Er forschte und publizierte bisher zu sozialen Bewegungen, Antisemitismus und Geschlecht, Täter_innenforschung und queeren Praxen.

E-Mail: klarfeld@ffbiz.de

Christian Kopp
ist Vorstandmitglied bei Berlin Postkolonial e.V., Historiker und Aktivist. 2010–2014 hat er die Wanderausstellung »freedom roads! koloniale straßennamen | postkoloniale erinnerungskultur« in Berlin, Hamburg und München sowie 2017 die Dauerausstellung »zurückGESCHAUT« zur Ersten Deutschen Kolonialausstellung 1896 in Treptow co-kuratiert. Er ist in den zivilgesellschaftlichen Bündnissen »Decolonize Berlin«, »No Humboldt 21!« und »Völkermord verjährt nicht«

aktiv. 2018/2019 wird er das Projekt »Breaking the Silence – 100 Jahre nach dem Ende des deutschen Kolonialreichs« betreuen.

Stefan Krankenhagen
ist Professor für Kulturwissenschaft und Populäre Kultur an der Universität Hildesheim. Er forscht und publiziert zur Darstellung von Geschichte in populären Medien, zu Sport- und Fankulturen sowie zu Materialität und Dinglichkeit des Populären. Gemeinsam mit Wolfram Kaiser und Kerstin Poehls hat er das Buch »Europa ausstellen. Das Museum als Praxisfeld der Europäisierung« geschrieben (2012, engl. Fassung 2014).

Jan Küver
hat Soziologie und Ethnologie in Göttingen studiert. Seit seinem Magisterabschluss 2007 arbeitet er als wissenschaftlicher Mitarbeiter an University of Iringa in Tansania. Seit 2013 ist er zudem Manager eines EU-finanzierten Kulturgutentwicklungsprojekts im Süden des Landes. Das Projekt dient als Fallstudie für seine Promotion an der Graduiertenschule zu Heritage Studies der BTU Cottbus-Senftenberg. Die Promotion befasst sich mit theoretischen und praktischen Verbindungen zwischen Kultur, Erbe und nachhaltiger Entwicklung.
E-Mail: jkuever@fahariyetu.net

Alf Lüdtke
war von 1975–2008 Mitarbeiter am damaligen MPI für Geschichte, Göttingen. Seit 1992 hielt er Visiting Professorships in den USA und in Israel, von 1999–2008 war er Professor an der Universität Erfurt und ist seither dort Honorarprofessor. Von 2009–2013 war er Visiting Distinguished Professor of History, Hanyang University, Seoul. Seit 2015 ist er Associate Fellow am Exzellenzkolleg »Re:Work and Life Course in Global Perspective«, Humboldt-Universität, Berlin. Seine Forschungen und Veröffentlichungen gelten: Herrschaft und Gewalt in der Neuzeit; Praxis und Erfahrung von Arbeit; dem »Mitmachen«, zumal im Nationalsozialismus, aber auch dem »Hinnehmen« in der DDR. Weitere Schwerpunkte sind Visualität im 20. Jahrhundert und Konzepte von Alltagsgeschichte.
E-Mail: alf.luedtke@t-online.de

Andreas Ludwig
ist Historiker, Mitherausgeber und Mitglied in der Rezensionsredaktion von Werkstatt-*Geschichte*. Nach seiner Museumsarbeit in Berlin und Eisenhüttenstadt war er wissenschaftlicher Mitarbeiter am Zentrum für Zeithistorische Forschung Potsdam. Arbeitsschwerpunkte sind moderne Stadtgeschichte, Fragen der materiellen Kultur und der Musealisierung von Gesellschaft.
E-Mail: ludwig@zzf-potsdam.de

Chris Rotmund
ist seit 1997 aktiv in der Initiative für einen Gedenkort ehemaliges KZ Uckermark und lebt in Berlin.
E-Mail: info@gedenkort-kz-uckermark.de

Aykan Safoğlu
lebt und arbeitet in Berlin. Safoğlus künstlerische Arbeiten waren u.a. im Jewish Museum, New York (2014), bei Ashkal Alwan, Beirut (2015), im Artspace, Auckland (2016) und im 1. Berliner Herbstsalon zu sehen. 2017 hat er im Schwulen Museum* das interdisziplinäre Kunstprojekt »ğ – das weiche G – queere Formen migrieren« mitkuratiert. Safoğlu ist Mitglied des Vorstands des Schwulen Museum* Berlin.

Adelheid von Saldern
ist Professorin (i.R.) für Neuere Geschichte an der Leibniz Universität Hannover. Derzeit arbeitet sie an Studien zum kulturellen Nationalismus, zu US-städtischen Räumen und zu transatlantischen Vergleichen.

Dorothee Wierling
ist Professorin (i.R.) für Neuere und Neueste Geschichte und Mitherausgeberin der Werkstatt*Geschichte*. Ihre Forschungsschwerpunkte sind Oral History, Geschlechter- und

Generationengeschichte sowie die Sozialgeschichte des 20. Jahrhunderts. Aktuell arbeitet sie an einem Forschungsprojekt zur DDR-Westpolitik, die sie anhand der Hansestadt Hamburg untersucht.
E-Mail: wierling@zeitgeschichte-hamburg.de

Kerstin Wolff
ist Historikerin und übernahm 1999 die Leitung der Forschungsabteilung bei der Stiftung Archiv der deutschen Frauenbewegung in Kassel. Sie ist Redakteurin der historischen Fach-Zeitschrift »Ariadne – Forum für Frauen- und Geschlechtergeschichte«. Ihr Arbeitsschwerpunkt liegt auf der Geschichte der Frauenbewegung in Deutschland und deckt die Zeit zwischen 1848 und 1970 ab.
E-Mail: wolff@addf-kassel.de